제3판

영유아기관 운영과 관리

김 혜 경

창지사

머리말

변화무쌍한 현장에서 바라본 운영과 관리

오랜 시간 유아교육과나 교육대학원의 전임교수나 겸임교수로 '유치원 운영관리', '영유아교육기관 행정 및 경영' 등의 과목을 가르쳤다. 영유아 대상의 '교육'에 관한 부분만을 강조하며 부족한 강좌를 꾸려 온 것 같았다. 이러한 자각은 전임교수직을 내려놓고 양천삼성어린이집 원장으로 첫 현장생활을 시작하면서 시작되었다.

교육은 운영관리의 일부이다. 운영 방향이 뚜렷하고 인사관리가 잘되면 다른 영역의 관리와 더불어 잘 이루어진다. 관리자 혹은 경영자의 위치에서 다양한 어려움을 겪어 본 후 얻은 대가라고나 할까. 함께 살아가는 교직원과 영유아의 부모들, 우리 사회가 원장에게 요구하는 범위가 매우 넓다는 것을 알게 되었다.

이 책은 대학이나 대학원에서 주로 사용될 예정이다. 독자가 예비교사나 교사일 확률이 높아 도서명을 '교사의 영유아기관 경영 이해'라고 하고 싶었다. 경영(administration)의 개념은 운영(management)을 포함하고 있고 운영에는 관리(control)의 개념이 들어 있다. 즉, 경영〉운영〉관리의 순으로 그 개념을 포괄하고 있다. 하지만 우리나라의 교사양성과정에는 이수해야 할 과목명이 지정되어 있고 이 분야의 과목은 어린이집 운영과 관리, 유치원 운영관리 등으로 '운영과 관리'가 명시되어 있다. 출판사와 협의 끝에 '영유아기관 운영과 관리'로 도서명을 결정하였다.

원장뿐만 아니라 교직원도 기관에 대한 경영 마인드가 있어야 된다는 생각에 2005년 『영유아교육기관 경영』을 시작으로 『원장리더십』, 『보육의 회복: 원장의 시선』, 『보육교사인성론』 등을 집필하였으며, 『영유아교육기관 운영관리』는 현재 대학교와 교육원 등의 강의에서 활용되고 있다. 또다시 현장으로 돌아온 나는 더 많은 실제를 담은 수업 교재의 필요성을 절감하고 이 책을 쓰기 시작했다.

현재 대학의 '교직실무' 등의 과목만으로는 부족하다. 학생들이 유아교육현장의 기본적인 행정은 배우고 취업을 했으면 좋겠다. 이번 책은 기존 저서에 담긴 기본 이론과 함께 최근 현장에서 제작하고 활용한 자료를 중심으로 내용을 구성하였다. 이와 함께 고용노동부, 한국산업인력공단, 한국직업상담협회의 '국가직무능력 표준'에서 제시하고 있는 관련 분야의 내용이 녹아 있다.

양천삼성어린이집 원장, 서울시청어린이집 원장 등의 현장업무를 떠나 보육정보센터장(현재는 육아종합지원센터로 개명), 아이코리아 연수원장 겸 보육교사 교육원장, CTS 영유아문화원장, 영유아교육경영연구소장 등의 다양한 직책으로 일하면서 현장에 대한 관심과 업무를 멈추지 않았지만 직접 운영을 책임지는 원장으로 다시 돌아와 보니 운영관리 업무는 많은 부분이 변화되어 있었다. 교사의 역할도 마찬가지이다. 학교에서 순수한 유아교육이나 아동교육만을 학습하고 나왔다면 많은 이질감을 가질 수 있는 시대이다. 모든 교직원이 원장의 업무를 이해하고 협조할 때 기관은 한 방향으로 개선되고 발전될 수 있다.

운영에 대한 과거의 입장이 기관장의 확고한 철학으로 교육과 보육을 실천하는 것이었다면 이 시대 영유아기관의 운영은 국가의 방침에 따라 제시된 커리큘럼을 기반으로 수요자 중심이라는 특성을 갖는다. 기관장이 받아들여야 하는 방향뿐만이 아니라 교사가 끌어가는 학급의 운영관리 역시 같은 방향이 되어야 한다.

대학에서 여러 과목으로 학급 운영에 관한 부분을 공부하지만 기관장의 입장을 이해하고 업무를 바라보는 시각도 필요하다고 본다. 이러한 의미에서 이 책은 원장, 원장 희망자, 현직 교사, 교사 희망자 등이 모두 필독했으면 한다.

이 책에서 사용되는 기관의 명칭은 법률이나 공문서에서 사용되는 경우를 제외하고 모두 '영유아기관'으로 통일하였다. 어린이에 관한 명칭 역시 같은 집필 원칙을 적용하여 가능하면 '영유아'로 통일하였다. 대한민국 내에서 영유아기관에 다니고 있는 영유아들이 유아, 영유아, 아동으로 각기 표기되고, 아이나 어린이 등과의 단어로도 혼용되고 있는 시점에 출판되는 책이어서 용어 선택이 어려웠다. 기관을 책임지는 직책 역시 상황에 따라 기관장, 원장으로 표기하였다.

이번 책은 2016년에 출판, 2019년 증보를 거쳐 2021년에 또 다른 책으로 제작되었다. 항상 나의 집필의견을 존중하고 좋은 책을 만들어 주는 창지사 직원 여러분께 감사드린다.

2021년 어느 멋진 날에

김 혜 경

차례

머리말: 변화무쌍한 현장에서 바라본 운영과 관리 / 3

CHAPTER 1 영유아기관의 정체성 / 11

1. 수요자 중심의 정책과 기관 운영 ········ 12
2. 운영관리 업무의 영역 ········ 17
3. 요구되는 직무능력 ········ 22
4. 운영에 필요한 문서 ········ 27
   1) 문서의 종류 27
   2) 보관방법 34

CHAPTER 2 운영방안 수립 / 35

1. 일과로 보는 운영관리 ········ 37
   1) 일과의 순서 37
   2) 교사 업무의 지도 38
   3) 교실 내 업무 분장 41
2. 연간 및 월간 계획 ········ 42
3. 운영일정과 체크 포인트(check point) ········ 50
   1) 연간 및 월간 일정표 51
   2) 월별 체크 포인트 53

CHAPTER 3 교직원 관리와 업무 분장 / 59

1. 임용과정과 신입 인력 교육 ········ 60
   1) 채용 절차 60
   2) 교육계획과 기록 관리 69
2. 근로계약서와 취업 규칙 ········ 73
   1) 근로계약서 74
   2) 취업 규칙 77
3. 업무 분장과 평가 ········ 86

CHAPTER 4 재정관리 / 97

1. 재무회계 규칙과 시스템 99

2. 예·결산 편성 105
   1) 원칙과 절차 105
   2) 수입과 지출 관리 108

CHAPTER 5 시설관리 / 117

1. 기관설치와 물리적 환경의 기준 118
   1) 유치원 설치 기준 118
   2) 어린이집 설치 기준 127

2. 건물의 유지와 보수 130

3. 환경구성의 기본원리 133
   1) 공간구성 계획 133
   2) 기타 공간의 확보 135
   3) 연령의 배려 136
   4) 소음 차단 136
   5) 가구 배치 137
   6) 계절 감각 137

4. 공간 배치방법 139
   1) 교실 141
   2) 유희실 143
   3) 화장실 144
   4) 주방과 식당 145
   5) 양호실 146
   6) 원장실 146
   7) 교사실 147
   8) 자료실 148
   9) 현관 149
   10) 세탁공간 149
   11) 실외 환경 149

5. 비품과 자료관리 150
1) 구입 목록 만들기 151
2) 납품 계약 155
3) 자료실 관리 157

CHAPTER 6 급간식과 건강을 위한 위생관리 / 161

1. 급간식 제공 162
1) 식단표 163
2) 급식관리 체크 리스트(check list) 167
3) 조리 인력 교육 168

2. 건강을 위한 위생관리 171
1) 전염병 예방을 위한 안내 171
2) 위생관리 178

CHAPTER 7 영유아와 학급관리 / 183

1. 원아모집과 반 편성 184
1) 원아모집 184
2) 반 편성과 개인별 문서 185

2. 신입 원아 적응절차 193

CHAPTER 8 부모와의 소통과 지원 / 199

1. 부모 프로그램 201

2. 가정통신문 204

3. 운영위원회 214

CHAPTER 9 안전관리 / 219

1. 건축물 관리 220

2. 교직원의 관리 업무 223
   1) 안전 수칙과 점검 항목 223
   2) 일과 중의 안전 228
   3) 재난대비훈련 232
   4) 사고처리 절차 242
   5) 정보안전 247

CHAPTER 10 행사와 현장 학습 / 255

1. 행사 256
   1) 오리엔테이션 257
   2) 개원식 262

2. 현장 학습 274

CHAPTER 11 지역사회 관계 / 279

1. 연계 프로그램 280

2. 외부인 관리 283
   1) 실습생 283
   2) 방문자 287

CHAPTER 12 운영 평가 / 291

1. 외부 평가 292

2. 내부 평가 299
   1) 만족도 조사 299
   2) 교직원 평가 302

■ 참고 자료 / 306

CHAPTER 1

영유아기관의 정체성

1. 수요자 중심의 정책과 기관 운영
2. 운영관리 업무의 영역
3. 요구되는 직무능력
4. 운영에 필요한 문서

1 수요자 중심의 정책과 기관 운영

우리나라는 '지금 이대로의 출산율이 유지된다면 지구상에서 가장 먼저 소멸될 나라'로 여겨질 만큼 저출산 문제가 심각하다. 대통령 선거, 시장 선거, 구청장 선거 등에서 후보자들의 공약에는 질 좋은 보육과 교육제도의 개선이 빠지지 않고 있으며 낳기만 하면 국가가 교육과 양육을 책임질 것처럼 말하고 있다. 특히 영유아기 보육에 대한 투자는 국가 차원의 복지 문제이기도 하지만 미래를 위한 투자이자 저출산 · 고령화에 대응할 수 있는 가장 효과적인 수단으로 간주되고 있다. 이러한 견해는 앞으로도 오래도록 지속될 것으로 보인다.

다각적인 출산 지원 확대의 일환으로 출산진료비 지원, 난임 부부 체외수정 시술비 지원, 고령산모 엽산제 지원, 보건소의 출산 전후 우울증 치료 프로그램, 청소년 산모의 임신 중 의료비 지원까지 출산율을 높이기 위한 정부의 정책은 모두 '서비스' 차원이다. 출산율이 급강하하고 있는 대한민국에서 유아 관련 산업들이 도산하고 있다. 출산을 도맡아 주었던 산부인과 병원은 급격히 줄어들고 있는 산모의 관심을 끌기 위해 출산 후 얼굴의 점 빼주기, 모공관리 시술, 미백 마사지 등의 서비스까지 제공하고 있다. 임신과 출산 과정을 통해 여러 가지 서비스와 우대 정책에 익숙해 있는 부모가 영유아기관에 아이를 데리고 온다는 것을 감안하면 부모교육이나 기타 행사 역시 서비스 차원을 생각해 봐야 할 것이다.

저자도 초보 원장 시절 모든 일이 어려웠지만, 그중에서도 부모와의 관계 맺기가 어려웠다. 그 원인을 냉철하게 분석해 보면 부모그룹 역시 영유아들처럼 가르쳐야 하는 존재라고 여겼기 때문이었다. 늦은 시간에 아이를 맡길 곳이 없어서 발을 동동 구르던 엄마들, 일과 시간이 지난 후에 아이를 데리러 와 마치 죄인처럼 행동하던 엄마들을 이해하고 따뜻하게 대해 주지 못했다. 과거 기억 속 그들에게 미안한 마음이 들면서 최근의 부모교육에서는 따뜻한 동행, 아름다운 양육, 함께하는 육아 등의 제목을 즐겨 사용하고 있다. 원장인 내 의사에 따르라는 권위적인 태도보다는 '부모들의 일 · 가정 양립을 도와준다'는 마인드였다면, 부모와 관계 맺기가 수월했고 보람도 더 있었을 것이라는 아쉬움이 남아 있다.

원장의 심오한 철학에 기초한 좋은 프로그램도 기관에 찾아와 재원해 주는 영유아들이 있을 때 실천이 가능하다. 영유아가 없는 기관에서는 어떠한 프로그램도 무용지물(無用之物)이 된다. 내 기관을 찾아와 줄 영유아들이 대한민국의 존립을 위해 태어나야 하고, 우리는 그 아이들에게 헌신해야 하는 시대적 사명을 갖고 있다.

지금과 같은 저출산 현상이 지속된다면 우리나라의 인구 구조는 역삼각형의 형태를 띠게 될 만큼 노인 인구가 많아진다. 현재 원장이나 교사로 재직하고 있는 연령대의 인력들이 노인이 되었을 때 빈곤층으로 하락하게 된다는 미래 시나리오(scenario)를 그려 볼 수 있다. 노인과 젊은이는 일자리를 서로 차지하기 위해 대립하게 되고 노년층을 부양하기 위한 비용충당으로 세금 부과율이 높아지게 된다. 급여를 받아 많은 부분을 세금으로 내야 하는 나라에서 고급 브레인(brain)들은 높은 연봉을 보장받는 다른 나라로 떠나게 된다. 브레인이 유출되어 가는 대한민국은 이민자의 나라로 변화하여 현 체제가 붕괴되어 가는 심각한 현상을 초래한다. 믿고 맡길 수 있는 좋은 영유아기관이 많아서 출산율이 높아지는 일은 애국하는 길이며 교직원 자신의 노후를 위해서도 필요한 일이다.

이러한 시대적 배경에 따라 대한민국의 영유아기관은 국가가 제시하는 커리큘럼(curriculum)을 기반으로 여러 가지 지침을 수행해 내는 수요자 중심의 성격을 갖는다. 과거처럼 운영자의 철학에 따라 자율적인 프로그램과 운영시간을 편성할 수 없으며, 수요자의 요청이 있을 때 각종 서비스를 제공해야 하는 시대이다. 다음에 소개되는 야간연장 보육 안내문, 토요보육 안내문, 특별활동 수요조사 등이 그 분위기를 대변해 준다. 기관의 상황이나 조건보다 수요자인 부모의 요구가 우선으로 반영되고 있다.

기본적인 국가수준 프로그램과 함께 많은 기관에서 실시되고 있는 특별활동 역시 기관장의 철학이나 운영방침에 따라 이루어지지 않고 부모의 수요조사와 동의 과정을 거쳐 실행되고 있다. 국가수준 교육과정과 연계하여 실시되는 현장 학습이나 견학 역시 일괄 참여를 강요할 수 없다.

야간연장 보육 안내문

ㅇㅇㅇㅇ에서는 야간의 연장 보육 운영에 대한 의견을 수렴하고자 합니다.

우리 기관의 기본 보육시간은 오전 7시 30분에서 오후 7시 30분 범위에서 이루어집니다. 하지만 맞벌이 가정을 지원하기 위한 제도로 기준 보육시간을 연장하여 보육할 수 있고 원칙적으로는 별도 교사를 채용하여 배치하여야 합니다.

전년도에 연장 보육이 이루어지지 않아 현재는 전담교사가 없습니다. 이용자가 소수인 경우에는 현재의 담임교사들이 교대로 연장 근무를 통해 보육하게 됩니다. 전년도에 이용자가 없었고 ㅇㅇㅇㅇ은 교직원 근무시간 주 40시간 제도를 적용해야 하므로 야간연장 보육 희망 아동 조사를 실시하여 결과에 따라 운영 계획을 수립하고자 합니다.

야간 9시 30분까지 연장 보육이 필요하신 경우 미리 신청하시면 언제라도 보육이 가능합니다. 단, 석식은 수요자 부담입니다.

운영시간	
보육아동이 없는 경우	평일 오후 7시 30분에 운영 종료
보육아동이 있는 경우	오후 7 : 30~오후 9 : 30 연장 운영 • 석식 비용 납부: 1인당 ___________ 원 • 담당교사와 조리사 연장 근무 및 초과수당 지급

야간의 연장보육을 원하시는 부모님께서는 교사 배치와 식자재 발주를 위해 최소 3일 전 등원 시까지 담임교사나 영유아수첩을 통해 신청해 주셔서 준비과정에 차질이 없도록 협조해 주시기 바랍니다.

------------------------------ 절취선 ------------------------------

야간연장 보육을 희망하지 않습니다. ( )

야간연장 보육을 희망합니다. ( )

20 년 월 일

___________ 반 영유아명: ___________

부 모 명: ___________ (서명 또는 인)

토요보육 안내문

○○○○에서는 토요일 보육 운영계획에 대한 의견을 수렴하고자 합니다.

현재 토요일 보육을 희망하는 아동이 없기 때문에 희망자가 없을 경우 운영위원회의 심의를 거쳐 토요일 당직근무를 중단하고자 합니다.

운영시간	
보육아동이 없는 경우	토요보육 아동이 없는 경우 ○○○○운영위원회 승인을 거쳐 문을 열지 않습니다.
보육아동이 있는 경우	오전 7:30 ~ 오후 3:30 보육이 가능합니다. (해당 시간 안에서 보육 희망하는 시간) * 현 보육교사 중 당직교사와 조리사 출근 및 초과수당 지급

토요일 보육을 원하시는 부모님께서는 교사 배치와 식자재 발주를 위해 매주 수요일 등원 시까지 담임교사나 영유아수첩을 통해 신청해 주셔서 준비과정에 차질이 없도록 협조해 주시기 바랍니다.

-- 절취선 --

토요일 보육을 희망하지 않습니다. (   )

토요일 보육을 희망합니다. (   )

20 년 월 일

________반 영유아명: ________

부 모 명: ________ (서명 또는 인)

○○반 특별활동 만족도 및 수요조사

안녕하십니까? 국가수준 교육과정인 누리과정 외에 진행되었던 특별활동에 대한 만족도와 수요를 조사하여 내년도의 특별활동 계획에 참고하고자 합니다. 아래의 의견서를 작성하셔서 12월 19일까지 ○○○○으로 제출해 주시기 바랍니다. 항상 긍정적인 협조에 감사드립니다.

20　. 12. 12.

------------------------------ 절취선 ------------------------------

○○반 특별활동 의견서

영유아명 ___________　보호자명 ___________

1. 20__ 학년도 만족도

올해 제공되었던 프로그램에 어느 정도 만족하십니까?

1) 담임교사 제공 특별활동
   (1) 독서 프로그램: 100점 만점에 _____점
   (2) 과학 프로그램: 100점 만점에 _____점

2) 전문강사 초빙 프로그램
   (1) 음악: 100점 만점에 _____점
   (2) 미술 클레이: 100점 만점에 _____점
   (3) 체육: 100점 만점에 _____점

2. 20__ 학년도 수요 조사

20__ 학년도에 진행을 희망하는 특별활동이 있으면 기록해 주시기 바랍니다.

3. 특별활동과 관련된 건의사항이나 의견을 자유롭게 기술해 주시기 바랍니다.

2 운영관리 업무의 영역

운영관리의 책임자인 원장에게 주어지는 업무의 정의는 시대가 요구하는 영유아기관에 대한 기대와 역할의 변화에 따라 함께 변화되어 왔다. 과거의 영유아기관은 소규모 형태가 많고 학교 기관에 비해 영세하다는 이유로 합리적이고 체계적이지 못한 상태에서 운영이 이루어진 경우도 있었지만, 우리나라의 경우 2005년도를 기점으로 영유아기관에 평가제도들이 도입되면서 행정의 체계를 갖추고 훨씬 전문적이고 복잡한 운영과정을 수행해야 한다.

복잡한 운영과정을 알아보기 위해 운영의 영역을 정리해 본다.

우리나라에 가장 많이 소개된 영유아기관 운영에 관한 이론 중 하나인 데커와 데커(Decker & Decker, 1992)의 이론에서는 아홉 가지의 범주로 그 영역을 나누고 있다(김혜경, 2012, 재인용).

- 프로그램 서비스: 영유아에게 제공되는 급간식, 등원 및 하원을 위한 차량, 가족 지원이나 사회복지적 차원의 서비스를 의미한다.
- 행정관리: 지휘체계의 조직, 조직의 구성원과 기능 정의, 운영에 필요한 각종 위원회 조직 같은 사항을 의미한다.
- 교직원 인사관리: 교직원의 채용과 훈련, 업무 분장, 근무 평정, 재직과 퇴직 관리, 보수 및 근무 여건, 결근과 근태, 교직원의 사적인 활동 범위 규정과 같은 사항을 의미한다.
- 영유아관리: 영유아모집, 입학과 출석관리, 교사 대 영유아의 비율, 교육과 보호를 위한 프로그램 제공, 견학과 행사, 특별활동에 관한 사항을 의미한다.
- 건강관리: 영유아의 건강진단, 예방접종이나 정기적인 신체 측정, 응급처치와 사고처리 절차, 영양과 급간식 관리, 건강과 안전에 관한 교직원 훈련, 소방훈련, 환경의 감독, 안전점검과 같은 사항을 의미한다.

- 재정관리: 운영 자금의 확보, 예 · 결산, 지출을 위한 세부 지침, 물품 구입의 경로, 회계 감사와 같은 사항을 의미한다.
- 평가기록: 기록물 보존, 영유아의 발달 상황 및 관찰 기록, 교직원 인사 기록, 서류 보관 요령, 통신문, 문서 수신과 발신, 설비 취급에 관한 사항을 의미한다.
- 대외 정책: 지역사회기관과의 교류, 관련 단체나 학회와의 관계, 홈페이지 운영과 같은 지역사회와의 의사소통, 지역사회 인사와의 교류 같은 사항을 의미한다.

보다 실제적인 이해를 위해 현재 우리나라의 국가수준 영유아기관이 '보육통합정보시스템'에서 관리하는 기관 운영에 관한 기본 메뉴를 살펴보면 다음과 같다(보육통합정보시스템, 2020).

- CCTV 설치 현황
- 기타필요경비 수납액 관리
- 교직원 현황
- 보육료 현황
- 급식실시 현황
- 세입세출예산서
- 야간연장보육서비스
- 평가
- 입소대기
- 통학 차량 및 차량관련 교육 현황
- 아동출석 관리
- 연령별 반 현황
- 표준보육과정
- 사고/감염병 보고
- 특별활동
- 보조금
- 안전공제회 및 보험가입
- 교육관리
- 안전교육 및 안전점검실시 현황

(주) 기타필요경비는 지원금 수납액 외의 부모가 직접 납부하는 비용으로 특별활동비, 입학준비금, 현장 학습비 등으로 구분된다. 안전공제회는 상해보험의 성격을 갖는다.

실무와 관련된 위의 메뉴와 함께 평가제도에서 제시하고 있는 운영관리 영역에 대해서도 살펴보자. 2017년 새롭게 조정된 「제3차 어린이집 평가인증 안내 통합지표」에 따르면 평가의 항목은 보육과정 및 상호작용, 보육환경 및 운영관리, 건강 · 안전, 교직원 등 4개 영역으로 개편되었고 2021년도 기준, 보육환경 및 운영관리에 대한 항목은 다음과 같다.

〈표 1-1〉 보육환경 및 운영관리 영역

2-1 실내 공간 구성
- 2-1-1 보육실 내 놀이영역은 영유아의 연령 및 발달 특성 및 놀이를 반영하여 구성한다.
- 2-1-2 실내 시설 및 설비가 영유아의 발달 수준에 적합하다.
- 2-1-3 영유아의 요구를 충족하는 다양한 공간을 마련하고 있다.
- 2-1-4 비품과 활동자료를 보관하는 별도의 공간이 있고 체계적으로 정리하고 있다.

2-2 실외 공간 구성
- 2-2-1 옥외놀이터 등을 구비하고 있다.
- 2-2-2 영유아의 발달을 지원하는 다양한 놀이 및 활동자료가 준비되어 있다.
- 2-2-3 영유아의 발달에 적합한 다양한 바깥놀이 및 활동이 이루어진다.

2-3 기관 운영
- 2-3-1 모든 반을 편성 규정에 맞게 운영하고 있다.
- 2-3-2 어린이집 운영계획을 수립하여 부모에게 안내한다.
- 2-3-3 신규 보육교직원에게 오리엔테이션을 실시하고 있다.
- 2-3-4 신입 영유아 적응을 위한 지원을 하고 있다.

2-4 가정 및 지역사회와의 연계
- 2-4-1 어린이집을 개방하여 다양한 부모참여와 교육이 이루어진다.
- 2-4-2 평소 가정과 다양한 방법으로 소통하고 정기적인 개별면담을 통해 가족을 지원한다.
- 2-4-3 지역사회와 연계한 다양한 활동을 실시하고 있다.

출처: 보건복지부, (재)한국보육진흥원(2021). 2021 어린이집평가 매뉴얼.

원장은 기관의 설립 목적을 달성하는 데 필요한 인적, 물적 자원과 기술을 통해 정보의 활용을 조정하고 통합하는 활동을 하는 사람이기 때문에 목적의 달성과정 전반을 포괄하여 운영과정에서 수행되어야 할 기본 방향을 가져야 한다. 사회 변화에 따른 기관 운영의 특성, 영유아와 부모, 교직원, 지역사회의 특성을 고려하여 적합한 운영계획을 수립하여야 한다. 원장의 능력과 성품은 기관 분위기에 영향을 미친다. 프로그램의 질은 교사의 질을 넘지 못하고 교사의 질은 원장의 질을 넘지 못한다는 것을 인지하고 역량 있는 리더가 되기 위해 노력해야 한다. 이러한 노력의 과정에 교직원의 협조가 필수이다.

원장은 교육계획을 수립하고 이를 집행하기 위한 수단, 방법의 확보와 교육 효과에 대한 평가, 지역사회와의 교류, 부모교육 및 교직원의 관리에 이르기까지 기관 운영의 모든 부분에 영향을 미치게 된다. 원장이 새로운 정보와 이론에 관심을 가지면서 끊임없이 노력해야 하는 이유이다.

우리나라의 현실과 맞지 않는 부분도 있지만 NAEYC의 보고서(When babies and toddlers are in childcare, accreditation is key to quality 등)에 의하면 다음의 내용이 질적으로 우수한 프로그램의 평가기준이 된다(김혜경, 2012, 재인용).

- 교사와 성인이 친절하고 반응적인가?
- 영유아의 언어 발달을 적극적으로 격려하고 확장시키는가?
- 영유아의 놀이를 격려하고 보살피는 일과를 학습의 기회로 이용하는가?
- 가족이 자신의 영유아를 사랑하듯이 영유아 개개인의 개성을 존중해 주는가?
- 영유아 발달과 학습의 원리를 이해하고 특별한 상황에서 적용하는 방법을 알고 있는가?
- 아주 어린 영아의 개별적 요구를 수용할 수 있을 만큼 그룹의 크기가 작은가? (아기들의 경우 최소 2명의 성인과 6~8명보다 적은 그룹인가를 보라. 걸음마기 영아들은 최소 2명의 성인과 8~12명을 초과하지 않은 그룹인가를 보라.)
- 영유아가 안전하고 성취감을 느끼면서 활동할 수 있는 도전적인 활동과 많은 놀잇감, 활동 자료가 준비되어 있는가?
- 부모와 교사는 영유아와 함께하고 있는 일에 관하여 정기적으로 정보를 공유하는가?
- 손 씻기, 기저귀 갈이, 음식 먹기 등 지속적인 위생관리와 영유아의 건강과 안전에 관하여 주의 깊은 관심이 있는가?

또 다른 보고서 〈High-quality childcare : Luxury option or standard equipment?〉(Deborah Koshansky, 2000)에서는 질적으로 우수한 영유아기관을 차량 관리와 비유하여 서술하기도 한다(김혜경, 2012, 재인용). 이러한 연구들을 보면 리더십의 이론들을 포함하고 있는 것을 알 수 있다. 리더십이 리더(leader)와 십(ship)의 합성어이며 배를 끌고 가는 사람 같은 지도자를 의미하는데, 자동차를 운전하는 사람 역시 차에 타고 있는 모든 사람과 여건을 책임져야 하는 것이다.

- 등록 : 인가 / 프로그램에 대한 인준
- 안전벨트와 에어백(air bag) : 질병과 사고로부터 영유아를 보호하는 건강 및 안전 관리
- 연료 주입 시스템 : 영양이 풍부한 식사와 간식
- 반응적 운행 : 소그룹 / 영유아의 요구에 적절한 주의
- 충격 흡수 기제 : 성숙으로 향한 도로에서 거친 장소에 직면한 영유아를 위한 교사의 민감한 도움
- 스티어링 메커니즘(steering mechanism) : 영유아의 호기심, 창의성, 문제해결력 등을 잘 유도해 줄 수 있는 발달적으로 적합한 교육과정
- 오토매틱 트랜스미션(automatic transmission) : 변화하는 영유아의 흥미에 따라 기어를 변속하는 교사의 능력
- 안전한 실내 장식 : 영유아의 자아 존중감에 쿠션을 제공해 주는 교사의 미소, 포옹, 사랑
- 속도 제어장치 : 영유아가 자아 통제를 배울 수 있게 돕는 제한된 교실구성과 전략
- 색과 스타일의 선택 : 각 영유아가 특별하고 독특하다고 느끼게 하는 환경
- 에어컨디셔너(air conditioner) : 실외 놀이와 신체 발달을 위한 기회
- 신뢰감 : 교사의 이직률을 감소시키는 좋은 업무환경과 적정한 보수
- 고객 만족 : 영유아를 위한 프로그램에 함께 참여하며 영유아의 성장에 동반자 역할을 하는 부모

3 요구되는 직무능력

한 기관을 끌어가는 원장은 다양한 분야의 전문적인 지식과 능력이 필요하다. 2016년 보건복지부와 육아정책연구소가 발행한 『보수교육매뉴얼』(2016년 개정)에 제시된 '원장 사전 직무교육과정'을 보면 정말 많은 능력이 필요한 위치임을 알 수 있다. 그 영역(시간)과 교과목은 다음과 같다. 수업과 함께 평가시험 과정이 포함되어 총 80시간의 사전 직무교육을 받는다.

영역(시간)	교과목
인성 · 소양(12)	아동권리와 학대
	원장직무의 이해와 윤리
	원장의 건강관리와 힐링
건강 · 안전(18)	영유아의 건강안전교육의 계획과 관리
	안전사고 예방 및 대응
	보건위생관리
	아동학대, 성폭력, 실종예방 및 사후관리
	친환경 급식 및 영양관리
	시설 설비 안전관리
전문 지식 · 기술(48)	장애 및 다문화 관리
	다문화 가정과 연계한 영유아 지원
	장애 통합보육의 운영관리
	기관 운영의 실제
	보육정책의 최신 동향
	보육 관련 법규의 이해
	어린이집 인사관리
	재무회계 관리
	조직관리와 리더십
	사례별 발달지원 및 전문가 연계
	보육교직원의 수업 멘토링

영역(시간)	교과목
	보육프로그램 개발과 운영
	어린이집의 개인정보 관리
	부모참여 계획 및 운영
	어린이집과 지역사회의 연계
원장 사전 직무교육 평가시험(2)	

사전 직무교육을 통해 현장의 업무를 시작하고 나면 첫 1년에 신규 직무교육을 받고 주기적으로 보수교육을 받는다. 최근 한 교육원에서 실시한 원장 신규 직무교육의 과목을 보자.

- 조직 문화와 리더십
- 영유아 전염성 질환과 대응
- 지역사회 연계의 이해와 보육
- 장애아 통합 보육 운영
- 부모오리엔테이션의 실제
- 어린이집 인사관리
- 원장의 역할과 윤리
- 어린이집 재정 및 사무관리
- 표준 보육과정의 이해
- 영유아 부적응 행동지도
- 보육의 질과 평가제 인증
- 어린이집 안전관리와 사고 대응
- 「영유아보육법」과 보육 관련법의 이해
- 교구교재 선정의 원리
- 보육프로그램의 개발
- 어린이집 환경 및 설비관리
- 영유아 및 보육교사 인권교육
- 연령별 영유아발달 특성의 이해
- 어린이집 급식관리
- 다문화 가정의 지원 체계 이해

기관 운영에 필요한 교육과정을 통해 다양한 지식과 능력을 습득함과 동시에 영유아기관의 원장과 교직원에게 필요한 성품에 대해 김혜경은 『원장리더십－영유아기관장의 자기경영』(공동체, 2012)에서 케르센슈타이너(Georg Micheal Kerschensteiner)의 정의를 중심으로 교육자로서 원장에게 필요한 자질을 4가지 유형으로 제시하였다.

개개인에 대해 순수한 사랑을 가진 자

순수한 사랑은 모든 사랑을 능가하며 이 사랑에 따라 일하는 것을 가장 큰 기쁨으로 삼는다. 말과 행동이 영유아를 격려하며 눈빛이 따뜻하고 좋은 경청자이다. 영유아의 성장과 발달에 영향을 미치는 순수한 애정은 자신에게도 끊임없이 기쁨을 준다. 이러한 특징을 가진 원장의 기관에서는 영유아들과 교사가 모두 행복하게 하루하루를 살아간다. 영유아에 대한 순수한 사랑이 제일 조건이라고 믿는다.

효과적으로 사랑에 따르는 능력을 가진 자

훌륭한 교육자에게 가장 중요한 것은 첫째 유형에서 다루었던 순수한 사랑이지만 순수한 사랑만으로는 실천적 교육자가 되지 못한다. 순수한 사랑을 효과적으로 활용하는 것이 필요하다. 즉, 영유아의 본질을 파악하고 적절한 교육방법을 선택하여 효과를 예견하는 재능을 의미한다. 원장에게는 영유아를 정확하게 파악하여 적절한 조치와 수단을 인식하고 실천하는 능력이 있어야 한다. 이러한 능력은 후천적 훈련보다는 선천적인 민감성과 교양에 바탕을 둔다.

미성숙자에게 쏠리는 독특한 관심을 가진 자

의사의 환자에 대한 관심, 동물원장의 동물에 대한 관심처럼 현재 성장하고 있는 영유아에게 두는 심리적인 관심을 의미한다. 대부분의 원장은 영유아에게 독특한 관심을 가졌기 때문에 현재의 직업을 택했다고 본다. 현장에 투입되기 이전에 본인이 지도해야 하는 영유아들에 대해 자기도 모르게 관심이 쏠렸던 경험이 있어야 한다. 발달 특성에 대한 지식이 풍부해야 하고 이상적인 인간성의 전형적인 모습이 되어야 한다. 자기 나름대로의 교육목표를 가져야 할 것이다.

개개인의 특수성을 고려하면서 영유아의 발달 강화에 영향을 주려는 의도를 가진 자

영유아에게 주어진 소질을 발견해 내고 새로운 의욕을 가질 수 있도록 결정적인 강화와 영향을 줄 수 있어야 한다. 이러한 과정에서는 영유아에 대한 이해가 선행되어야 하며 많은 이론의 습득과 응용 기술을 익혀야 한다.

운영에 필요한 원장의 능력과 성품도 중요하지만 함께 일하는 교사의 자질 역시 영유아를 위한 부분이 점검되어야 한다. 영유아교육에 임하는 사람의 자질에 관한 연구가 초기에는 정서적으로 안정되어 있는지, 영유아를 사랑하는 사람인지와 같은 개인적인 측면에 중점을 두고 진행되었지만 1990년대 이후에는 교사의 행동, 사고과정과 같이 다양한 측면의 연구가 이루어지고 있다.

필리스(Phyllis, 1996)는 교사가 가지고 있어야 할 특성과 기술, 지식을 다음과 같이 제안하고 있다(김혜경, 2012, 재인용).

특성

영유아와 함께 있는 것을 좋아하는 사람 / 영아반의 경우 양육의 경험이 있는 사람 / 영유아의 느린 행동을 인내심 있게 기다릴 수 있는 사람 / 영유아가 모방해도 좋은 모델이 되어 줄 수 있는 사람 / 영유아의 미숙한 언어를 들어 주고 원활한 의사소통을 할 수 있는 사람 / 영유아가 독립적으로 문제를 해결하도록 허락하고 기다려 주는 사람 / 영유아와 성인의 차이를 알고 수용하는 사람 / 동료나 학부모와의 팀워크(teamwork)를 즐기는 사람 / 건강하고 역동적인 성격의 사람 / 함께 일하는 성인들과 나눌 수 있는 다양한 관심을 가진 사람 / 지속적으로 배우고 자기 발전을 위해 노력하는 사람

기술

영유아의 동기를 유발하는 환경구성 능력 / 영유아가 스스로 선택하도록 자극하는 활동 내용 구상 능력 / 영유아의 신체 발달을 증진시키는 능력 / 영유아가 성취감을 느끼도록 도와주는 능력 / 영유아 각자의 차이를 수용하는 환경구성 능력 / 성취도를 측정하고 평가하는 능력

지식

일반적인 발달과 특수한 발달의 요구 / 영유아의 놀이와 학습과정 / 영유아가 몰입하는 매체 제작법 / 가족과 영유아의 상호 관계 / 부모와 동반 관계를 형성하는 법 /

의사소통 기술 / 컴퓨터 사용법 / 영유아가 좋아하는 음식에 대한 지식 / 급간식의 제공법

결론적으로 원장과 교직원은 사랑이 많은 성품이어야 하며 선천적인 능력이 교육기관에 적합해야 한다. 영유아에게 다정다감하고 사랑이 많은 성품을 지녀야 하는 반면, 객관성을 유지하기 위해 냉철한 이성적 사고도 요구된다. 선천적인 능력이 영유아교육 현장에 적합해야 하고, 후천적으로 습득하는 이론과 실기에도 능해야 한다.

기관이 속한 시대의 사회적 요구를 읽는 안목이 있어야 한다. 관련 정책의 흐름이나 제도의 흐름을 이해하고 운영에 적용해야 한다.

원장의 성품은 교직원에게 많은 영향력을 갖는다. 원장은 반드시 유아교육과나 아동학과 같은 분야를 전공한 전문인이어야 한다고 생각하는 견해를 가지고 현장을 들여다본 적도 있었다. 신출내기 교사의 관점에서는 수업이나 학급운영 등의 지식과 정보, 전략을 가르쳐 주는 리더가 필요하다고 생각했다. 하지만 이러한 전공 영역의 지식과 정보, 전략은 유능한 중간 관리자, 즉 원감이나 주임교사도 제공해 줄 수 있다. 유아교육 분야의 지도에 강한 원장에게서 교사들의 실력 향상이라는 부분은 충족시킬 수 있겠지만, 인격의 부재는 기관에서의 근무 자체를 힘들게 만든다. 원장의 성품을 존경하고 따르는 교직원들은 자율장학과 같은 과정을 통해 교사 그룹끼리 실력을 신장시키는 노력이 가능할 것이다. 실력보다 성품이 먼저이다. 단, 기관의 운영 강조점이나 방향에 대한 주관은 실력을 전제로 설정되어야 한다. 직무능력이나 리더십에 관하여 더 많은 이론과 실제는 다음의 도서를 참고한다: 김혜경. 『원장리더십 – 영유아기관장의 자기 경영』. 공동체. 2012.

4 운영에 필요한 문서

1) 문서의 종류

서류를 보관할 때 영역별 파일 색상을 통일하여 꽂아 놓으면 찾기 쉽고 정돈된 느낌을 준다.

책에 소개한 문서의 목록은 평가제의 영역별 필요 문서와 함께 평가일에 참고 가능한 문서, 운영관리에 필요한 문서 등으로 유목화하였다. 각 문서를 갖추고 주기별로 검토하여 관리한다. 각 지표의 항목 순서에 따라 분류한 문서들은 한 가지 지표에 한 가지 색상의 파일로 정리하여 찾아보기 쉽게 보관한다.

1. 보육과정 및 상호작용		
서류명	담당	비고
보육일지 연간, 월간(또는 주간), 일일보육계획안(보육일지, 계획, 실행, 평가내용 포함 / 월간 평가) (보육 계획 수립 및 실행 기록 실내외 공간 청결 및 안전 기록 건강증진을 위한 교육 및 관리 기록		
관찰일지 관찰일지 및 영유아 발달평가 (관찰기록물과 수집결과물 포함 : 사진) 평가 기록을 부모면담에 활용한 자료 신입 적응 프로그램 및 신입 적응 관찰일지(운영관리) 신체계측		
특별활동 (운영지침과 동의서)		

2. 보육환경 및 운영관리		
서류명	담당	비고
놀이터 관련 서류 개인 파일(입소신청서), 생활기록부(운영관리) 응급처치동의서, 귀가동의서, 건강검진서, 예방접종증명서, 구강검진서, 맞벌이서류(입소증빙서류) 부모개별면담		
어린이집 운영안내 및 신입부모를 위한 오리엔테이션 어린이집 운영안내 및 신입부모를 위한 오리엔테이션 및 운영안내서 내 운영계획안내 및 맞춤반 · 종일반 이용안내 신입영유아 적응안내, 개방안내문 및 참관신청서		
기관 운영 시스템으로 확인하는 정원, 현원, 교직원 현황, 예 · 결산서		
가정과의 소통 가족문제해결 및 전문기관정보 부모만족도 조사 부모칼럼 / 부모 문자내용 / 가정통신문 내 기록 지역주민 연계 연 1회 이상 기록, 영유아 교직원 건강영양교육 식품알레르기 안내 / 연간부모교육 계획과 실행기록 참관 안내문 / 문자 내용 출력 파일		
종일반 및 맞춤보육 종일반 및 맞춤보육 / 영유아 출석부 어린이집 운영계획 – 종일보육 수요조사서 / 맞춤보육 수요조사서		
통합보육일지 종일반 영유아 활동 계획안		
원장 부모개별면담		
CCTV 및 개인정보관리		
입소대기 신청명부 및 이용아동 연명부 및 퇴소원아		
운영위원회 토요보육 수요자 없음 예 · 결산서		
정원, 현원, 교직원 현황, 예 · 결산서	시스템상 확인	

3. 건강 · 안전		
서류명	담당	비고
영양 및 건강 영유아를 위한 급간식 위생 체크리스트 및 식단표 식품알레르기 지침, 조사서, 실행기록 검수확인서 및 염도 체크 기록		
안전 · 소방 · 위생 점검 체크리스트		
감염병 예방 및 관리대책 아프거나 다친 영유아에 대한 지침 감염병 예방 및 관리대책 아프거나 다친 영유아에 대한 지침 영유아건강교육 실행 기록 신체계측 기록(생활기록부와 관찰일지에도 가능)		
비상대피훈련 및 안전교육 소방대피훈련 및 영유아 안전교육(일지기록)		
투약의뢰서		
영유아 안전 사고 및 관리대책 영유아 사고보고 및 비상시 대처방안에 따른 업무분담 및 비상연락망 학대예방지침과 대응매뉴얼		
교직원 건강 및 영양교육 보육교직원의 건강관리 교직원 건강 및 영양교육		
옥외놀이터와 놀이기구		
방역일지 및 수질 · 공기질 측정검사 보험가입 확인 자료		
폐기물관리대장		

4. 교직원		
서류명	담당	비고
교사회의록 및 업무분담 교사회의록 교직원 업무분담 원장의 노력 관련 자료 교직원 면담 자료		
교직원 근로관리 교직원 채용 관리 근로계약서 및 취업규칙 퇴직자 서류		
교사교육 교사교육 연간교육 계획과 실행 법정교육파일 및 외부연수 (연수대장, 보고서, 계획안) 명절 선물, 친목활동 지원 등 교직원 복지제도 관련 기록 교직원 안전교육(건강 · 안전) 응급처치 관련 교육(안전교육 및 사고대책), 교직원 아동학대 예방교육, 직무스트레스 신입교직원 오리엔테이션 급여명세서와 이체확인 서류		
교사 개별 면담 및 교사장학 교직원 교수–학습방법에 대한 관찰 교직원 근무평가		
교직원 근무상황부 교직원 및 특별활동 강사 근무상황표(출근부) 교직원 연차관리		
실습생 및 자원봉사 관리대장		

5. 회계관리		
서류명	담당	비고
예산서		
결산서		
현금출납부		
총계정원장		
급여대장 및 시간 외 근무수당		
보육료대장		
수입결의서		
지출결의서		
정부보조금명세서		

6. 기타		
서류명	담당	비고
기타 동의서 기타 동의서(재원신청서, 휴가집중기간 등원 여부, 토요보육, 야간연장신청서)		
상장 모음		
교직원 단체사진		
연합회 회의록		
원장교육		
거래처 관리대장(보험, 계약, 사업자등록)		
문서발송대장 및 문서수신대장		
공사관리대장		
각종 계약서		

대부분의 기관은 평가절차에서 점검하는 서류와 함께 운영에 필요한 문서를 작성한다.[1] 교직원이 분장된 담당업무에 따라 문서를 관리하고 주기나 상황에 따라 갱신하는 역할을 수행한다. 각 문서는 담당자가 있으며 적정 주기에 따라 원장의 결재를 받아 정리하여 보관한다. '결재'는 검토하거나 승인하는 일을, '결제'는 대금으로 거래관계를 처리하는 일을 의미한다. 결제 절차는 이 책의 4장 재정관리에서 학습한다. 결재 절차의 이해를 위해 다음의 표를 통해 각 기관에 필요한 문서와 담당자 분장에 대해 참고해 보기 바란다. 각 기관의 사정에 따라 서류의 유형과 결재 기간이 달라질 수 있다.

<table>
<tr><th>구분</th><th colspan="2">서류명</th><th>내용</th></tr>
<tr><td rowspan="7">매일</td><td colspan="2">• 출석부</td><td>결석한 영유아의 사유를 작성한다.</td></tr>
<tr><td colspan="2">• 일일 보육일지</td><td>하루의 보육활동을 계획하고 평가를 작성한다.</td></tr>
<tr><td colspan="2">• 일일 관찰일지(월별 결재)</td><td>영유아의 모습을 관찰하고 지도방법을 모색하여 기록한다.</td></tr>
<tr><td colspan="2">• 기관 운영일지</td><td>행사, 주요 업무, 식단, 문서, 방문자 등을 작성한다.</td></tr>
<tr><td colspan="2">• 안전관리 일일점검표</td><td>안전과 관련된 항목을 점검하여 기록한다.</td></tr>
<tr><td colspan="2">• 투약보고서</td><td>보호자가 의뢰한 투약내용을 기록한다.</td></tr>
<tr><td colspan="3">* 매일 결재한 서류는 기관의 사정에 따라 주간 또는 월간으로 결재한다.</td></tr>
<tr><td rowspan="7">매주</td><td colspan="2">• 화장실 점검표</td><td>매일, 매시간 점검하여 일주일 분량을 결재한다.</td></tr>
<tr><td colspan="2">• 안전교육</td><td>회의시간에 실시된 안전교육을 기록한다.</td></tr>
<tr><td colspan="2">• 주간 교육계획안</td><td>다음 주 보육활동에 대한 계획서를 작성한다.</td></tr>
<tr><td colspan="2">• 주간 교육활동평가</td><td>한 주 활동에 대한 평가서를 작성한다.</td></tr>
<tr><td colspan="2">• 주간 안전점검표</td><td>주 단위 점검표에 작성한다.</td></tr>
<tr><td colspan="2">• 아동학대 예방교육</td><td>회의시간에 실시된 아동학대 예방교육을 기록한다.</td></tr>
<tr><td colspan="2">• 교사 회의록</td><td>매주 교사회의 내용을 작성한다.</td></tr>
<tr><td rowspan="4">매월</td><td rowspan="4">선결재</td><td>• 월간 교육계획안</td><td>연안에 맞추어 월안을 계획 · 작성한다.</td></tr>
<tr><td>• 교구교재 구매계획서</td><td>영역별 교구교재 비치 계획에 따라 구매 신청한다.</td></tr>
<tr><td>• 부모교육 / 교사교육</td><td>연간 계획에 따라 구체적인 내용을 점검한다.</td></tr>
<tr><td>• 비상 대피훈련 일지</td><td>매월 15일 훈련내용을 계획하여 기록한다.</td></tr>
</table>

1) 문서와 서류는 같은 뜻, document or papers.

구분	서류명		내용
매월	후결재	• 소방안전점검	항목에 맞는 대답을 작성한다.
		• 월별 안전점검표	항목에 맞는 대답을 작성한다.
		• 보육과정 운영평가서	실시된 활동에 대해 평가하고 개선 방향을 찾는다.
		• 당직표 구성	정규시간 외 근무자의 당직표를 구성하여 작성한다.
		• 신장 · 체중 발달표	매월 영유아의 신장과 체중을 재고 작성한다.
		• 위생관리 현황	매일 위생관리 현황을 기록하고 결재한다.
		• 주방점검표	매일 주방관리 현황을 기록하고 결재한다.
격월	• 교통안전교육		1년 6회 상황을 설정하여 실행하고 평가한다.
분기별	• 영아 / 유아발달 평가표		1년 4회/2회 개월 수에 맞는 항목을 기록한다.
	• 약물 오남용 교육		1년 4회 상황을 설정하여 실행하고 평가한다.
	• 실종, 유괴 예방교육		1년 4회 상황을 설정하여 실행하고 평가한다.
학기별	• 교사 자체 평가서		1년 2회 항목에 맞는 대답을 한다.
	• 운영위원회		1년에 4회 이상 운영위원회를 개최하고 회의록을 작성한다.
	• 반 운영 평가		1년 2회 해당 항목에 대답을 작성한다.
	• 재난대비훈련		1년 2회 상황을 설정하여 실행하고 평가한다.
	• 성폭력 예방교육		1년 2회 상황을 설정하여 실행하고 평가한다.
	• 반기별 안전점검표		1년 2회 반기별 항목에 대답을 작성한다.
	• 부모면담		1년 2회 개별 부모면담을 하고 작성한다.
연별	• 교직원 평가		각 교직원의 동료 평가, 원장 평가를 실시한다.
필요시	• 출장명령부		출장 전 · 후 기재한다.
	• 물품구입신청서		구입 희망 제품을 비교 선택하여 작성한다.
	• 물품구입확인서		물건 구입 후 영수증과 함께 작성한다.
	• 교구교재 구입대장		물품을 구입 후 항목에 맞게 작성한다.
	• 근무상황부		연수, 휴무, 휴가 등 부재 시 작성한다.
	• 행사기록		행사에 대한 계획 – 실행 – 평가를 작성한다.
	• 부모 수시 면담		전화, 편지, 방문으로 이루어진 면담을 작성한다.
	• 교육보고		외부 연수나 원내 교육은 보고서를 작성하고 전달교육을 한다.

2) 보관방법

우리나라의 영유아기관은 평가제도에 따라 각종 문서를 작성하여 찾기 쉽도록 평가 영역별로 비치하는 특성을 갖는다. 평가 영역에 따라 문서를 같은 파일에 정리하거나 박스에 보관하기도 하고 공간의 여건에 따라 다양한 방법으로 정리한다. 개인정보 보호대상의 문서나 회계서류 등은 잠금장치가 있는 안전한 곳에 보관해야 한다.

각 문서는 평가 영역별로 파일철을 만들고 라벨을 부착하여 보관한다. 파일의 색상과 크기를 통일하여 보관하면 더 정돈된 느낌을 준다. 수시로 첨가되는 문서는 원장실이나 사무실에서 쉽게 찾아서 볼 수 있도록 진열하기도 하고 공간이 부족한 경우 서랍의 형식으로 확보된 장에 보관하기도 한다. 저자가 원장으로 재직한 N 기관에서는 문서 파일을 장 안에 꽂아 놓고 바깥쪽에 목록표를 게시하는 방법으로 찾기 쉽게 정리해 놓았다. 문서의 일련 번호를 평가지표에 따라 정하고 해당 항목의 서류를 영역별로 함께 배치하였다.

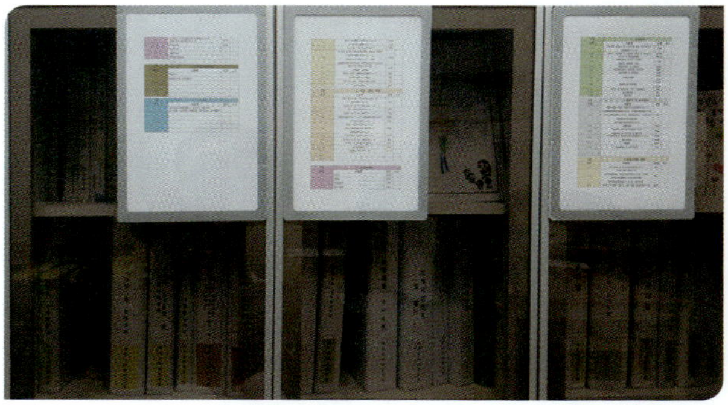

CHAPTER 2 운영방안 수립

1. 일과로 보는 운영관리
2. 연간 및 월간 계획
3. 운영일정과 체크 포인트(check point)

한 기관을 끌어가는 과정에는 일반적으로 계획(Plan)–실행(Do)–평가(See)의 단계가 포함된다. 이러한 P–D–S의 과정을 통해 발전 방향을 모색하는 일이 운영의 필수 과정이다. 먼저 계획단계부터 살펴보자. 교사의 수업계획이 일일, 주간, 월간, 연간의 기간을 반영하여 진행되는 것처럼 기관 운영 역시 이러한 단계와 더불어 3~5년의 중기계획, 10년의 장기계획을 수립하기도 한다.

계획안은 국가지침을 참고하여 각 기관의 실정에 맞게 작성한다. 표준보육과정에서는 목적과 목표, 구성방향과 체계, 편성과 운영, 평가의 과정을 염두에 두고 단계별 계획, 실행, 평가의 과정을 설정하고 있다. 국가지침을 지키는 범위에서 행사를 비롯한 여러 운영 요소를 반영하여 계획을 작성한다.

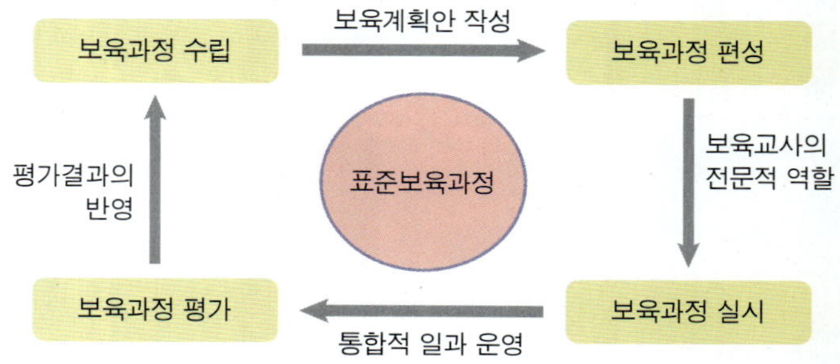

[그림 2-1] 계획의 흐름도

[그림 2-2] 계획의 단위

우리나라 국가수준 프로그램에 대한 심화학습은 다음의 도서를 참고한다: 김혜경. 『영유아프로그램 개발과 평가』 창지사. 2020. 제2장 국가수준의무프로그램, 제3장 국가지침에 포함된 프로그램.

1 일과로 보는 운영관리

기관장의 일과는 각 교실에서 행해지는 수업과 함께 여러 가지 행정 업무, 조리실 인력의 업무, 외부인과 지역사회와의 관계 업무 등을 중심으로 계획된다.

각 교실의 수업이 원활하게 이루어지도록 교실구성과 수업 자료의 준비, 교사의 근태를 점검하고 지도한다. 급간식에 차질이 없도록 주방을 점검하고 조리원의 위생과 업무 과정을 지도한다. 기관 운영에 필요한 행정업무를 점검하고 지역사회 기관과의 관계에서 진행해야 할 업무들을 점검한다.

다양한 업무가 점검되고 실행되어야 하는 과정을 알아보기 위해 하루 수업을 중심으로 일과의 순서와 그 사례, 교실 내 업무 분장을 살펴본다.

1) 일과의 순서

한 기관의 원장으로 책임이 주어진 상태에서 일과를 끌어가는 일은 아주 큰 과업이다. 활동의 순서를 결정할 때는 다음과 같은 상황을 고려하고 교사들의 일과 계획을 지도한다.

교실 및 실외 놀이터의 공간 크기

계획하는 활동에 충분한 공간이 되는지 점검한다.

기관 전체의 학급 수와 공용 공간 활용 여부

바깥 놀이터나 유희실, 식당과 같은 공용 공간에서 다른 학급과 갈등이 발생하지 않도록 각 학급의 활용시간을 파악한다.

도와줄 수 있는 성인의 수

안전지도가 필요한 활동, 성인의 도움이 필요한 미술이나 요리활동 등은 도움을 요청할 수 있는 성인을 확보한 후 계획한다.

동적인 활동과 정적인 활동의 교차

신체리듬을 스스로 조절하지 못하는 영유아들을 위한 활동은 동적인 활동과 정적인 활동이 교차되면서 진행되어야 한다. 동적인 활동만 반복되면 체력이 쉽게 소진되며 들뜨기 쉽고 정적인 활동만 반복되면 흥미를 잃고 지루해할 수 있다.

상호작용의 균형

소집단 영유아와 교사, 대집단 영유아와 교사, 영유아와 영유아, 영유아와 교구교재 등 다양한 상호작용이 일어나도록 계획한다.

실내, 실외, 현장 학습 등 다양한 환경에서의 활동 계획

다양하고 구체적인 경험을 위해 장소와 학습 유형도 다양하게 계획한다. 영유아가 기관에 머무는 시간이 많을수록 바깥의 신선한 공기와 접할 수 있는 활동을 계획해야 한다. 영유아를 위한 일과 지도는 다음의 도서에서 더 많은 학습을 바란다: 김혜경. 『영유아프로그램 개발과 평가』 창지사. 2020. 제9장 프로그램 편성과 운영의 방법.

2) 교사 업무의 지도

일과를 토대로 교사가 실제로 수행해 내야 할 역할을 만 1세 학급을 중심으로 살펴보면 다음과 같다. 원장은 교사가 수업을 이끌어 나가는 데 필요한 사항과 애로점을 파악하여 지원하고 지도해야 한다.

시간	일과내용	점검사항
7:30~9:00	• 통합보육: 모든 교사가 출근하지 못한 시간이므로 주로 당직교사에 의해 여러 연령의 영유아들을 한 공간에서 보육한다. 담임교사와 만나지 못하는 부모들을 위해 의사소통에 문제가 발생하지 않도록 한다.	• 이른 시간에 등원하는 영아와 교직원을 위한 물리적 환경(난방, 환기, 잠금장치의 개폐 여부 등)을 점검한다. 아직 잠이 깨지 않은 상태에서 맡겨지는 영아를 위한 수면공간과 함께 다양한 연령의 영유아들이 통합보육되는 가운데 서로의 놀이에 방해받지 않는 놀이 영역을 구성한다.
9:00~9:40	• 인사 나누기, 실내 자유놀이: 생활 주제에 맞는 연령별, 영역별 교구교재를 준비하고 편안하고 즐거운 가운데 놀이한다. • 놀잇감 정리 · 정돈, 전이활동: 놀잇감을 원래의 장소에 정리하고 영아들의 기저귀를 갈아 준다.	• 등원하는 영아들과 부모들을 반갑게 맞이한다. 적합한 교구교재를 구입하여 각 교실에 제공하고 영아의 발달에 적합한 방식으로 수업을 준비한다. • 영아들의 안전과 발달을 고려한 정리장이 비치되어 있는지 보고 전이활동시 다른 반과의 혼란이 없도록 각 교실 외의 공간사용에 시간대별 안배가 이루어지도록 한다.
9:40~10:00	• 오전 간식: 간식에 대한 설명을 들은 후 먹는다.	• 각 기관의 특성에 따라 간식 시간은 달라질 수 있으며 급간식에 관련된 위생과 청결 부분을 점검한다. 연령별로 필요한 칼로리에 맞게 식단이 제공되는지, 연령별로 제공되는 음식의 양이나 크기가 섭취하기에 문제가 없는지 점검한다.
10:00~10:10	• 기저귀 갈이 및 전이활동	• 스스로 기저귀를 처리할 수 없는 영아들을 위해 주기적으로 갈아 주는 시간을 계획한다. 기저귀 갈이 영역의 청결을 점검한다.
10:10~10:40	• 대근육활동: 옥상이나 지하 유희실에서 대 · 소근육을 위한 활동을 한다.	• 대근육활동을 위한 설비의 안전을 점검한다. 응급조치법을 숙지하고 사고처리 절차에 대한 문서의 계통을 정리해 둔다.
10:40~11:20	• 이야기 듣기 및 소그룹활동: 주제와 관련된 활동을 개별 또는 소그룹으로 진행한다. • 정리 · 정돈 및 전이활동: 놀잇감을 원래의 장소에 정리하고 어린 영아들은 기저귀를 갈아 준다.	• 교실의 흥미 영역, 상호작용의 형태가 생활주제와 해당 연령의 놀이에 적합하게 구성되었는지 점검한다. • 영아들의 갈등을 방지하기 위해 놀잇감의 수량이 충분한지 점검한다. 기저귀 갈이 후 교실의 환기에 유의한다.
11:20~11:50	• 점심: 손을 씻은 뒤에 식당으로 이동하여 식사한다.	• 영아들의 이동공간에 미끄럼 방지와 같은 안전장치를 점검하고 수도전 사용에 반별 시간대를 확인하여 혼잡을 막는다.

시간	일과내용	점검사항
11:50~12:30	• 조용한 교실활동: 기저귀를 간 뒤 그림책을 보거나 조용한 음악을 들으면서 낮잠을 준비한다.	• 부모들에게 낮잠 및 휴식의 중요성을 알리고 조명, 커튼과 같이 수면에 필요한 물리적 환경을 점검한다. 조용한 음악과 필요한 기자재를 갖춰 주고 침구의 위생적인 관리에 유의한다.
12:30~15:00	• 낮잠: 일찍 깨어난 영아들은 양호실에서 실내 자유놀이를 한다. • 낮잠 깨기, 정리 · 정돈, 기저귀 갈이: 잠에서 먼저 깨어난 영아들은 기저귀를 갈고 잠자리를 정리한다.	• 연령별 낮잠시간이 다르기 때문에 소음차단이나 깨어 있는 영아들에 대한 배려를 점검한다. 양호실의 약품은 영아의 손이 닿지 않는 곳에 두며 수시로 내용물을 점검한다. • 낮잠시간을 이용하여 학급관리에 필요한 서류작성이나 수업준비를 하도록 한다. 소그룹의 교사회의가 진행되기도 한다.
15:00~15:30	• 손 씻기 및 오후 간식: 오늘 일과에 대해 이야기를 나누고 간식을 먹는다.	• 손 씻기에 필요한 비누의 위생상태, 종이수건 비치를 점검한다. 급간식용 식기가 위생적으로 세척 · 보관되는지 점검한다.
15:30~16:00	• 각 교실의 하루 일과를 정리라고 하원하거나 연장전담교실로 이동 준비를 한다.	• 옷을 보관하고 꺼내 입기 용이한 가구나 옷걸이를 비치한다. 일과를 마친 후 사용된 교구교재를 정돈하고 체계적으로 보관한다.
16:00~19:30	• 연장전담보육: 오후 4시 이후 보육을 신청한 영유아를 위한 일정이 시작된다. • 조용한 놀이 및 귀가지도: 조용한 실내 놀이를 하면서 부모님을 기다린다. 부모님이 오시면 선생님께 인사하고 귀가한다.	• 영아반 연장전담교사와 정해진 공간으로 이동하고 과정을 점검한다. • 기관에 머무는 시간이 긴 영아들의 스트레스를 줄여 주기 위해 최대한 편안한 분위기에서 일정이 진행되도록 한다. • 등하원 시간에 부모와의 다양한 의사소통 방법을 사용하여 기관에 대한 협력자가 될 수 있도록 한다. 부모용 게시판의 내용이 시기적으로 적절한지, 관리가 이루어지고 있는지 점검한다. • 특이사항이 있었던 영아의 일과가 반드시 부모에게 전달되도록 한다. 하루 중 특별한 일이 있었던 경우, 원장이나 담임교사가 미리 부모에게 연락을 취하는 것이 좋다.

3) 교실 내 업무 분장

한 연령의 교실 내에서 공동담임이 일과를 꾸려 가는 경우 각자의 업무를 공평하고 합리적으로 수행하도록 지도하여 갈등을 줄여 줘야 한다. 세부적인 업무 분장표를 만들고 각 역할을 순환하여 수행하도록 한다. 각 기관의 사정과 연령별 특서에 따라 시간대가 변경될 수 있다.

<table>
<tr><th>주요 일과</th><th>교사 1</th><th>교사 2</th><th>보조교사</th></tr>
<tr><td>등원 및
자유선택활동
7:30~9:40</td><td colspan="2">• 등원하는 영아를 안아 주며 반갑게 맞이합니다.
• 영아와 놀잇감을 가지고 자유롭게 놀이합니다.</td><td>• 영아의 물품을 정리합니다.</td></tr>
<tr><td>정리·정돈 및
배변활동
9:40~10:00</td><td>• 영아의 기저귀를 살피며 청결한 상태를 유지하도록 배변 직후 갈아 줍니다.</td><td>• 변기 사용하는 영아는 바르게 사용하도록 돕습니다.</td><td>• 그림책이나 이야기 나누기를 하며 활동의 양을 조절해 줍니다.</td></tr>
<tr><td>오전 간식 및 정리
10:00~10:30</td><td>• 간식을 준비합니다.</td><td colspan="2">• 간식이 준비되는 동안 영아들과 상호작용을 합니다.
• 준비된 간식을 감사하는 마음으로 맛있게 먹습니다.</td></tr>
<tr><td>자유선택활동
10:30~10:50</td><td colspan="2">• 여러 가지 놀잇감을 가지고 영아들과 놀이하거나 휴식할 수 있는 공간에서 쉴 수 있게 합니다.</td><td>• 수유가 필요한 영아에게 개별 수유를 합니다.</td></tr>
<tr><td>소그룹 및
개별활동
10:50~11:20</td><td>• 각 영아들의 수준에 맞는 개별활동을 합니다.</td><td colspan="2">• 활동 시 도와주고, 활동에 참여하지 않은 영아와 상호작용합니다.</td></tr>
<tr><td>산책활동
11:20~11:50</td><td colspan="3">• 실외로 나가 자연을 느끼고 탐색해 보는 기회를 갖습니다.
• 산책을 할 때는 영아의 안전을 잘 살펴봅니다.</td></tr>
<tr><td>배변활동
및 손 씻기
11:50~12:00</td><td>• 실외 놀이 후 손과 얼굴을 깨끗이 씻을 수 있게 합니다.</td><td colspan="2">• 영아의 기저귀를 살펴 주며 개운함을 느낄 수 있게 해 줍니다.</td></tr>
<tr><td>점심 식사 및 정리
12:00~1:00</td><td colspan="2">• 영아가 기다리지 않고 식사할 수 있도록 미리 음식을 준비합니다.</td><td>• 즐거운 분위기에서 스스로 먹을 수 있게 합니다.</td></tr>
<tr><td>낮잠 준비
및 낮잠
1:00~3:00</td><td>• 개별 침구를 깔아 주고 조용한 음악을 준비합니다.</td><td colspan="2">• 수유가 필요한 영아에게는 수유를 제공해 주고 기저귀를 갈아 줍니다.
• 편안한 잠자리 분위기를 조성하여 자장가를 들려줍니다.</td></tr>
<tr><td>낮잠 깨기 및 정리
3:00~3:30</td><td>• 낮잠에서 일어난 영아를 안아 주며 상호작용합니다.</td><td>• 먼저 깬 영아와 조용한 놀이를 합니다.</td><td>• 영아들의 침구를 정리합니다.</td></tr>
</table>

<table>
<tr><th>주요 일과</th><th>교사 1</th><th>교사 2</th><th>보조교사</th></tr>
<tr><td>오후 간식
및 정리
3:30~4:00</td><td>• 영아들의 손을 깨끗이 씻어 줍니다.</td><td>• 오후간식을준비합니다.</td><td>• 포크나 수저를 이용하여 스스로 먹을 수 있도록 합니다.</td></tr>
<tr><td>연장전담보육
4:00~7:30</td><td colspan="3">• 4시 이후에는 영아반 연장전담 교사와 함께 활동할 수 있도록 연장전담 보육공간으로 영아를 데려다 줍니다.</td></tr>
</table>

* 교실 내 업무와 함께 기관 전체의 공동업무도 분장하여 수행한다(제3장 교직원 관리와 업무 분장 참조).

2 연간 및 월간 계획

원활한 수업을 위해 다양한 운영지원을 주기적으로 계획한다. 영유아를 위한 수업과 지도의 계획은 국가수준으로 제시되고 있는 표준보육과정과 누리과정을 근간으로 각 기관의 상황에 맞는 프로그램을 작성하여 실행한다. 계획안은 연간, 월간, 주간, 일일 계획안의 계열을 가지며, 연령별로 차별화된 계획을 실행하고 평가하면서 발전시켜 나간다.

다음은 만 2세반의 연간, 월간, 주간 계획안의 예이다.

〈표 2-1〉 연간 보육계획안(만 2세반)

<table>
<tr><th colspan="2" rowspan="2">기간</th><th rowspan="2">주제</th><th rowspan="2">계절</th><th colspan="2">행사 및 지역 사회 협력</th></tr>
<tr><th>영아</th><th>부모</th></tr>
<tr><td>3월</td><td>1~4주
(4주)</td><td>어린이집이 좋아요 1</td><td rowspan="3">봄
–'졸졸졸, 잘잘잘' 봄의 소리
–'울긋불긋' 봄아 반가워!</td><td>신입적응 P/G
소방기초훈련</td><td>신입/재원생 오리엔테이션
1차 운영위원회
신입(적응 프로그램)
– 부모만족도 조사 배부</td></tr>
<tr><td>4월</td><td>1~5주
(5주)</td><td>어린이집이 좋아요 2
봄나들이 가요 1</td><td>소방대피훈련 및 안전교육
발달 평가
영유아 체격 검사
어린이날 개원기념일 행사
(4월 29일)</td><td>부모 참여활동(4월 2주): 부모 자원 어린이집 청소 봉사
1학기 부모 개별상담
(4월 3주~4주)
구충제 복용 안내</td></tr>
<tr><td>5월</td><td>1~5주
(4주)</td><td>봄나들이 가요 2
나는요 1</td><td>현장학습(나나반): 키즈카페
소방대피훈련 및 안전교육</td><td></td></tr>
</table>

기간		주제	계절	행사 및 지역 사회 협력	
				영아	부모
6월	1~4주 (4주)	나는요 2	여름 –곤충들의 합창 –'첨벙첨벙' 온몸으로 느껴 볼까?	소방대피훈련 및 안전교육 영유아 체격 검사	2차 운영위원회
7월	1~5주 (5주)	재미있는 여름이에요 1		소방대피훈련 및 안전교육	'부모 참여 프로그램'–현장학습–부모자원봉사
8월	1~4주 (4주)	재미있는 여름이에요 2 나는 가족이 있어요 1		소방대피훈련 및 안전교육	교직원 상반기 평가 및 신학기 준비 세팅 부모교육–성폭력 예방교육
9월	1~4주 (4주)	나는 가족이 있어요 2 알록달록 가을이에요 1	가을 –'알록달록' 색깔 나라 –'바스락, 바스락' 춤추는 낙엽	소방대피훈련 및 안전교육 영아반 키즈카페 영유아 체격 검사	3차 운영위원회
10월	1~5주 (4주)	알록달록 가을이에요 2 동물놀이해요 1		가족 행사 영유아 가을소풍 소방대피훈련 및 안전교육	가족행사 (10월 3주)
11월	1~4주 (4주)	동물놀이해요 2		소방합동훈련 소방대피훈련 및 안전교육 발달 평가	2학기 부모상담 원아모집 안내
12월	1~5주 (4주)	겨울과 모양을 즐겨요 1	겨울 –손이 '꽁꽁꽁' –하늘에서 '펑펑' 온 세상이 '하얗게'	산타 행사 소방대피훈련 및 안전교육 영유아 체격 검사	4차 운영위원회 보육교직원 만족도 조사
1월	1~5주 (4주)	겨울과 모양을 즐겨요 2 나는 친구가 있어요 1		소방대피훈련 및 안전교육	
2월	1~4주 (4주)	나는 친구가 있어요 2		소방대피훈련 및 안전교육	졸업식 및 수료식 신입생 O.T. 5차 운영위원회

〈표 2-2〉 3월 월간 보육 계획안(1세)

<table>
<tr><th colspan="3">3월 월간 보육 계획안(1세)</th></tr>
<tr><td colspan="3">■ 주　　제: 새로운 것이 낯설어요 1
■ 실시 기간: 2020년 3월 1주~3월 4주(4주)
■ 목　　표:

<table><tr><td rowspan="2">결재</td><td>담임</td><td>주임</td><td>원장</td></tr><tr><td></td><td></td><td></td></tr></table></td></tr>
<tr><td colspan="2">주제</td><td></td></tr>
<tr><td colspan="2">등원 및 맞이하기</td><td></td></tr>
<tr><td rowspan="4">실내놀이</td><td>신체</td><td></td></tr>
<tr><td>언어</td><td></td></tr>
<tr><td>감각 · 탐색</td><td></td></tr>
<tr><td>역할 · 쌓기</td><td></td></tr>
<tr><td colspan="2">특성화 프로그램</td><td></td></tr>
<tr><td colspan="2">바깥 놀이</td><td></td></tr>
<tr><td rowspan="4">일상생활</td><td>점심 및 간식</td><td></td></tr>
<tr><td>기저귀 갈이 / 배변 활동</td><td></td></tr>
<tr><td>낮잠</td><td></td></tr>
<tr><td>인성교육 및 안전교육</td><td></td></tr>
<tr><td colspan="2">귀가 / 가정 및 지역사회연계</td><td></td></tr>
</table>

〈표 2-3〉 주간보육계획안(3세)

주간보육계획안(3세)

■ 주　　제:

■ 목　　표:

■ 실시 기간: 3월 1주(2020년 3월 2일 ~ 2020년 3월 6일)

<table>
<tr><td rowspan="2">결재</td><td>담임</td><td>주임</td><td>원장</td></tr>
<tr><td></td><td></td><td></td></tr>
</table>

<table>
<tr><td rowspan="7">실내놀이</td><td>쌓기 영역</td><td colspan="5"></td></tr>
<tr><td>역할 영역</td><td colspan="5"></td></tr>
<tr><td>미술 영역</td><td colspan="5"></td></tr>
<tr><td>언어 영역</td><td colspan="5"></td></tr>
<tr><td>수 · 조작 영역</td><td colspan="5"></td></tr>
<tr><td>과학 영역</td><td colspan="5"></td></tr>
<tr><td>음률 영역</td><td colspan="5"></td></tr>
<tr><td colspan="2">활동 및 안전교육</td><td colspan="5"></td></tr>
<tr><td colspan="2" rowspan="2">특성화 프로그램</td><td>월 ( )</td><td>화 ( )</td><td>수 ( )</td><td>목 ( )</td><td>금 ( )</td></tr>
<tr><td></td><td></td><td></td><td></td><td></td></tr>
<tr><td colspan="2">바깥 놀이</td><td colspan="5"></td></tr>
<tr><td colspan="2">점심 및 낮잠</td><td colspan="5"></td></tr>
<tr><td colspan="2">기본생활습관 / 인성교육</td><td colspan="5"></td></tr>
<tr><td colspan="2">귀가 / 가정 및 지역 사회연계</td><td colspan="5"></td></tr>
<tr><td colspan="2">지난주 놀이 이야기</td><td colspan="5"></td></tr>
</table>

〈표 2-4〉 만 2세 일일보육계획안

<table>
<tr><th colspan="8">만 2세 일일보육계획안</th></tr>
<tr><td>주제</td><td colspan="4">어린이집이 좋아요 1</td><td>일시</td><td colspan="2">2020년 월 일 (월)~ 월 일 (금)</td></tr>
<tr><td>목표</td><td colspan="7">어린이집 생활에 적응할 수 있도록 적응 기간을 가지며 부모(보호자)와 환경을 탐색해 경험해 본다.</td></tr>
<tr><td rowspan="2">일과 운영</td><td colspan="5">활동 계획 및 방법</td><td colspan="2" rowspan="2">놀이 진행 및 활동 / 특이사항</td></tr>
<tr><td>월</td><td>화</td><td>수</td><td>목</td><td>금</td></tr>
<tr><td>통합보육 · 등원 및 맞이하기 (7:30~9:00)</td><td colspan="7">– 오전 통합보육
– 부모님과 선생님께 바르게 인사하기
– 영아의 컨디션과 건강 상태 확인하기</td></tr>
<tr><td>오전 간식 (9:00~9:30)</td><td colspan="7">– 놀잇감 정리 후 깨끗하게 손 씻기
– 자유롭게 앉아서 즐거운 마음으로 간식 먹기
– 스스로 먹은 자리를 정리하고 간식판 정리하기</td></tr>
<tr><td rowspan="5">오전 실내 놀이 (9:30~10:40) 1시간 10분</td><td colspan="5" rowspan="5">[역할 영역] [쌓기 영역]
*활동명
*활동 방법

[언어영역] [감각·탐색 영역]
*활동명
*활동 방법

[미술 영역] [음률 영역]
*활동명
*활동 방법</td><td>월</td><td></td></tr>
<tr><td>화</td><td></td></tr>
<tr><td>수</td><td></td></tr>
<tr><td>목</td><td></td></tr>
<tr><td>금</td><td></td></tr>
<tr><td>정리정돈 및 배변 활동 (10:40~11:00) * 실내 환기 및 책상 소독</td><td colspan="5">• 놀잇감 제자리에 정리하기
• 화장실 다녀오기 및 기저귀 갈이</td><td colspan="2"></td></tr>
</table>

<table>
<tr><th rowspan="2">일과 운영</th><th colspan="5">활동 계획 및 방법</th><th colspan="2" rowspan="2">놀이 진행 및 활동 / 특이사항</th></tr>
<tr><th>월</th><th>화</th><th>수</th><th>목</th><th>금</th></tr>
<tr><td rowspan="2">바깥 놀이(대체)
(11:00~12:00)
1시간</td><td colspan="5" rowspan="2">* 활동명: 어린이집 주변을 산책해요
* 활동 방법: 어린이집 주변을 자유롭게 산책한다.
* 대체활동: 색 테이프 길을 따라 걸어요</td><td>특이사항
(날씨)</td><td rowspan="2"></td></tr>
<tr><td></td></tr>
<tr><td rowspan="2">점심 및
조용한 놀이
및 낮잠
(12:00~15:00)</td><td colspan="6">• 화장실 다녀오기 및 손 씻기
• 개별적인 상호작용을 하며 올바른 식습관 지도하기
• 양치질 및 화장실 다녀오기</td><td></td></tr>
<tr><td colspan="6">• 화장실 다녀오기 및 손 씻기
• 조용한 놀이 및 낮잠 자기
• 바르게 누워서 낮잠을 자기</td><td>• 조용한 노래 들으며 잠들 수 있도록 배려하며 토닥여 주기</td></tr>
<tr><td>오후 간식
(15:00 ~15:30)
* 실내 환기 및 책상 소독</td><td colspan="6">• 화장실 다녀오기 및 손 씻기
• 자유롭게 앉아서 즐거운 마음으로 간식 먹기</td><td></td></tr>
<tr><td>오후 실내 놀이
(15:30~16:00)
30분</td><td colspan="6">* 오전에 진행되었던 자유놀이 확장하여 놀이하기</td><td></td></tr>
<tr><td>귀가 / 가정 및
지역사회연계
(연장전담보육)
(16:00~19:30)</td><td colspan="7">• 자유롭게 놀이 후 순차적으로 귀가하기
* 선생님과 인사하며 헤어져요</td></tr>
<tr><td>기본생활습관
및 안전교육</td><td colspan="6">* 내 이름은 ○○○ – 기본생활습관
* 소방안전 – 위험! 불조심해요 (○)
* 활동 방법</td><td>영아들과 소방안전교육과 관련된 그림자료를 통해 교육 실시함</td></tr>
</table>

오늘의 점검 사항	위생 관련 점검	대청소	칫솔 양치컵 물컵	교구장 책상	교실 바닥	휴지통	유리창	개별 침구 및 쿠션 커버	교실 내 환기 실시 여부	놀잇감 소독 및 세척	놀이 매트 소독	전기 콘센트 먼지
	점검 내용	금요일	소독기 소독	청소	청소	비움	금요일	금요일	환기	언어 영역	소독	제거

〈표 2-5〉 만 3세 일일보육계획안

<table>
<tr><th colspan="8">만 3세 일일보육계획안</th></tr>
<tr><td>주제</td><td colspan="4">어린이집이 좋아요 1</td><td>일시</td><td colspan="2">2020년 월 일(월)
~ 월 일(금)</td></tr>
<tr><td>목표</td><td colspan="7">어린이집 생활에 적응할 수 있도록 적응 기간을 가지며 부모(보호자)와 환경을 탐색해 경험해 본다.</td></tr>
<tr><td rowspan="2">일과 운영</td><td colspan="5">활동 계획 및 방법</td><td colspan="2" rowspan="2">놀이 진행 및 활동 / 특이사항</td></tr>
<tr><td>월</td><td>화</td><td>수</td><td>목</td><td>금</td></tr>
<tr><td>통합보육 ·
등원 및 맞이하기
(7:30~9:00)</td><td colspan="7">– 오전 통합보육
– 부모님과 선생님께 바르게 인사하기
– 영아의 컨디션과 건강 상태 확인하기</td></tr>
<tr><td>오전 간식
(9:00~9:20)</td><td colspan="7">– 놀잇감 정리 후 깨끗하게 손 씻기
– 자유롭게 앉아서 즐거운 마음으로 간식 먹기
– 스스로 먹은 자리를 정리하고 간식판 정리하기</td></tr>
<tr><td rowspan="5">오전 실내 놀이
(9:20~10:40)
1시간 20분</td><td colspan="5" rowspan="5">[언어영역] [역할 영역] [쌓기 영역]
＊활동명
＊활동 방법

[과학 영역] [수·조작 영역]
＊활동명
＊활동 방법

[미술 영역] [음률 영역]
＊활동명
＊활동 방법</td><td>월</td><td></td></tr>
<tr><td>화</td><td></td></tr>
<tr><td>수</td><td></td></tr>
<tr><td>목</td><td></td></tr>
<tr><td>금</td><td></td></tr>
<tr><td>활동
(10:40~11:00)</td><td colspan="6">＊활동명
＊활동 방법</td><td></td></tr>
<tr><td>바깥 놀이(대체)
(11:00~12:10)
1시간
* 실내 환기</td><td colspan="6"></td><td></td></tr>
<tr><td>바깥 놀이(대체)
(11:00~12:00)
1시간</td><td colspan="6">＊활동명: 어린이집 주변을 산책해요
＊활동 방법: 어린이집 주변을 자유롭게 산책한다.
＊대체활동: 색 테이프 길을 따라 걸어요</td><td></td></tr>
<tr><td>점심 및
조용한 놀이 및 낮잠
(12:10~14:30)
* 실내 환기 및s
책상 소독</td><td colspan="7">• 화장실 다녀오기 및 손 씻기
• 개별적인 상호작용을 하며 올바른 식습관 지도하기
• 양치질 및 화장실 다녀오기
• 유아의 개별적인 의사 반영하여 운영하기
• 서로의 시간을 존중하여 편안한 조용한 놀이 및 휴식하기</td></tr>
</table>

<table>
<tr><th rowspan="2">일과 운영</th><th colspan="5">활동 계획 및 방법</th><th rowspan="2">놀이 진행 및 활동 / 특이사항</th></tr>
<tr><th>월</th><th>화</th><th>수</th><th>목</th><th>금</th></tr>
<tr><td rowspan="2">특별활동
월(12:30~13:00)
수, 금(12:30~13:00)</td><td>영어</td><td></td><td></td><td></td><td></td><td rowspan="2"></td></tr>
<tr><td>대체활동:</td><td></td><td></td><td></td><td></td></tr>
<tr><td>오후 간식
(14:30 ~15:00)
* 실내 환기 및
책상 소독</td><td colspan="6">• 화장실 다녀오기 및 손 씻기
• 자유롭게 앉아서 즐거운 마음으로 간식 먹기</td></tr>
<tr><td>오후 실내 놀이
(15:30~16:00)
30분</td><td colspan="6">* 오전에 진행되었던 자유놀이 확장하여 놀이하기</td></tr>
<tr><td>귀가 / 가정 및
지역사회연계
(연장전담보육)
(16:00~19:30)</td><td colspan="6">• 자유롭게 놀이 후 순차적으로 귀가하기</td></tr>
<tr><td>기본생활습관
및 안전교육</td><td colspan="6">* 활동명: 내 이름은 ○○○ – 기본생활습관
* 활동 방법</td></tr>
</table>

<table>
<tr><td rowspan="2">만 3세
일일보육
계획안</td><td>위생
관련
점검</td><td>대청소</td><td>칫솔
양치컵
물컵</td><td>교구장
책상</td><td>교실
바닥</td><td>휴지통</td><td>유리창</td><td>개별
침구
및 쿠션
커버</td><td>교실 내
환기
실시
여부</td><td>놀잇감
소독 및
세척</td><td>놀이
매트
소독</td><td>전기
콘센트
먼지</td></tr>
<tr><td>점검
내용</td><td>금요일</td><td>소독기
소독</td><td>청소</td><td>청소</td><td>비움</td><td>금요일</td><td>금요일</td><td>환기</td><td>언어
영역</td><td>소독</td><td>제거</td></tr>
</table>

3 운영일정과 체크 포인트(check point)

영유아기관의 연간 운영 방향은 매년 2월경 다음 연도의 신입생 오리엔테이션 행사를 통해 공개된다. 오리엔테이션에 배부되고 연중 안내가 필요할 때 활용되는 '운영 안내'에는 다음과 같은 내용이 포함된다.

○○어린이집 운영안내

Ⅰ. 어린이집 보육철학 및 목표
1. 보육철학
2. 보육목표

Ⅱ. 어린이집 운영 현황
1. 연혁
2. 현황
3. 보육시간
4. 보육료
5. 반별 정원 및 현원
6. 교직원 구성 현황

Ⅲ. 보육프로그램
1. 보육내용(연간, 월간, 일일 계획안 예시)
2. 연간 행사계획
3. 특색 프로그램
4. 신입 영유아 적응절차
5. 기타

Ⅳ. 건강 · 영양 · 안전관리
1. 건강관리(건강검진 실시, 정기소독, 개별 침구세탁 안내 포함)
2. 영양관리(식단 안내 포함)
3. 안전관리(안전교육 및 소방대피훈련 안내 포함)

Ⅴ. 부모 및 지역사회와의 협력
1. 부모참여 프로그램
2. 운영위원회
3. 지역사회기관과의 연계
4. 지역사회 전문가와의 협조체계

VI. 공지사항

1. 어린이집 개방과 보육실 방문
2. 휴원을 요하는 질병
3. 안전공제회 가입 안내
4. 아프거나 다친 영유아에 대한 처리 및 응급처치 동의서 작성
5. 등하원 절차 및 귀가동의서 작성

1) 연간 및 월간 일정표

기관에서 진행되는 행사와 운영일정이 구체적으로 계획되어야 기간별 문서나 회계를 위한 예 · 결산 등의 업무를 할 수 있다. 아래의 일정표는 기관의 게시판이나 홈페이지를 통해 모두에게 공개하는 범위이다. 다음의 예를 참고하여 각 기관의 특성에 따라 행사 및 운영일정을 편성해 보기 바란다. 연간 일정표와 월간 일정표는 일반적으로 게시판을 통해 공지한다.

〈표 2-6〉 연간 일정표의 예

20 년 ○○○○어린이집 연간 일정				
행사 · 지역사회 연계 · 교사교육				
월	영유아	부모	교사	어린이집 환경
3월	• 신입 적응 프로그램 • 소방기초훈련 및 교통안전방문교육 • 영유아 체격검사	• 1차 운영위원회 • 맞벌이 서류 추가제출	• 교사교육(놀이 영역에서의 상호작용) • 소방기초훈련	세스코 방역
4월	• 봄소풍(유아반) • 소방훈련 및 안전교육 • 발달검사	• 1학기 부모상담	• 교직원 건강검진 • 교사교육(부모와의 상호작용)	전체 소독 어항 소독 세스코 방역

행사 · 지역사회 연계 · 교사교육				
월	영유아	부모	교사	어린이집 환경
5월	• 어린이날 행사 • 부모참여 수업-체육 • 현장 학습(유아반) • 소방훈련 및 안전교육	• 어버이날 • 개원기념일	• 스승의 날 • 교사교육(현장 학습 이해와 적용)	세스코 방역
6월	• 현장 학습(유아반) • (EBS 초청공연 뿡뿡이 촬영현장 관람) • 소방훈련 및 안전교육 • 영유아 체격검사 • 발달검사	• 2차 운영위원회	• 연합교사교육(효율적인 대집단활동 지도법)	전체 소독 어항 소독 세스코 방역
7월	• 소방훈련 및 안전교육 • (재난 안전 방문교육)		• 승급자 확인 • 소방교육(소화기 사용법)	세스코 방역
8월	• 졸업생 홈커밍데이 • 소방훈련 및 안전교육		• 교직원 휴가기간	전체 소독 어항 소독 세스코 방역
9월	• 가을소풍(영아반, 유아반) • 소방훈련 및 안전교육 • 영유아 체격검사	• 각 반 공개수업 • 3차 운영위원회 • 맞벌이 서류 추가제출	• 교사교육(보육과정평가) 및 교직원 MT	세스코 방역
10월	• 현장 학습(유아반) • 소방훈련 및 안전교육	• 가족행사	• 교직원 건강검진 • 교사교육(영유아를 존중하는 훈육)	전체 소독 어항 소독 세스코 방역
11월	• 현장 학습(유아반) • 김장 담그기 체험 • 소방훈련 및 안전교육 • 발달검사	• 2학기 부모상담	• 교사교육(일과 흐름에 따른 훈육)	세스코 방역
12월	• 산타 행사 • 소방훈련 및 안전교육 • 영유아 체격검사	• 4차 운영위원회 • 특별활동 만족도 조사	• 교직원 평가 및 송년회	전체 소독 어항 소독 세스코 방역
1월	• 소방훈련 및 안전교육 • 발달검사	• 초등학교 준비를 위한 부모교육	• 교직원 휴가기간	세스코 방역
2월	• 소방훈련 및 안전교육	• 졸업식 • 신입생 OT	• 교사교육(신학기 세팅을 위한 협의안 제출)	전체 소독 어항 소독 세스코 방역 공기질 측정

〈표 2-7〉 월간 일정표의 예

5월 일정표	
• 5/1(금)	근로자의 날
• 5/5(화)	어린이날 휴원
• 5/6(수)~5/7(목)	어버이날 기념 작품 제작
• 5/7(목)	개원 3주년 기념일 "모두 축하해 주세요"
• 5/8(금)	현장 학습 「올림픽 공원」
• 5/15(금)	전체 환경 방역소독/CCTV 정기점검 재난대피 훈련(매월 민방위 훈련일에 실시)
• 5/18(월)	○○대학교 유아교육과 방문 견학(담당교수 포함 107명)
• 5/18(월) ~ 5/22(금)	원장 연수(북유럽 4개국 기관 탐방)
• 5/29(금)	인형극 관람(성폭력 예방/실버인형극단 방문공연)

이 정도의 선에서 공개하는 연간 일정표는 이용자 모두에게 알릴 수 있는 범위의 일정을 포함한다. 위의 공개 일정을 토대로 기관장이 점검해야 할 업무를 포함한 연간 계획을 작성해 본다. 영유아기관은 대체로 다음과 같은 업무를 점검해야 한다(김혜경, 2012). 기관의 1년을 그려 보면서 월별로 점검해야 할 업무를 찾아본다.

2) 월별 체크 포인트

월별 체크 포인트는 실무를 수행할 때 참고자료로 활용하기 바란다. 여러 가지 구체적인 업무는 기관의 특성에 따라 시기를 달리할 수 있으며 더 많은 항목이 포함되거나 생략될 수 있다. 원장이 모든 업무를 수행하는 것이 아니라 각 업무를 교직원의 특성과 능력에 따라 분장해 주고 관리한다.

〈표 2-8〉 월별 체크 포인트

월	월별 업무
1월	• 시무식 • 방역소독 • 각 반 신구 담임 협의안 작성 후 환경구성 • 신학기 비품 및 교구 구입 • 교사 면담 및 담임배정 • 각 반 담임 인수인계서 검토 • 교직원 채용공고 및 임면 준비 • 전년도 업무 분장 평가 • 승급대상자 확인 • 신학기 특별활동 계획 • 설 연휴 비상연락망 점검 • 교직원 설 선물 계획 • 초등학교 방문 및 1학년 교사 초청 부모교육 • 연말정산용 납입내역 국세청 등록 • 실내화 세탁 및 구입
2월	• 졸업식 및 준비과정 점검 • 운영위원회(전년도 결산안 및 예산안 심의) 위원 중 졸업생 부모 감사선물 전달 • 수족관 소독 • 신입생 입학 물품 구입(가방, 이불, 안전조끼, 각종 문서 등) • 연도전환대비 전산시스템 입력 마감 • 신학기 보조교사 및 자원봉사자 선발 • 연간 교사교육 수립(외부, 연합, 자율 등) • 대청소 • 신학기 부모 오리엔테이션 • 약품 구입 • 자료실 청소 및 신학기 교구교재 점검 • 신학기 예산 세부계획 • 신학기 교직원 업무 분장 • 연간 보고서 제작 • 분실물 정리 • 봄 환경구성
3월	• 교직원 근로계약서 작성 • 각종 계약서 기간 확인 • 정보공시 내용 변경 • 유아반 발달검사 • 연간 법정 교사교육 계획수립 • 해빙기 안전점검 • 연간 행사표 게시 • 현장 학습용 야외 물품 구입 • 특별활동 관련 부모 설문조사 및 시범수업 • 특별활동(부모 부담) 강사 계약 • 특성화 프로그램(기관부담) 계약 • 시니어 강사 계약 • 봄맞이 대청소 • 방역소독 • 양호실 물품 및 약품 점검 • 운영위원 위촉 및 회의(위촉장 전달, 특별활동 심의 등)

월	월별 업무	
4월	• 상반기 부모상담 및 사후관리 토의 • 봄소풍 • 놀이터 모래 보충 및 위생관리 • 실외 놀이터 그늘용 천막 보수 • 해빙기 시설 안전점검 • 교직원 건강검진 및 보건증 확인 발급 • 에어컨 및 환풍기 필터 소독 • 공기질 교육 • 예방접종 및 건강검진 안내문 발송	• 현장 학습용 물품 점검 • 구충제 투약 안내 • 조경관리 • 물탱크 청소 • 개원기념일 계획 • 수족관 소독 • 집단급식소 교육 • 유아 체격검사 • 교직원 바자회
5월	• 어린이날 및 어버이날 행사 • 개원기념일 파티 • 연합 교사교육 • 방역소독 • 건물 안전점검(가스, 전기, 소방, 건축 등) • 실외활동용품 보완 • 여름 환경구성	• 지역사회 연계활동 • 스승의 날 행사 • 부모교육 강연회 • 대청소 • 선풍기 등 여름 물품 점검 • 여름철 전염병 예방 가정통신문 발송 • 놀이터 안전검사(격년)
6월	• 교구 추가 구입 • 구청 지도점검 • 운영위원회(입학금, 특별활동, 현장 학습비 등 기타필요경비 정산 심의 등) • 특별활동 공개 수업 • 부모 모니터링단 방문대비	• 악기 추가 구입 • 수족관 소독 및 생물 보충 • 여름 태풍 및 호우대비 점검
7월	• 승급대상자 확인 • 조리원 위생교육 • 자율장학 교사 세미나 • 대청소 • 여름철 위생 관련 병원놀이 • 주방식기 보완	• 주방식기 점검 후 추가 구입 • 교직원 여름휴가 계획 • 방역소독 • 물놀이 용품 점검 및 안전교육 • 부모참여 수업 • 실내공기질 측정[2]
8월	• 졸업생 홈커밍데이 계획 및 준비 점검 • 수족관 소독 • 추석연휴 대비 잠금장치 점검 • 커튼과 블라인드 세탁 • 분실물 정리 • 가을 환경구성	• 약품 구입 • 대청소 • 여름 워크숍 일정 확인 및 참가자 배정 • 실내화 세탁 및 구입 • 신학기 물품 구매

2) 어린이집의 실내공기질 측정은 매년 7~12월 사이에 의무적으로 실시하여 자자체에 보고한다.

월	월별 업무
9월	• 반별 공개 수업 • 교직원 추석선물 구입 • 경로당과 함께하는 추석 행사 • 귀가동의서 등 영유아관리 서류 다시 받기 • 운영위원회(기타필요경비 정산 심의, 상반기 운영 관련 논의 등) • 교직원 MT • 현관 리모델링 • 바깥놀이용품 보완 • 선풍기 세척 및 정리 • 에어컨 필터 소독
10월	• 가족행사 • 원장실 서류장 제작 • 평가인증 확인점검 대비 • 유아반 발달검사 • 교직원 건강검진 및 보건증 확인 • 수족관 소독 • 양호실 물품 보완 • 유아 체격검사 • 가을 소풍
11월	• 졸업예정 유아 사진촬영 • 졸업 여행 • 하반기 부모상담 및 사후관리 토의 • 방역소독 대청소 • 추가경정예산안 작성[3] • 재원 여부 조사 • 영유아 모집 안내 게시 • 김장 체험 현장학습 • 관할 구청 지도점검 대비 • 초등학교 입학준비 안내 칼럼 발송 • 신입 영유아를 위한 기관 홍보 • 겨울철 전염병 예방 가정통신문 발송 • 한파 방지 주요 시설물 월동 준비 • 겨울 환경구성
12월	• 교직원 평가 • 산타 잔치 및 송년 행사 • 특별활동 평가 및 수요 조사 • 운영위원회의(연간 운영평가 및 기타필요경비 정산 등) 및 오찬 • 연말 운영평가 및 신년 운영계획 수립 • 연말정산 준비 • 모범 교사 포상 • 수족관 소독 • 전 교직원 자기 평가서 받기 • 각 교직원 계속 근무 여부 협의 • 부모 만족도 조사

위의 업무들을 중심으로 주기별 항목을 정리해 보면 다음과 같다. 주기별 업무 역시 기관의 특성에 따라 시기를 달리할 수 있으며 더 많은 항목이 포함되거나 생략될 수 있다.

3) 추가경정예산안은 수입과 지출에 변화가 있을 때 작성되며 각 기관의 사정에 따라 작성 및 제출 시기가 다르다.

〈표 2-9〉 주기별 체크 포인트

주기	주기별 업무
매일 할 일	• 등하원 시간 맞이하기 및 부모와 대화 나누기 • 미세먼지 및 오존농도 수준 공유와 바깥놀이 여부 결정 • 정보공시 및 홈페이지 관리 • 관할 관청 업무연락 확인 • 실내외 안전점검 • 보존식 기록관리 • 각 공간 청결상태 점검 • 놀잇감 청결관리 • 쓰레기와 폐기물 처리 • 정수기 소독, 화장실 휴지와 종이타월 비치상태 점검 • 급간식 재료 발주와 검수 • 투약일지 기록내용 확인
매주 할 일	• 교직원 회의 • 주간 계획안 점검과 지도 • 다음 주 업무 계획 • 급간식 재료 유통기한 확인 • 당직교사 급간식용 부식 확인 • 개별 침구 세탁 보내기 • 가정통신문 발송 • CCTV 정상 작동 여부 확인
매월 할 일	• 교직원 급여 지급 • 공과금 납부 • 분실물 정리 • 월간 계획 및 평가 • 관찰기록 평가 • 보육료 및 특별활동비 등 미납자 확인 • 재난대비훈련 • 국고보조금 신청 • 현장 학습 계획 및 차량 예약 • 격월로 방역소독 • 교직원 및 영유아 비상연락망 작성 • 월 수입지출 결산 • 4대 보험 납부 • 비품대장 및 소모품 대장 점검 • 주민세 및 소득세 신고 • 익월 식단 감수 • 법정교육 이수현황 정리 • 지역 연합회 월례회의 참석

CHAPTER 3

교직원 관리와 업무 분장

1. 임용과정과 신입 인력 교육
2. 근로계약서와 취업 규칙
3. 업무 분장과 평가

1 임용과정과 신입 인력 교육

1) 채용 절차

교직원 배치기준과 선발은 기관별 관련 법령에 따른다. 공채과정을 통해 국가가 규정하고 있는 자격증을 소지한 인력을 채용하는 것이 일반적이다. 교직원의 근무시간은 1일 8시간을 원칙으로 하고 운영시간을 고려하여 출퇴근 시간을 탄력적으로 조정할 수 있다.

교사의 경우 연령별 배치기준이 다르며 영유아의 연령이 어릴수록 교사 대 영유아 비율이 낮다. 교사외 직원의 경우도 관련 기관의 기준을 따른다. 어린이집의 경우 현재 재원 중인 영유아 수를 기준으로 100인 이상을 보육하는 기관에서는 간호사와 영양사를 채용하여야 한다. 간호조무사도 가능하며, 어린이집 단독으로 영양사를 두는 것이 곤란할 때는 동일 시 · 군 · 구의 5개 이내 기관이 공동으로 영양사를 둘 수 있다.

영유아 40인 이상 80인 이하를 보육하는 경우 조리원 1인을 두며, 영유아 매 80인을 초과할 때마다 1인씩 증원, 영유아 현원은 방과 후 아동을 제외한 영유아를 기준으로 한다. 조리원 채용기준(예시)은 영유아 수 40~80인일 때 1인, 81~160인일 때 2인, 161~240인일 때 3인, 241~320인일 때 4인 등으로 채용한다. 「식품위생법」에 따라 상시 1회 50인 이상에게 식사를 제공하는 어린이집은 시 · 군 · 구청 위생 관련 부서에 집단급식소로 신고 · 운영하고 조리사 자격을 갖춘 조리원을 배치해야 한다.

기관의 규모와 특성에 따라 의사(또는 촉탁의사), 사회복지사, 사무원, 관리인, 위생원, 운전기사, 특수교사(치료사) 등의 종사자를 둘 수 있으며, 원장이 간호사 또는 영양사 자격이 있는 경우에는 겸직이 가능하다(보건복지부, 2019). 이러한 인력채용과정은 각 지자체가 정하는 바에 따라 그 기준이 다를 수 있다.

모든 교직원의 급여는 국가가 지정해 놓은 호봉, 근무성적, 운영 여건, 당해 연도의 인건비 지급기준을 참조하여 지급한다. 각 지방자치단체의 특성에 따라 재정

형편을 고려하여 기준을 초과하여 보조하거나 지급해 주기도 한다. 보수는 보수표상의 월 지급액으로 매월 25일에 지급하고 신규채용 및 퇴직 시에는 발령일을 기준으로 일할 계산하여 지급한다. 보수표는 매년 직급별 기준이 공개된다. 일용직 도우미 등의 자격기준외 종사자를 제외한 모든 교직원은 보험에 가입하여야 한다. 의무적으로 가입해야 하는 보험은 국민건강보험, 국민연금, 산재보험, 고용보험 등이다. 4대 보험은 각각의 공단 홈페이지를 참고하여 사용자와 근로자의 부담 요율을 확인하고 납부한다.

교직원의 채용은 공개경쟁을 원칙으로 한다. 어린이집의 경우 대부분 각 지자체의 육아종합지원센터 홈페이지의 구인구직 메뉴를 이용한다. 구인 정보에는 아래의 내용이 포함된다.

- 기관 위치와 연락처
- 기관 현황
- 근무 시간
- 기관에서 원하는 조건
- 연락처
- 이력서, 자기소개서 등 서류접수방법

교직원의 구성과 역할이 운영의 성패를 좌우할 수 있다. 대부분의 기관은 필요한 인재의 조건을 미리 설정해 보고 적정한 채용절차를 통하여 사람을 선발한다. 모든 교직원이 한 방향으로 일할 수 있는 분위기는 많은 업무를 수월하게 해 준다. 성품과 실력과 제반 조건이 기관과 적합하게 갖추어진 교직원을 선발하는 일은 모든 기관의 가장 중요한 과업이다. 운영 경험이 많은 기관장일수록 '인사가 만사'라는 문구에 동의한다. 저자의 지인인 한 기관장은 대형교회의 '권사님'이지만 교사를 선발할 때 반드시 자신의 사주팔자와 합(合)이 들어 있는지 철학관을 찾는 극단적인 선발법을 사용한다. 우리나라의 한 기업에서 운영하는 어린이집 교직원 채용절차에는 MMPI[4]라는 인성검사의 과정이 포함되어 있다. 서울특별시의 국공립교사가 되기 위해서는 소정의 교육과정을 거친 후 '인력풀'에 이름을 올려야 한다.

교사를 면접하고 선발하는 과정에서 다음과 같은 여러 가지 질문을 통해 능력과

4) Minnesota Multiphasic Personality Inventory: 미네소타 다면적 인성검사.

인성을 평가해 본다. 면접 때는 이미 제출한 이력서를 보면서 적합한 질문을 통해 지원자의 특성을 파악한다. 초임교사와 경력교사에 따라 질문을 달리하여 기관에 필요한 인재를 선발해 낸다.

- 학업성적과 본인이 생각하는 적성 및 특기
- 유아교사를 지원하는 동기와 포부
- 연령별 교실구성 요령
- 특정 연령의 일과와 준비물
- 신입 교사와 경력 교사의 역할
- 아동관
- 정규 근무시간 외의 잔업에 대한 의견
- 현장 실습을 했던 기관명과 학급의 연령
- 본 기관의 지원 동기와 방문 시의 느낌

여러 가지 절차를 거쳐서 선발된 희망 인원의 인사기록카드, 주민등록등본, 가족관계증명서, 채용신체검사서, 보건소의 건강진단결과서, 자격증 사본 등의 서류를 제출받아 적격 여부를 판단하고 관할 관청에 임용보고 후 관련 서류를 보관한다. 임용과정에서 성범죄 및 아동학대 전력을 조회한다. 기관의 운영에 필요한 각종 업무를 각각의 적성에 적합하게 배정하고 원할한 업무수행을 위한 신입 교직원 교육과정이 주어진다.

함께 일할 인원이 정해지면 원장의 운영방침을 알리면서 다양한 교육을 실시한다. 한 기관에서 뜻을 같이 하는 의미로 운영방침과 생활수칙 등을 이해시키는 과정이 진행된다. 신규 기관의 경우 전문강사를 초빙하여 기본 교육을 다 같이 받는 과정을 통해 출발점의 시각을 맞춰 나가는 과정이 진행되기도 한다. 교사를 위한 교육의 내용은 다음과 같은 것을 포함한다.

- 운영 방향과 중점 내용
- 아동학대 방지를 위한 다짐

- 해당 학급의 연령 특성에 대한 이해
- 상호작용의 방법
- 교실구성과 놀잇감 선택 원리
- 교육계획안 및 일지 작성법
- 일과를 중심으로 한 교사의 역할
- 공동담임인 경우 시간대별 역할분담 세부사항
- 관찰일지 작성법
- 학부모의 요구사항과 기관의 통일된 대처 의견
- 학부모 응대법
- 기관에 확보되어 있는 교수자료에 대한 이해
- 학급별 자율운영의 범위
- 보고체계와 문서 작성법
- 교사 품위유지를 위한 교육: 용모, 표정, 인사법
- 전화예절 및 휴대전화 사용범위

한국보육진흥원(2011)에서 제시하고 있는 교직원 교육의 내용을 재구성한 예를 살펴보면 다음과 같다.

신입 교사 오리엔테이션

1. 오리엔테이션의 목표

신입 교사에게 새로 근무할 어린이집의 보육철학과 운영방침 등에 대해 체계적인 안내를 해 줌으로써 빠른 시간 내에 전문적인 업무를 수행할 수 있도록 돕는다.

2. 어린이집 소개

– 어린이집의 보육철학 및 운영 방침
– 어린이집 현황
– 아동학대 방지를 위한 다짐
– 보육 프로그램의 특성

3. 오리엔테이션 일시 및 횟수

– 근무 시작 후 1~2주일 내 실시

– 근무상황에 따라 일시와 횟수 조정

4. 오리엔테이션 내용 및 방법

내용	방법	담당자	자료
• 어린이집의 보육철학 및 운영 방침 • 어린이집 현황 소개 • 보육교사의 업무 및 자세 • 운영규정 및 복무규정에 대한 이해 • 해당 반 영유아에 대한 이해	• 어린이집 운영 전반에 대한 숙지 및 보육프로그램에 대한 논의	원장 주임교사	안내 소책자 참고
• 보육프로그램의 특성 – 표준보육과정에 대한 이해 – 보육목표의 이해 • 일과에 따른 교사의 역할	• 관련 도서 숙지 및 논의 • 토론 및 질의응답	주임교사	표준보육과정 관련 책자 참고
• 보육일지 및 영유아 관찰 기록 작성법 • 해당 반 영유아에 대한 문서 관리 – 입학원서, 생활기록부, 출석부 등	• 보육일지, 관찰 기록 등의 작성방법 숙지 및 논의	주임교사	보육일지 및 관찰기록 등의 예시 참고
• 부모면담 기법 및 부모 관리 – 부모면담 계획 및 준비 – 부모면담 기법	• 부모면담을 위한 관련 자료 준비 및 상담 시 유의사항 설명 및 논의	원장 주임교사	부모면담 자료 예시 참고
• 건강, 영양, 안전관리 – 건강검진 및 신체계측에 대한 안내 – 식단 작성 및 식습관 지도 – 안전교육 및 긴급상황 시 대처방법	• 영유아의 건강과 안전에 관련된 지침 • 긴급상황 시 교사지침 등에 대한 숙지 및 논의	주임교사	관련 자료 참고

○ ○ ○ 어린이집

조리사 오리엔테이션

1. 어린이집 소개

- 어린이집의 보육철학 및 운영방침
- 어린이집 현황

2. 조리사의 준수사항 및 역할

1) 건강관리 사항

① 조리사는 반드시 연 1회 건강검진과 연 2회 보건소 건강진단을 받도록 한다.

② 「식품위생법 시행규칙」에 따라 콜레라, 장티푸스, 파라티푸스, 세균성 이질, 결핵, 성병, 피부병, 화농성 질환, B형간염 등의 질병을 앓고 있을 때 조리업무에 종사할 수 없다.

2) 위생관리 사항

① 조리사는 항상 깨끗한 상태를 유지한다.

② 청소를 하거나 조리 외 다른 일을 할 때에는 별도의 앞치마를 착용한다.

③ 조리사는 위생복과 위생모를 착용하며, 위생복을 착용한 채 실외나 화장실에 가지 않는다.

④ 조리사는 손 청결에 주의하며 항상 손을 씻도록 한다.

- 손을 씻거나 소독하여야 할 경우
  - 조리 음식을 조리하거나 보관, 저장할 때
  - 조리실에 들어가기 전
  - 코를 풀고 나서
  - 화장실 이용 후
  - 흡연하거나 오물을 만진 후
  - 애완동물을 만졌을 경우
  - 작업 전후 또는 작업이 바뀔 때마다
  - 외출해서 돌아왔을 때
  - 계란 등 식품을 취급한 후
  - 전화를 받은 후

3) 용모 관련 사항

① 흰색 위생복을 착용하며, 위생모는 머리카락이 보이지 않도록 착용한다.

② 반지나 시계 등 액세서리 착용, 눈화장이나 향수 사용 등의 진한 화장을 삼간다.

③ 습관적으로 신체의 일부를 만지지 않는다.

4) 조리실 위생관리 사항

① 조리실 내에는 조리실 종사자 이외에 외부인이 함부로 들어오지 못하게 한다.

② 냉장고, 조리대, 건조대, 조리도구 및 식기 등을 청결하고 위생적으로 관리한다.

③ 조리실 청결을 항상 유지하며, 환기, 청소, 소독 등을 정기적으로 실시한다.

- 매일 청소: 급식기기 및 배식 기구, 주방의 벽 및 바닥, 배수구, 식품보관소 등
- 주 1회 청소: 배기후드, 조명 및 환기 설비, 각종 기구 소독, 선반과 냉장고 내부/위
- 월 1회 청소: 유리창 청소, 방충망 청소, 창고 대청소 등

5) 급식 설비와 식기류 위생관리 사항

① 칼, 도마, 수세미, 행주, 고무장갑, 식자재 바구니 등은 용도별로 구분하여 사용, 보관한다.

② 칼, 도마, 행주, 식자재 바구니 등은 바닥으로부터 60㎝ 이상의 높이에서 보관한다.

③ 칼, 도마, 행주, 고무장갑, 수세미 등은 소독하여 사용, 보관한다.

6) 식자재의 위생적 관리사항

① 모든 식자재는 신선한 것을 구입하여 사용한다.

② 유통기한이 표시된 모든 식자재는 표시된 유통일자를 준수한다.

③ 우유, 유제품은 매일 배달받도록 한다.

④ 식품검수 시 수량뿐만 아니라 식품의 신선도, 품질 등을 확인한다.

⑤ 제품별로 부착된 식품 표시사항에 준하여 식품을 보관한다.

⑥ 식자재는 한꺼번에 많이 구입하지 않고 당일 소요되는 재료만 구입한다.

⑦ 배식은 위생적으로 실시하며, 먹고 남은 음식은 반드시 폐기한다.

7) 식품 보관 시 유의사항

① 냉장, 냉동식품은 실온에 방치하지 않는다.

② 냉동육 등을 해동하기 위해서는 냉장온도(4℃ 이하)에서 서서히 녹인다.

③ 포장된 식품은 반드시 씻어서 표면을 깨끗이 한 후 냉장 또는 냉동 보관한다.
④ 캔 제품은 개봉 후 반드시 용기를 바꾼다.
⑤ 식품은 골판지 등의 종이 상자류에 담긴 상태 그대로 냉장고 또는 냉동고에 보관하지 않는다.
⑥ 남은 식자재는 공기에 노출되지 않도록 비닐백이나 밀폐용기에 잘 넣어 보관한다.
⑦ 고춧가루나 다진 마늘 등은 냉동실에 보관한다.
⑧ 식품 보관 시 냉장고의 상단은 조리된 식품을 하단은 식재료를 보관하여 교차오염의 발생을 방지한다.

8) 보존식 관리사항(※ 영유아 50인 이상의 집단급식소 지정 시설에 한함)
① 보존식이란 식중독 사건에 대비하여 어린이집에서 제공한 식사를 72시간 동안 보존하는 것이다.
② 보존식 관리를 위해서는 보존식 전용 용기가 있어야 하며, 냉동고에 보관해야 한다.
③ 보존식은 배식 직전에 소독된 보존식 전용 용기에 음식의 종류별로 100g 이상(단, 뚜껑에 음식이 닿지 않을 정도)을 담는다.
④ 보존식에 채취일자와 폐기일자를 기록하여 72시간 냉동 보관(-18℃ 이하)한다.
⑤ 음식 간에 혼합되지 않도록 주의한다.

9) 음식물 쓰레기 처리사항
① 잔반 수거통과 일반 쓰레기통을 분리하여 사용한다.
② 쓰레기통은 식품보관 장소와 떨어져 있어야 한다.
③ 잔반 수거통은 반드시 뚜껑을 사용하며, 냄새가 나거나 액체가 새지 않도록 한다.
④ 잔반 수거통의 2/3 이상 채워지지 않도록 하며, 쥐나 곤충이 접근하지 않도록 즉시 반출한다.

○○○어린이집

대체교사 오리엔테이션

1. 어린이집 소개
   - 어린이집의 보육철학 및 운영방침
   - 어린이집 현황
   - 보육프로그램 특성

2. 대체교사 진행과정 안내

요일	전달내용	준비사항	협조내용
1일 (월)			
2일 (화)			
3일 (수)			
4일 (목)			
5일 (금)			

3. 대체교사 유의사항

① 출퇴근 시간을 지킨다.
② 근무시간에 사전 허락 없이 외출하지 않는다.
③ 어린이집의 보육방침을 이해하고, 준수한다.
④ 잘 모르는 사항에 대해 부모가 물으면 반드시 교사에게 확인한 후 답변한다.
⑤ 용모는 항상 단정하게 하고 다닌다.
⑥ 영유아를 체벌하지 않는다.
⑦ 해당 반 영유아의 이름을 되도록 빨리 외운다.

○○○어린이집

2) 교육계획과 기록 관리

우리나라의 국가수준 기관에서는 자율적으로 행해지는 교직원 교육과 함께 필수적으로 받아야 하는 법정교육도 있다. 어린이집의 원장과 교사는 3년마다 보수교육을 받아야 하며 교사가 받아야 하는 다양한 법정 교육과정은 이수 실적이 기록되고 보관되어야 한다.

국가수준 영유아기관의 교직원이 반드시 이수해야 하는 교육의 유형을 살펴보면 다음과 같다. 매년 그 유형이 추가되고 있으므로 확인하여야 한다. 괄호 안의 내용은 법령근거이다.

- 직장 내 성희롱 예방교육(남녀고용평등법)
- 개인정보 보호 교육(개인정보 보호법)
- 성폭력 및 아동학대 예방교육(아동복지법)
- 약물의 오용 · 남용 예방교육(아동복지법)
- 재난대비 안전교육(아동복지법)
- 실종 유괴의 예방과 방지(아동복지법)
- 교통안전(아동복지법)
- 인성교육(인성교육진흥법)
- 스마트폰 중독 예방교육(아동복지법)

기관별로 연간 계획을 작성하여 법정교육과 자체교육으로 교사를 지원하는 교육을 실시하기도 한다. 다음의 내용은 G, Y 기관의 교사교육 계획안이다.

〈표 3-1〉 연간 교사지원 교육계획(G 기관)

월	주제	주요 내용	담당
3	신입 교사 및 신학기 교사 교육	• 신입 교사들이 알아야 할 기본적인 사항에 대해 교육한다. • 새 학기를 맞아 영유아교육과 연간 운영에 대한 제반사항을 교육한다.	원장
4	보육일지 작성과 평가, 관찰일지 작성	• 보육일지 작성법에 대해 구체적인 예를 통해 알아보고 교육활동 평가와 관련지어 교육한다. • 관찰일지의 작성과 활용하는 방법을 교육한다.	원감
5	영유아의 안전한 보호	• 영유아 스스로 위험으로부터 보호할 수 있는 능력을 키우는 다양한 활동을 살펴보면서 아동학대 예방과 대처방법에 대해 교육한다.	안전 담당 교사
6	영유아 동기유발 방법	• 영유아가 다양한 활동에 관심을 가지고 참여하도록 하는 동기유발 방법에 대해 교육한다.	외부 강사
7	보육과정 운영 평가	• 보육프로그램이 영유아의 발달에 적합하게 운영되고 있는지 평정척도에 의해 평가해 본다.	주임 교사
8	교사 연수계획과 보고서 작성	• 법정교육이나 외부교육, 자율교육 등의 연수 후 보고서 작성법에 대해 교육한다.	주임 교사
9	보육 사례 쓰기	• 교사의 반성적 사고를 담은 저널 작성을 통해 바람직한 정체성 확립을 위한 노력에 대해 논의한다.	외부 강사
10	영아보육을 위한 환경구성	• 영아보육을 위한 환경과 영아보육 프로그램의 특성을 살펴보면서 바람직한 영아보육의 방향을 교육한다.	외부 강사
11	초등학교 입학 준비활동	• 졸업과 초등학교 입학을 앞둔 유아들에게 실시될 교육방향을 점검한다.	5세 담임
12	보육교사와 근무환경	• 어린이집의 조직적 특성과 근무환경을 알아보고 직무 만족도에 대해 살펴본다.	원장
1, 2	교사 평가	• 학급관리와 공동업무에서 만족한 성과를 거두고 있는지 평가표를 통해 자신을 평가하고 개선방향을 찾는다.	공동 역할

〈표 3-2〉 교사연수계획안(Y 기관)

월	내용	방법	대상
3	• 학부모 상담기법 • 신입 교사 교육	• 교재내용 숙독 후 토의	신입 교사
4	• 영유아 발달의 이해 • 응급상황 대처 및 응급처치법	• 교재내용 발표 후 토의 • 시청각 교육	전체 교사
5	• 놀이의 이론과 실제 • 영유아 관찰 및 평가	• 교재내용 발표 후 토론	전체 교사
6	• 성교육 • 영아교사 교육	• 교재내용 발표 후 토론 • 직무 교육	전체 교사 영아반 교사
7	• 물놀이 안전교육 • 경력자 직무교육	• 시청각 교육 • 직무교육	전체 교사 경력 교사
8	• 영유아를 위한 음악 활동	• 워크숍	전체 교사
9	• 놀이 촉진하기 • 원장 연수	• 교재내용 발표 후 토의 • 교사 리더십 교육	전체 교사 원장
10	• 교통안전교육 • 영유아와 교사의 상호작용	• 시청각 또는 실습 교육 • 직무교육	전체 교사
11	• 우수기관 견학 • 영유아를 위한 과학활동	• 외부 연수 • 워크숍	전체 교사
12	• 장애아 통합보육 • 연간 보육활동 평가에 대한 교육	• 외부 연수 • 평가 후 토의	전체 교사 전 교직원
1	• 연간 보육계획안 작성 요령	• 참고 자료 수집 및 토의	전체 교사
2	• 영유아보육 환경구성	• 교재내용 발표 후 토의	전 교직원

* 재난대비 안전교육은 매월 전 교직원 참여

법정 교육 등의 기록을 남겨 놓는 것도 운영관리의 과정이다. 다음의 내용은 N 기관의 기록 사례이다. 세부적인 보고서는 각기 작성하여 해당 파일에 보관한다.

〈표 3-3〉 교직원 외부 연수 현황

구분	일시	연수 주제	연수자	연수 자료	비고
	9월 27일(토) 10:00~16:00 (6시간)	• 중간관리자 연수	김○○ 김XX	• 연수 자료	HK 연수원
	9월 30일(화) 12:00~18:00 (6시간)	• 어린이집 평가인증 상시지표교육 안내	박○○ 김YY	• 어린이집 평가인증 안내책자	보육 진흥원
	10월 6일(월) 13:00~20:40 (7시간 40분)	• 내유외강 프로젝트	안○○ 김ZZ	• 연수 자료	영유아 교육경영 연구소
	10월 7일(화) 13:00~14:00 (1시간)	• 어린이집 재무회계 (추경 예산을 중심으로)	이○○ 김○○	• 연수 자료	사회보장 정보원
	10월 17일(금)~ 18일(토)	• 교직원 MT	전체 교직원	• 개인별 업무 분장 평가표	JYP 호텔

2 근로계약서와 취업 규칙

채용절차를 거쳐 취업이 확정되면 고용계약서를 작성하고, 교직원으로 근무하면서 지켜야 할 사항과 규칙을 담고 있는 취업 규칙에 서명하며 동의하는 시간을 갖는다. 어린이집의 경우 임면사항을 보육통합정보시스템에 즉시 등록하고 14일 이내에 관할 지자체의 장에게 보고해야 한다. 임면보고 공문에는 인사기록카드, 성범죄 및 아동학대 조회 회보서, 채용신체검사, 가족관계증명서, 주민등록등본, 보건증 등을 첨부하여 제출한다. 이러한 서류와 함께 잠복결핵검사기록을 재직기관에서 보관한다.

근로계약서는 대부분 각 지역 노무법인의 컨설팅을 받아 매월 일정액을 지불하고 제공받는다. 급여나 연말정산 등도 도움을 받을 수 있다. 다음의 계약서는 어린이집의 예시이다. 매년 『보육사업 안내』 등의 지침이 변경되면 해당 내용을 변경하여 계약서를 작성하고 기관과 교직원 개개인이 각각 1부씩 보관한다. 근로계약서와 함께, 전 교직원의 동의를 받은 취업 규칙을 고용노동부에 신고하고 기관에도 보관한다.

취업 규칙의 사례를 통해 향후 직장인으로서 갖춰야 할 자세와 알아야 할 지식을 습득하기 바란다. 취업 후 일과 중에 지켜야 할 생활수칙과 직장인으로서의 자세는 다음의 도서를 참고한다: 김혜경. 보육교사 인성론. 창지사. 2020. 제6장 업무분장과 교육, 제10장 직장내 갈등의 예방과 관리. 제12장 교사의 발달단계와 생활양식.

1) 근로계약서

근로계약서

○ ○ 어린이집(　　　　년)

(기관명) 대표 ×××와 근로자 △△△는 다음과 같이 근로계약을 체결하고 상호 성실히 이행할 것을 확약한다.

제1조(담당업무)

△△△의 담당 업무는 (　　　　)로 하되, 업무상 필요한 경우 원장은 △△△의 담당 업무를 변경할 수 있다.

제2조(근로 장소)

△△△의 근로 장소는 (　　　　)로 하되, 업무상 필요한 경우 원장은 △△△의 근로 장소를 변경할 수 있다.

제3조(근로시간 및 휴게시간)

△△△의 근로일 및 근로일별 근로시간과 휴게시간은 다음과 같다. 단, 업무상 필요한 경우 변경할 수 있다.

가. 근로일 - 평일, 토요일

나. 근로시간 - 평일 00 : 00 ~ 00 : 00 (휴게시간 00 : 00 ~ 00 : 00)

토요일 00 : 00 ~ 00 : 00 (휴게시간 00 : 00 ~ 00 : 00)

제4조(임금)

① △△△의 임금은 월급 총액 (　　　　)원으로 한다.

(※ 월 급여는 매년 ○○시 보육정책위원회에서 결정되는 최저임금을 기본으로 직원의 경력, 능력, 태도, 업무성과, 기여도 등을 반영하여 상향 조정할 수 있다.)

(※ 필요한 경우 수당별 금액 기재)

② 전 항의 임금은 매월 ＿일부터 ＿일까지 기산하여 당월 ＿일에 △△△이 지정하는 은행 계좌로 송금한다.

제5조(휴일)

① △△△의 유급휴일은 주휴일(매주 ○요일)과 근로자의 날로 한다.

② 그 밖의 유급휴일은 취업 규칙에 따른다.

제6조(휴가)

원장은 △△△에게 「근로기준법」에 따라 연차 유급휴가는 입사 초기에는 전월 개근 시 월 1일을 주며, 1년 이상 근무자에게는 전년도 8할 이상 출근 시 연간 15일이 부여한다. 그 외 휴가는 취업규칙을 따른다.

제7조(준용)

본 계약서에 명시되지 않은 사항은 「복무규정」 및 「근로기준법」의 관련 조항을 준용하도록 한다.

20 년 월 일

원장(사용자)	교사(근로자)
사업장명:	이 름: (인)
대 표 자: (인)	주민등록번호:
소 재 지:	주 소:

○○ 어린이집

TIP

- 근로계약서 작성 시 임금, 근로시간, 휴가, 담당 업무 등을 명시하여 계약한다.
- 근로계약서는 쌍방이 날인하여 원장과 교직원이 각각 한 부씩 보관한다.

근로계약서와 함께 체벌금지 서약서도 작성하여 제출한다.

체벌금지 서약서

주 소:

성 명:

생년월일:

본인은 ○○○어린이집에 근무함에 있어 규칙 및 명령 등을 준수함은 물론 아동 학대 및 처벌금지에 대한 서약을 합니다. 체벌하지 않는 교사로 최선을 다할 것이며 고의 및 과실로 인하여 ○○○어린이집에 손해를 끼쳤을 때는 ○○○어린이집 규정에 의하여 배상과 인사규정에 의한 처벌도 감수할 것을 서약합니다.

______ 년 __ 월 __ 일

서약인 ____________ 印

○○○어린이집 귀하

2) 취업 규칙

10인 이상이 근무하는 기관에서는 취업 규칙을 비치해야 한다. 취업 규칙에는 다음과 같은 내용이 포함된다.

제1장 총칙

제1조(목적) 어린이집에 근무하는 보육교직원의 관리에 관한 사항을 정하여 운영의 내실을 기함을 목적으로 한다.

제2조(용어) 이 규정에 사용하는 보육교직원은 원장, 보육교사, 영양사, 간호사, 사무원, 조리사(취사원), 관리인(운전기사)을 말한다.

제3조(적용범위) 보육교직원은 「영유아보육법」이 정하는 것을 제외하고는 이 규정을 따른다.

제2장 조직

제4조(보육교직원의 조직) 어린이집에 종사하는 보육교직원의 수와 자격은 보건복지부 지침에 의한다.

제5조(직무) ① 원장: 어린이집을 대표하고 어린이집 운영 전반을 총괄하며, 보육교사 및 기타 보육교직원을 감독, 관리한다.

② 보육교사: 입소 영유아의 보호, 교육 및 지도와 보육프로그램 작성 등 영유아를 보육한다.

③ 영양사: 영유아의 발달과정을 고려한 영양식단을 제공하고 식단에 의한 급식이 이루어지도록 노력한다.

④ 간호사: 영유아의 건강관리 및 비상시 응급조치 등 보육영유아의 안전을 위해 노력한다.

⑤ 사무원: 어린이집의 회계 관리 및 기타 사무를 담당한다.

⑥ 조리사 및 취사원: 청결하고 위생적인 주방환경과 보육영유아에게 영양사의 식단에 의한 영양가 높은 식사 제공을 위해 노력한다.

⑦ 관리인 및 운전기사: 어린이집의 안전관리와 차량의 안전운행 및 등하원 시 영유아가 안전하게 승·하차할 수 있도록 주의를 기울인다.

제3장 임면

제6조(임면) ① 보육교직원은 법인, 단체 또는 어린이집 설치자가 임면한다. 다만, 국공립어린이집을 위탁 운영하는 경우에는 보육교직원 임면권을 수탁자에게 위임할 수 있다.

② 보육교직원 채용은 공개경쟁을 원칙으로 한다. 다만, 공개채용이 어려울 경우 특별 채용할 수 있다.

제7조(임용자격) ① 어린이집 보육교직원의 자격은 관련 법규에 의한다.

② 전염성 질환 및 인격결함 등 신체적 · 정신적으로 영유아보육에 지장이 있는 자는 보육교직원으로 채용할 수 없다.

③ 채용된 보육교직원은 수습기간을 가질 수 있으며, 수습기간 후에 채용 여부를 확정할 수 있다. (단, 수습기간이라도 급여는 동일하다)

제8조(임용구비서류) 보육교직원의 임용에 필요한 구비서류는 다음과 같다.

1. 인사기록카드
2. 최종학교 졸업증명서
3. 성적증명서(보육교사에 한한다)
4. 자격증 사본
5. 경력증명서(경력자에 한한다)
6. 주민등록등본
7. 채용신체검사서
8. 기타 임용에 필요한 서류
   1) 이력서 1통
   2) 주민등록등본 1통

제9조(경력인정) 보육교직원의 경력 인정은 보건복지부 보육사업 지침을 준용하며, 경력증명서에 의하여 확인한다.

제10조(보육교직원 연령) 보육교직원의 연령은 다음과 같다.

1. 각 시 · 군 조례에 의해 종사자 연령이 정해진 경우는 조례규정에 따른다.
2. 기타 조례에 의하지 않는 보육교직원은 정년을 두지 않는다.

제11조(근로계약) 보육교직원 채용 시 임금, 계약기간 등 근로조건을 명시한 근로계약을 체결하여야 한다.

제12조(면직) 보육교직원이 다음 각 호에 해당될 때에는 직권 면직한다.

1. 신체적 · 정신적 장애로 인하여 2개월 이상 직무를 수행할 수 없을 때
2. 보육교직원이 어린이집에 근무 중 전염성 질환에 감염되었거나 기타 영유아보육으로 부적당한 사유가 발생하였을 때
3. 직무수행에 있어 능력이나 소양이 현저하게 부족하다고 인정될 때
4. 직제, 정원의 개폐 또는 예산감소 등으로 그 직이 폐지되었거나 감원이 있을 때

제13조(임용보고) 원장은 보육교직원 임명 시 시장 · 군수 · 구청장에게 인사기록카드 사본을 첨부하여 보육교직원 임면사항을 지체 없이 보고하여야 한다.

제4장 복무

제14조(보육교직원 복무)

1. 휴가
   가. 휴가, 휴일, 휴식 등 근로시간과 관련이 있는 사항에 대해서는 「근로기준법」의 규정을 준용한다.
   나. 고용, 산전후 휴가, 육아휴직 등과 관련이 있는 사항에 대해서는 「남녀고용평등법」의 규정을 준용한다.
   다. 휴가는 보육 공백을 최소화할 수 있도록 순번제로 실시하고 보수교육, 출산휴가 등으로 공백이 생기는 경우에는 대체교사를 배치할 수 있다.
   라. 근로자의 날(5. 1.)은 보육에 지장을 주지 않는 범위 내에서 교사배치를 조정하여 운영하되, 근로자의 날 근무자에 대하여 관련법에 의거하여 휴일 근로수당을 지급한다.
2. 근무시간
   가. 보육교사의 근무시간은 1일 8시간을 원칙으로 하고, 어린이집의 운영시간(00:00~00:00)을 고려하여 출퇴근 시간은 탄력적으로 할 수 있다.
      ※ 근무시간: 평　일 00:00~00:00
      　　　　　 토요일 00:00~00:00
   나. 휴게시간:

다. 기준시간을 초과하여 근무하는 경우에는 「근로기준법」 등 관련 법령 규정에 의해 시간외 수당을 지급한다.

※ 초과근무시간 : 평　일 00 : 00~00 : 00

토요일 00 : 00~00 : 00

라. 보육교직원이 퇴직코자 할 때는 최소한 1개월 전에 통보하여 후임자 채용에 차질이 생기지 않도록 하여야 하며, 징계나 원의 운영 사정상 부득이 해고될 시에도 1개월 전에 통보받는 것으로 한다.

3. 보육교직원의 겸임 제한

가. 보육교직원은 전임이어야 하므로, 동일 어린이집에서 다른 업무를 겸임하거나 다른 어린이집의 업무를 겸임할 수 없다.

나. 보육교사는 휴일, 휴가 등으로 근무를 하지 않는 날을 제외하고는 근무시간 동안 어린이집에 상주하며 상시 해당 직무에 종사하여야 한다. 특별한 사유(회의 참석 등)로 외출할 경우에는 근무상황부에 기록 · 관리하여야 한다.

제5장 보수

제15조(보수기준) ① 국고보조어린이집(보육교직원 인건비지원 어린이집)은 보건복지부 「보육교직원 인건비 지원기준」에 의해 보육교직원별 보수를 지급한다.

② 인건비 미지원 어린이집은 보건복지부 「보육교직원지원기준」을 참고하여 자율적으로 정할 수 있다. 다만, 보육교직원의 보수를 심히 불리하게 책정해서는 안 된다.

제16조(호봉획정) ① 초임호봉은 1호봉으로 하되 어린이집에 근무한 경력 1년과 군복무기간 1년을 1호봉씩으로 하여 초임호봉을 획정한다.

② 초임호봉의 획정에 반영되지 아니한 1년 미만의 잔여기간이 있는 때에는 그 기간을 다음 승급기간에 산입한다.

③ 보육교직원이 재직 중 다음 각 호에 해당하는 경우에는 호봉을 재획정한다.

1. 새로운 경력을 합산하여야 할 사유가 발생한 경우
2. 당해 보육교직원에게 적용되는 초임호봉 획정의 방법이 변경되는 경우

④ 호봉을 재획정하는 때에는 초임호봉 획정의 방법에 의한다.

⑤ 호봉 재획정에 반영되지 아니한 잔여기간이 있는 때에는 그 기간을 다음 승급기간에 산입한다.

제17조(승급) ① 호봉 간의 승급에 필요한 기간은 1년으로 한다.

② 호봉은 매년 1월 1일과 7월 1일자로 승급한다.

제18조(보수의 지급) ① 보수는 특별한 규정이 있는 경우를 제외하고는 봉급표상의 월지급액으로 하되, 신규채용 및 퇴직 등의 경우에 있어서 발령일을 기준으로 일할 계산하여 지급한다.

② 보수는 매월 25일에 지급한다. 다만, 지급일이 공휴일인 경우에는 그 전일에 지급한다.

제19조(퇴직금의 지급) ① 1년 이상 근무하고 퇴직한 때에는 퇴직금을 지급한다.

② 지급액은 근속기간에 따라 「근로기준법」 제34조의 규정에 의한 퇴직금 지급기준에 의거 지급한다.

③ 근속기간은 재직기간에서 휴직 · 정직 · 직위해제 처분 등으로 그 직무에 종사하지 아니한 기간을 제외한 기간으로 한다.

④ 근속기간은 일할 계산하며 퇴직일은 근무일수에서 제외한다.

제20조(퇴직적립금의 관리) ① 1년 이상 근무한 보육교직원에게 퇴직금을 지급할 수 있도록 별도의 퇴직적립금을 관리 · 운영하여야 한다.

② 근속기간이 1년 미만인 자가 퇴직한 경우 그 퇴직적립금 중 국고 및 지방자치단체 보조금은 회계연도 종료 후 3월 이내에 반환하여야 한다.

③ 단, 퇴직금 적립금이 법정퇴직금(퇴직금소요액)에 도달하지 못한 경우는 위 조항에도 불구하고 1년 미만 근로자의 퇴직적립금은 반환하지 않고 법인 명의의 퇴직적립금 통장에 법정 퇴직적립금으로 적립할 수 있다.

제21조(퇴직금 중간정산) ① 개별 보육교직원이 구체적 요구를 서면으로 제출할 시 퇴직금 중간정산을 할 수 있다.

② 중간정산 단위기간은 운영자와 보육교직원이 합의하여 결정한다.

③ 퇴직금 중간정산 이후의 퇴직금 산정은 계속 근로년수를 정산시점부터 새로이 기산한다.

④ 중간정산 이후 1년 이내에 퇴직하는 보육교직원의 경우에도 전체 근로년수는 1년 이상이므로 퇴직금을 지급한다.

⑤ 퇴직금 중간정산은 근로년수와 관련 있는 근로조건(승진, 승급, 호봉, 상여, 연차유급휴가 등)에 영향을 미치지 않는다.

제6장 보험

제22조(보험가입) ① 보육교직원에 대해 국민연금, 국민건강보험, 고용보험, 산재보험에 가입하여야 하며, 보험료 부담은 법정 부담비율에 의한다.

② 모든 보육영유아는 상해보험에 가입하여야 하며, 보험료는 보호자가 부담한다. 단, 보험 상품이 없는 경우는 제외한다.

③ 영유아 상해 등에 따르는 배상보험 및 영유아 등하원 시 사용되는 차량의 자동차보험과 유상운송특약 등 배상책임보험에 가입하여야 한다.

④ 화재보험에 가입하여야 한다.

제7장 교육

제23조(일반직무교육) ① 현직에 종사하고 있는 어린이집의 장으로서, 원장의 직무를 담당하는 첫해와 보육업무 경력이 매 만 2년이 경과한 때에 직무교육을 받아야 한다.

② 현직 보육교사는 보육업무경력이 만 2년이 경과한 경우와 직무교육을 받은 해부터 2년이 경과한 해에 보육교사 직무교육을 받아야 한다.

제24조(승급교육) ① 3급 보육교사는 보육업무 경력이 만 6개월 경과한 때에 2급 승급교육을 받아야 한다.

② 2급 보육교사는 보육업무 경력이 만 2년 이상이 경과한 때에 1급 승급교육을 받아야 한다.

단, 보육교사 2급 자격을 취득한 후, 보육 관련 대학원에서 석사학위를 취득한 자는 보육업무 경력이 만 6개월 이상 경과한 때에 1급 승급교육을 받을 수 있다.

③ 직무교육과 승급교육을 같은 해에 받아야 하는 경우에는 승급교육을 받은 자는 직무교육을 생략할 수 있다.

제25조(특별직무교육) ① 일반 직무교육 대상자로 영아보육을 담당하고 있거나 담당하고자 하는 보육교사 및 원장은 영아보육 직무교육을 받아야 한다.

② 일반 직무교육 대상자로 장애아보육을 담당하고 있거나 담당하고자 하는 보육

교사 및 원장은 장애아보육 직무교육을 받아야 한다.

③ 일반 직무교육 대상자로 방과 후 보육을 담당하고 있거나 방과 후 담당하고자 하는 보육교사 및 원장은 방과 후 보육 직무교육을 받아야 한다.

④ 특별직무교육을 이수한 자는 일반직무교육을 이수한 것으로 인정한다.

제26조(교육기관) 보수교육은 보건복지부장관이 위탁하는 전문기관에서 받아야 한다.

제27조(교육비) 정부에서 지원하는 교육비를 제외한 경비는 본인이 부담한다.

제28조(연수교육) ① 원장은 보육교사들의 자질 향상을 위하여 희망하는 기간에 연 1회 7일 이내에서 연수기회를 줄 수 있다.

② 보육교사는 연수 후에 연수보고서를 제출하여야 한다.

③ 연수에 필요한 경비는 예산의 범위 안에서 연수의 성격, 장소 등을 감안하여 지원할 수 있다.

제8장 안전

제29조(안전점검) ① 안전점검표 양식을 비치하고 일정 기간별로 어린이집의 안전점검을 시행하여 화재 · 상해 등 발생요인을 사전에 제거하여야 한다.

② 놀이시설물에 대한 적절한 점검 일정을 세우고 특히 놀이터 시설의 볼트, 너트 등 이음장치, 울타리, 구조물의 부식 여부 등은 매일 점검하여야 한다.

③ 안전관리를 위하여 취한 모든 행위는 기록으로 보관하여야 한다.

제30조(안전훈련) ① 소방계획을 작성하고 매월 소방훈련을 실시하여야 한다.

② 매년 안전교육계획을 수립하여 보육교직원, 부모, 영유아에 대한 교육을 실시하여야 하며, 교육계획과 교육결과를 시장 · 군수 · 구청장에게 연 1회 보고하여야 한다.

제31조(안전관리) ① 부모와의 비상연락망을 확보하여야 하며 응급처치 동의서를 받아 비치하여야 한다.

② 사고 발생 시 사고보고서를 작성, 비치하여야 하며 중대한 사고의 경우 즉시 시 · 군 · 구에 보고하여야 한다.

③ 영유아에게서 아동학대의 징후 등을 발견하는 경우 아동복지법령에 따라 신고하여야 한다.

부 칙

① (시행) 이 규정은 년 월 일부터 시행한다.

② (경과조치) 이 규정의 시행 이전에 임용된 보육교직원도 원칙적으로 이 규정을 준수하여야 한다.

OO 어린이집

위 ○○어린이집의 운영규정을 준수할 것을 동의합니다.

번호	직책	이름	주민등록번호	주소	서명
1					
2					
3					
4					
5					
6					
7					
8					
9					
10					

TIP

- 원장과 보육교직원은 근로계약서를 작성할 때 운영규정에 관한 사항을 함께 읽고 운영규정의 내용 확인과 이에 동의에 관한 사항을 반드시 준수할 수 있도록 서명을 받는다.
- 운영규정은 보육교직원들이 언제든지 확인할 수 있는 장소에 문서를 보관한다.

※ 아동 성범죄 관련 조회는 관할 경찰서 문서를 다운받아 신청하거나 범죄경력회보서발급시스템(crims.police.go.kr)에서 직접 조회할 수 있다.

직장인으로서의 근무상황은 문서로 점검되고 기록으로 남게 된다. 휴가의 경우 근로계약서와 취업 규칙이 정하는 바에 따라 사용할 수 있다.

<table>
<tr><td colspan="3" rowspan="2">연차 신청서</td><td rowspan="2">결재</td><td>담당</td><td>주임</td><td>원장</td></tr>
<tr><td></td><td></td><td></td></tr>
<tr><td>소속</td><td></td><td>휴가 중 연락처</td><td colspan="4"></td></tr>
<tr><td>성명</td><td></td><td>사용 후 남은 연차 수</td><td colspan="4"></td></tr>
<tr><td>휴가 종류</td><td colspan="6">□ 연차 □ 반차(오전) □ 반차(오후) □ 경조휴가 □ 기타</td></tr>
<tr><td>휴가 사유</td><td colspan="6"></td></tr>
<tr><td>휴가기간</td><td colspan="6">년 월 일 ~ 년 월 일</td></tr>
<tr><td colspan="7">년 월 일
신청자 : (인)</td></tr>
</table>

근무상황부

기간 또는 일시			사유 · 용무	연락처 (전화번호)	결재	
부터	까지	일수 (시간)			담당	원장

3 업무 분장과 평가

영유아기관의 교직원으로 근무하는 사람에게는 각각의 직책에서 반드시 수행해야 할 고유업무와 교직원 조직이 협력하여야 해낼 수 있는 공동업무가 있다. 담임교사의 고유업무는 자신의 학급관리를 위한 모든 업무를 뜻한다. 본인이 맡고 있는 학급의 영유아, 부모, 물리적 환경 관리를 위한 업무가 해당된다.

- 수업진행 및 준비
- 교육일지 작성
- 교실 환경구성 및 청결관리
- 관찰일지 관리
- 사이버 알림장 관리
- 부모상담

공동업무란 기관의 청결을 유지하기 위한 바깥 놀이터 놀잇감 관리, 현관의 환경구성을 위한 협조업무 등 본인의 학급관리 외의 업무가 해당된다. 대부분 규모가 작으며 보조인력이 여의치 않은 기관에서는 교직원 모두가 함께 관리업무에 동참하고 협조하여야 하는 특성을 갖는다. 많은 수의 어린 영유아와 성인이 함께 생활해야 하는 영유아기관의 관리와 운영업무는 기관이라는 특성과 가정과 같은 특성이 공존한다. 하루 종일 많은 일이 진행되며 각각의 역할에 소홀하면 다른 동료에게 피해를 입히는 사례가 발생한다. 즉, 자료관리실의 관리를 소홀히 하는 교사와 함께 생활하면 수업에 필요한 자료의 확보에 어려움이 있게 되며 관찰일지를 해당 일에 작성하지 않는 교사와 함께 생활하는 동료교사는 같은 학급의 담임교사로서 공동의 책임을 떠맡게 된다.

사소한 부주의와 미숙한 일처리로 불화가 유발되지 않도록 해당 업무에 대한 관리를 철저히 해야 한다. 교사들이 프로그램의 목적에 동의하고 교사 간의 응집력이 높으며 긍정적인 조직풍토를 갖는 기관에서는 자신의 업무에 책임감이 높다. 기관이 소규모일수록 각 개인에게 할당되는 공동업무와 청결관리 공간의 범위가 많아지기 때문에 영유아들과의 일과 진행 외의 교사의 공동업무를 효율적으로 할 수 있는 시간관리의 능력이 요구된다. 교사의 가장 중요한 업무는 수업과 관련된 일과를 진행시키는 일이지만, 영유아들이 오랜 시간 생활하는 공간의 청결관리도 중요하다. 교직원 업무 분장표의 예를 통해 영유아기관에 수행되는 업무들을 이해하기 바란다.

〈표 3-4〉 교직원 업무 분장표

<table>
<tr><th>담당</th><th>고유업무</th><th>공동업무(위생 / 기타)</th><th>비고</th></tr>
<tr><td rowspan="2">김혜경
(원 장)</td><td colspan="2">어린이집 운영 관리 총괄</td><td rowspan="2"></td></tr>
<tr><td>• 일지 및 공동업무 서류 평가
• 부모칼럼
• 교직원 회의 주재
• 운영위원 관리
• 구청 및 재단 관련 업무
• 운영 및 교육정보 수집
• 교직원 근무 평정</td><td>• 시설, 설비 공사 관리
• 건의함 관리
• 화분 관리(+ 도우미)
• 전체 및 각 공간 게시판 점검
• 미세먼지 수준 알림
• 각종 계약서 관리</td></tr>
<tr><td rowspan="2">김○○
(주임교사
①)</td><td colspan="2">학급 운영 계획 및 운영 / 교육활동 계획 및 실행 / 아동, 학부모 관리</td><td rowspan="2"></td></tr>
<tr><td>• 원장 부재 시 대리
• 영아반 전체 운영 관리
• 회계 업무 보조
• 안전관리(+ 안○○)
• 가정통신문 관리
• 전체 행사계획 및 일지 작성</td><td>• 출근부 및 근무상황부 관리
• 주황 화장실 청결, 위생관리
• 교직원 휴가표 및 당직표 관리
• 신입 교사 관리
• 생일판 관리
• 월별 일정표 게시</td></tr>
<tr><td rowspan="2">김△△
(주임교사
②)</td><td colspan="2">학급 운영 계획 및 운영 / 교육활동 계획 및 실행 / 아동, 학부모 관리</td><td rowspan="2"></td></tr>
<tr><td>• 유아반 전체 운영 관리
• 영양, 위생 전체 관리(+ 나○○)
• 만 3, 4세 누리 교구교재 관리
• 자원봉사자 및 실습생 관리</td><td>• 파랑 화장실 청결, 위생관리
• 월별 현장 학습 일정 계획
• 특별활동 관리
• 통합보육 및 운영일지 관리</td></tr>
<tr><td rowspan="2">나○○
(교사)</td><td colspan="2">학급 운영 계획 및 운영 / 교육활동 계획 및 실행 / 아동, 학부모 관리</td><td rowspan="2"></td></tr>
<tr><td>• 영양, 위생관리(+ 김○○)
– 식단표 관리 및 원산지 표기
– 식자재 발주 및 관리 등
• 교수자료 및 시청각자료 대장 관리
• 나비플라자 도서 및 교구 관리
(정리 · 정돈 및 청결관리 포함)</td><td>• 조직 활성화(친목 및 상조)
• 주황 화장실 청결, 위생관리
• 세탁실 및 세탁물 관리 점검하기
• 영아반 교구교재 관리
• 폐기물 관리 및 기록</td></tr>
<tr><td rowspan="2">이○○
(교사)</td><td colspan="2">학급 운영 계획 및 운영 / 교육활동 계획 및 실행 / 아동, 학부모 관리</td><td rowspan="2"></td></tr>
<tr><td>• 물품신청서 관리 및 구입
• 비품(교구성, 가전, 전자제품) 및 A/S 관리
• 행사 및 부모교육 파일 관리
(행사, 졸업식 포함)</td><td>• 주황 화장실 청결, 위생관리
• 교사 회의록 기록 및 관리하기</td></tr>
</table>

<table>
<tr><th>담당</th><th>고유업무</th><th>공동업무(위생 / 기타)</th><th>비고</th></tr>
<tr><td rowspan="2">안○○
(교사)</td><td colspan="2">학급 운영 계획 및 운영 / 교육활동 계획 및 실행 / 아동, 학부모 관리</td><td rowspan="2">주황 화장실 담당 ☞ 체크 리스트 관리</td></tr>
<tr><td>• 전체 안전 및 소방관리
– 소화기 관리
– 교직원, 아동 소방안전교육/소방훈련
– 일일 안전, 위생 체크 리스트 관리
• 약장(약품) 및 사용대장 관리
• 투약의뢰서 및 보고서 점검</td><td>• 파랑 화장실 청결, 위생관리
– 롤 화장지, 티슈 채우기
– 수시로 수건 교체하기
• 칫솔 소독기 청결, 위생, 살균 전등 관리 ☞ 1차 반별 관리
• 현관 및 전체 환경구성 및 게시판 관리</td></tr>
<tr><td rowspan="2">이◇◇
(교사)</td><td colspan="2">학급 운영 계획 및 운영 / 교육활동 계획 및 실행 / 아동, 학부모 관리</td><td rowspan="2"></td></tr>
<tr><td>• 5세 누리 교구교재 관리
• 누리 도서 대장 및 대출 대장(월 1회 확인 보고: 비품대장 참조)
• 어린이집 홈페이지 및 정보공시 관리
• 비상연락망 관리(매월 1회 수정보완)
• 소모품 관리 및 신청
(교재실 재고: 소모품, 환경구성용품 포함)</td><td>• 교사실 관리
(보육교직원 모두 협조)
– 교사실 청결 관리, 정리 · 정돈
– 교사실 물품 정리 · 정돈 및 관리(붙박이장에 보관 : 물품 라벨 부착)
– 교사 휴게 공간 꾸미기
• 파랑 화장실 청결, 위생관리
• 창고관리 → 창고물품 목록표 부착</td></tr>
<tr><td rowspan="2">박○○
(교사)</td><td colspan="2">학급 운영 계획 및 운영 / 교육활동 계획 및 실행 / 아동, 학부모 관리</td><td rowspan="2">파랑 화장실 담당 ☞ 체크 리스트 관리</td></tr>
<tr><td>• 유아반 교구교재 관리
• 월별 통합보육표 순서 정하기
• 교직원 교육 파일 관리
• 실외 놀잇감 관리
• 영유아 도서, 교사 도서 대장 및 대출 대장 관리</td><td>• 주황 화장실 청결, 위생관리
– 롤 화장지, 티슈 채우기
– 수시로 수건 교체하기
• 조직 활성화(친목 및 상조)</td></tr>
<tr><td rowspan="2">김◎◎
(비담임)</td><td colspan="2">영유아 보육 보조 / 보육 공백 시 대체보육 / 행정사무 및 급식, 청소 등</td><td rowspan="2">– 회계업무
– 공동구역 청결관리</td></tr>
<tr><td>• 전반적인 회계 관리(예 · 결산, 급여 관리 등)
• 교직원 출근부 및 외출부 관리
• 교직원 휴가 및 상조 관리
• 아침 통합보육지원/공유 공간 청결 관리
• 거래처 연락처 관리</td><td>• 전기, 가스, 방역, 건축, 석면, 수질, 공기질 측정 검사 대장 관리
• 사무실, 현관 청결 및 위생관리
• 재활용 쓰레기통 관리
• 아동 입 · 퇴소 관리
• 교직원 임면직 서류 관리</td></tr>
</table>

<table>
<tr><th>담당</th><th>고유업무</th><th>공동업무(위생 / 기타)</th><th>비고</th></tr>
<tr><td rowspan="2">이□□
(조리사)</td><td colspan="2">조리 및 급식 / 주방 청결 및 정리 · 정돈</td><td rowspan="2">성인 화장실 담당 ☞ 체크 리스트 관리</td></tr>
<tr><td>• 주방 비품 대장 관리
• 주방 청결 및 물품 정리 · 정돈
• 정수기 관리(하루 3회 소독 실시)
• 음식물 쓰레기 관리</td><td>• 성인 화장실 청결, 위생관리
– 롤 화장지, 티슈 채우기
– 수시로 수건 교체하기</td></tr>
<tr><td rowspan="2">조△△
(보육도우미)</td><td colspan="2">행정사무 및 급식, 청소 등</td><td rowspan="2"></td></tr>
<tr><td>• 주방 보조
• 공유 공간(나비플라자, 복도, 유희실 등) 청결 관리
• 청소도구 관리
• 창문 자국 및 먼지 제거
• 수족관 관리
• 매일 쓰레기 관리</td><td>• 세탁실 청결 및 위생관리
• 세탁물 관리(오전, 오후 2회)
• 각 화장실 화장지 점검(오전, 오후 2회 이상)
• 신발장 및 내빈용 실내화 청결 관리
• 우산꽂이 청결 관리
• 손 세정제 보충</td></tr>
<tr><td>공동</td><td>• 파랑 화장실: 유아반 교사 담당
• 주황 화장실: 영아반 교사 담당
• 성인 화장실: 조리사 담당</td><td>• 세탁물 널기 및 정리
– 오전/오후 당직자
• 담당 공간, 유지보수 및 보고
• 설비 고장이나 보수 필요한 곳, 위험물 제거 등 확인 후 보고하기(주 담당자: 체크 리스트 작성하기)</td><td></td></tr>
</table>

이러한 업무들은 자체 평가에 따라 변경될 수 있으며 민주적인 회의를 통해 해당 업무 희망자에게 분장되는 것이 바람직하다. 1년 단위 혹은 학기별로 각 업무에 대한 본인의 평가를 실시하고 협의해 본다. 교직원 회의에서 분장된 업무에 대해 보고하는 과정에서 각 교직원의 적성과 의견이 다양하게 노출된다. 이 과정에서 희망업무와 회피업무를 파악할 수 있다.

〈표 3-5〉 교직원 회의 회의록 예시

회의명	(영아, 유아, 전체, 운영) 회의	담당	원장
일 시	년 월 일	장소	
참석자			
각 반 동향 보고			
업무지시와 논의사항 각자의 분장업무 현황보고 연수 후 전달교육 문제행동 지도방법 토의 조직활성화 (MT, 회식, 경조사 알림 등)			
아동학대 예방 및 안전교육			
제안 및 건의사항			

회의 진행방법 및 요령은 다음 책을 참고한다: 김혜경. 『원장리더십–영유아교육기관장의 자기경영』. 공동체. 2012. 제2장 소통.

연말에는 모두가 다면 평가를 통해 기관 전체에 공헌한 교직원에게 포상을 하기도 한다(제12장 운영 평가 참조). 평가의 기준을 만들어 놓고 교사실에 게시해 두면 일상생활 중에도 자신을 돌아보고 개선을 위해 노력할 수 있다.

〈표 3-6〉 교직원 자기 평가 리스트 예시

항목		문항	평점
직장 인의 자세	1	〈출퇴근〉 3. 근로계약서의 근무시간을 기초로 업무에 지장 없이 출퇴근하며 맡은 일을 완벽하게 마무리한다(출근부 기록 및 필요시 보고). 2. 출근하여 아침 식사 또는 주로 개인 업무에 시간을 할애하거나 지각을 한 적이 있다. 1. 지각하는 일이 빈번하며 업무지연으로 동료교사의 퇴근을 방해한 적이 있다.	
	2	〈옷차림〉 3. 항상 단정하고 깨끗한 용모로 근무한다. 2. 단정하지만 늘 같은 옷차림으로 교실에 들어간다. 1. 단정하지 않은 옷차림을 한 적이 있다(바닥에 끌리는 바지, 폭이 좁은 치마, 길이가 너무 길거나 짧은 치마, 짧은 반바지, 속이 훤히 비치거나 몸매가 드러나는 티셔츠, 운동복, 접어 신거나 빨지 않은 덧신, 냄새 나는 옷).	
	3	〈용모 관리〉 3. 보육에 지장이 없는 범위의 화장과 손발톱을 관리하며 항상 단정하다. 2. 짙은 화장 또는 흐트러진 모습으로 출근하거나 손톱을 길게 기른 적이 있으며 교직원 신분에 부적절한 액세서리를 착용한 적이 있다. 1. 긴 손톱, 튀는 색상의 염색머리, 요란한 액세서리, 짙은 화장 또는 흐트러진 용모로 출근한다.	
대인 관계	1	〈예절과 협력〉 3. 상경하애의 정신으로 상사, 선배를 예우하며 예의 바른 자세로 대하고 후배를 사랑하며 협력하고 있으며 부여된 업무에 대해 긍정적이고 수용적으로 배우려는 자세를 갖고 임한다(해 보겠습니다, 배우는 기회가 되겠네요! 함께 할까요? 등). 2. 늘 수동적인 자세로 주어진 업무는 수행하나 어려움이 있어도 조력을 구하지 않는다. 1. 개인적인 업무(일)만을 강조하고 주어진 업무에 불만을 표시하거나 공동업무, 공유 공간 관리 및 청소, 수업 외의 일에 소홀한 적이 있다(이런 일까지 제가 해야 하나요? 등의 반응 혹은 관련 문서제출의 기한 넘기기, 마음에 들지 않는 교직원 따돌리기, 업무지시를 전달해 주지 않기).	

항목	문항		평점
대인 관계	2	〈동료 관계〉 3. 동료 교직원에게 늘 밝은 얼굴로 인사하고 성을 포함한 이름과 직책을 사용하며 예의 바르고 친절한 태도로 협력한다(같이 해 봐요, 알려 주시니 할 수 있을 것 같아요, 선생님이 도와주셔서 해냈어요). 2. 동료 교직원에게 인사를 하지 않고 지나친 경우가 있으며 존칭을 사용하지 않거나 험담과 불만을 표출한 적이 있다. 1. 협력하기 싫어서 불편한 교직원이 있거나 나 자신이 그 대상인 것 같다.	
	3	〈공동업무〉 3. 반 운영에 관한 것은 항상 공평하고 편안하게 의논하여 결정한다. 업무에서 서로를 배려하고 솔선수범하며 교실 내 분장된 업무를 성실하게 수행한다. 2. 반 운영에 정해진 업무 분장을 따르나 부모, 유아와의 관계에 있어 들은 내용을 전달하지 못하는 경우가 있으며 문제해결을 위해 대화를 하는 일이 적다. 1. 반 운영에 있어 의논 없이 혼자 결정하는 경우가 많으며 불만이 있어도 대화를 나누지 않아 파트너(누리교사, 시니어강사, 보육도우미 포함)가 불편하다.	
	4	〈외부인과의 관계〉 3. 밝은 표정과 명랑한 목소리로 인사한 후 어디에서 무슨 일로 방문하였는지 정중히 묻는 등 예의 있게 대한다. 필요한 공간에 안내하고 친절하게 응대한다. 2. 인사를 하지만 손님을 혼자 두고 내 일을 한 적이 있다. 1. 바쁠 때는 모른 척한다.	
	5	〈실습생과의 관계〉 3. 실습생(사전 관찰자 포함)을 대할 때에 존칭어를 사용하고 예우하는 등 교직원으로서의 품위를 지키고 모범(눈높이 수업, 아동중심 철학에 입각한 대화)을 보인다. 2. 교실 내 일과 중에 실습생과 사적인 이야기를 나눈 적이 있으며 개인적인 업무로 인해 실습생에게 과중한 업무를 부여한 적이 있다. 1. 실습생에게 반말을 사용하며 수업의 일을 시킨다.	

항목		문항	평점
대인 관계	6	〈부모와의 관계〉 3. 항상 웃으며 친절하게 인사한다. 모든 부모에게 성숙하고 유연하게 대처하며 결석생의 경우 반드시 전화로 확인한다. 2. 등하원 시 유아들 앞에서 상담을 하는 경우가 있으며 성급한 응대로 오해를 산 적이 있다. 1. 경직되고 권위적인 태도로 인사하며 원의 규칙만을 강조하거나 싫은 부모를 피한 적이 있다.	
	7	〈전화응대〉 3. 전화를 받게 되었을 때 "안녕하십니까? ○○○어린이집 교사 ○○○입니다."라고 말하며 친절하게 응대한다. 답변이 어려운 경우 연락처를 받아 원장님이나 담당자에게 문의하여 통화한다. 2. 어린이집에서 전화를 받으면 딱딱한 말투로 응대하거나 상대방이 전화를 끊기 전에 끊은 적이 있다. 1. 내 업무가 아니기 때문에 전화벨이 울려도 받지 않는다. 전화를 받아도 연락하지 않거나 메모를 남겨두지 않는다.	
근무 태도	1	〈교실〉 3. 안전규칙을 준수하고 눈높이에 맞춘 환경구성과 교수방법을 연구한다. 영유아들만 두고 교실을 비우지 않으며 잠시라도 비울 경우 다른 교직원에게 보육을 요청한다. 유아의 바닥 요나 이불, 베개를 밟고 다니지 않는다. 2. 교실에 영유아들만 두고 나와 업무를 본 적이 있으며 개인적인 업무를 보면서 영유아를 보육한 적이 있다. 1. 일과에 쫓겨 정해진 규칙(안전, 위생)을 따르지 않는 경우가 많고 일과 중 특히 오전 수업에 컴퓨터와 휴대전화로 개인 업무를 본다.	
	2	〈바깥 놀이〉 3. 뒤가 막힌 운동화를 준비하여 신는다. 전체의 움직임과 놀이를 잘 관찰하여 안전사고에 대비하며 놀이가 끝난 후 뒷정리를 잘한다. 2. 뒤가 막힌 신발을 신지만 구겨 신으며 뒷정리를 소홀히 하거나 교사끼리 모여 이야기하느라 유아들을 방치한 일이 있다. 1. 늘 슬리퍼를 신으며 놀잇감 없이 영유아들만 방치하는 일이 많다.	

<table>
<tr><th>항목</th><th colspan="2">문항</th><th>평점</th></tr>
<tr><td rowspan="5">근무 태도</td><td>3</td><td>〈교사실〉
3. 공동자료 대출 시 반드시 대출기록을 하고 개인적인 일로 어린이집 내 물품을 사용하는 일이 없으며 출입 시 잠금장치를 반드시 확인한다.
2. 음료나 음식 섭취 후 정리를 하지 않은 적이 있으며 사전 동의 없이 공동자료 대출 및 어린이집 물품을 사용한 적이 있다.
1. 늘 교사실 물품과 공동자료, 출입문 관리를 소홀히 한다.</td><td></td></tr>
<tr><td>4</td><td>〈플라자 및 유희실〉
3. 공유 공간 사용시간을 준수하며 변경될 경우 해당 반에 미리 양해를 구하고 놀잇감 사용 후 제자리에 정리하며 안전관리를 철저히 한다.
2. 공유 공간을 임의대로 사용하여 다른 반에 피해를 준 적이 있으며 놀이 후 정리를 하지 않은 적이 있다.
1. 영유아들만 공유 공간에 둔 적이 있고 활동 후 교구를 정리하지 않거나 파손된 교구를 그대로 방치하는 일이 많다.</td><td></td></tr>
<tr><td>5</td><td>〈창고〉
3. 쓰고 난 자료는 제자리에 정리하여 청결하게 관리하고 배정된 비품과 가전제품에 점검사항이 생기면 즉각 후속 조치를 하거나 담당자에게 알려 준다.
2. 사용한 비품이나 교구교재를 제자리에 정리하지만 보수가 필요한 교구를 방치하거나 파손된 채 보관한 적이 있다.
1. 교구교재를 제자리에 정리하지 않은 경우가 많다.</td><td></td></tr>
<tr><td>6</td><td>〈파랑 및 주황 화장실〉
3. 위생상태를 항상 눈여겨보며 영유아들의 변기 물 내리기, 주변에 떨어진 휴지를 휴지통에 버리기, 세면대에 고인 물 처리 등을 지도하고 변기와 세면대, 칫솔 살균기 등을 청결하게 관리한다. 필요한 물품(휴지, 물티슈, 비누, 수건)을 교체하고 변기 및 세면대를 청결하게 관리한다.
2. 위생점검 및 화장실 사용 시 뒤처리에 대한 기본생활습관 지도를 소홀히 하는 경우가 있다.
1. 화장실 물품관리 및 위생관리는 내 역할이 아니므로 신경 쓰지 않는다.</td><td></td></tr>
<tr><td>7</td><td>〈성인 화장실〉
3. 화장실 사용 후 청결하게 처리를 하며 나올 때는 반드시 잠금장치를 잠근다.
2. 바쁠 때는 화장실 불을 켜 놓거나 문을 잠그지 못한 적이 있다.
1. 화장실을 더럽히거나 오염상태를 보고도 신경 쓰지 않는다.</td><td></td></tr>
</table>

항목		문항	평점
근무 태도	8	〈당직근무〉 3. 아침 당직근무에는 등원하는 영유아를 반갑게 맞이하며 퇴근할 때는 전등, 컴퓨터, 프린터, 코팅기, 기타 전자제품의 전원을 확인한다. 남자 소변기 청결을 점검하고 환기가 필요한 곳의 실내문을 열어 둔다. 2. 개인적인 업무를 보거나 음식을 먹느라 맞이하기 및 귀가 지도를 소홀히 한 적이 있다. 1. 영유아들을 방치하고 업무를 본 적이 있다.	
	9	〈영유아관리-언어습관〉 3. 영유아들에게 눈높이를 맞추어 바르고 긍정적인 언어 사용(개별적 관심, 인정하기, 발달에 적합하게 말하기, 전인발달을 지원하는 말)으로 교직원의 품위를 지킨다. 2. 아주 가끔 영유아들에게 부정적인 언어(ㅇㅇ 하면 이놈 한다, 망태 할아버지가 잡아간다, 동생 반에 보내 버린다. 너 이리 와, 혼나 볼래?, 선생님이 우스워?, 야!, 너!, 조용히 입 다물라고!)를 사용한 적이 있다. 1. 늘 눈높이를 맞추지 않고 이야기하며 부정적인 언어를 자주 사용한다.	
	10	〈일상생활〉 3. 무슨 일이든 긍정적이고 적극적인 자세로 행복한 직장을 만드는 일에 도움이 되고자 임하고 공사 구분하며 사적인 상황을 앞세우지 않는다. 2. 내가 꼭 해야 할 일이 아니라고 생각하면 그대로 둔 적이 있으며(떨어진 휴지 줍기, 떨어진 부착물 방치하기, 오래된 게시물 그대로 두기 등), 개인적인 업무로 자리를 오랫동안 비운 적이 있다. 1. 업무진행에 비협조적이며 개인적인 일상을 강조하여 주변인에게 피해를 주는 일이 많다.	
합계(총점)			

CHAPTER 4

재정관리

1. 재무회계 규칙과 시스템
2. 예 · 결산 편성

재정관리 업무는 교사들과 거리가 먼 업무로 인식될 소지가 있지만 운영관리에서 많은 부분을 차지한다. 교사의 수업을 위한 여러 가지 항목의 구입, 기관에서 함께 생활하는 모두의 급간식 재료 주문 등의 가장 기본적인 일상생활은 재정적인 절차 없이 이루어질 수 없다. 서무나 사무원 등의 인력이 없는 기관에서는 원장이나 담당교사가 직접 처리하는 업무이기도 하다. 교사 시절 회계업무에 관한 지식과 요령을 습득해 두면 향후 기관장의 업무를 수행하는 데 많은 도움이 될 뿐만 아니라 원장의 업무에 보다 쉽게 적응할 수 있다. 교사에게 회계업무를 분장해 주는 경우 해당 교사는 원장이 가장 신임하는 인력으로 판단해 볼 수 있다. 원장이 아닌 교사나 직원이 회계서류를 관리할 때는 다음과 같은 위임장을 작성한다.

위임장

대리인	이름	담당교직원 이름 (인)	주민등록번호	
	주소			

위 사람을 대리인으로 정하고 다음 사항의 권한을 위임함.

– 다 음 –

수입 및 지출에 관한 사무를 집행하기 위하여
재무회계 규칙에 의한 권한을 위임함.

년 월 일

위임자 : 기관명 (직인)

1 재무회계 규칙과 시스템

영유아기관의 재정관리를 위해 어린이집의 재무회계 규칙을 중심으로 제반사항을 살펴본다. 이러한 규칙은 해마다 『보육사업 안내』라는 책자를 통해 현장에 시달된다. 어린이집은 보건복지부와 각 지자체의 「보육사업안내」와 지침을 따라야 하므로 지역에 따라 재무회계 규칙이 상이할 수 있다.

제1장 총칙

제1조(목적) 이 규칙은 어린이집의 재무·회계에 필요한 사항을 규정함을 목적으로 한다.

제2조(정의) 이 규칙에서 사용하는 정의는 다음 각 호와 같다.

1. '정부지원어린이집'이라 함은 정부로부터 보육교직원 인건비 보조금을 지원받는 어린이집을 말한다.
2. '사회복지법인어린이집'은 「사회복지사업법」에 의한 사회복지법인이 설치·운영하는 어린이집을 말한다.

제3조(적용대상) 이 규칙은 모든 어린이집에 적용된다. 단, 기업회계기준이나 자체 회계기준을 사용하는 직장어린이집의 경우에는 보육통합정보시스템(CIS)에 입력(전송)하여야 하는 수입·지출 항목별 총계 금액은 동 시스템에서 요구하는 바에 따라 입력하되 어린이집 재무·회계규칙은 사용하지 아니할 수 있다.

제4조(재무·회계운영의 기본원칙) 어린이집의 재무·회계는 「영유아보육법」 제3조 제1항에 따라 그 설립목적에 맞게 운영되어야 한다.

제5조(회계연도 등) 어린이집의 회계연도 및 소속구분은 정부의 회계연도 운영규정에 의한다.

제6조(출납완료기한) 1회계연도에 속하는 어린이집의 세입·세출의 출납에 관한 사무는 회계연도 종료 후 2개월이 되는 날까지 완료하여야 한다.

제7조(수입의 직접 사용금지) 어린이집의 모든 수입은 세입·세출예산에 편입하여야 하며, 세입 처리하지 아니하고 이를 직접 사용하지 못한다.

제2장 예산과 결산

제8조(세입 · 세출의 정의) 1회계연도의 모든 수입을 세입으로 하고, 모든 지출을 세출로 한다.

제9조(예산총계주의) 세입과 세출은 모두 예산에 계상하여야 한다.

제10조(예산편성지침) 어린이집의 소재지를 관할하는 시장 · 군수 · 구청장(자치구의 구청장을 말한다. 이하 같다)은 특히 필요하다고 인정되는 사항에 관하여는 예산편성지침을 정하여 매 회계연도 개시 1월 전까지 어린이집에 통보할 수 있다.

제11조(예산안 편성) ① 어린이집의 원장은 제10조의 규정에 의한 예산편성지침의 통보가 있을 때에는 이를 참고하여 당해 연도 예산을 편성하고, 그러지 아니한 경우에는 이 규칙을 참고하여 당해 연도 예산을 편성하여야 한다.

② 어린이집의 원장은 제1항에 따라 예산을 편성할 경우 별표 1에 의한 세입 · 세출 예산과목 구분에 따라 편성하여야 한다.

제12조(예산안 심의) 법 제25조 및 동 법 시행령 제21조의2의 규정에 의하여 어린이집 운영위원회(이하 '위원회'라고 한다)를 설치 · 운영하여야 하는 어린이집의 원장은 당해 연도 예산안에 대하여 위원회의 보고를 거쳐야 한다.

제13조(예산의 제출) ① 어린이집의 원장은 확정된 예산안을 매 회계연도 개시 10일 전까지 관할 시장 · 군수 · 구청장에게 제출하여야 한다. 단, 사회복지법인 어린이집의 경우 예산안을 위원회의 심의를 거쳐 사회복지법인 이사회의 자체 승인을 받아 관할 시장 · 군수 · 구청장에게 제출하여야 한다.

② 어린이집의 원장은 확정된 예산을 당해 어린이집의 게시판이나 홈페이지에 20일 이상 공고하여야 한다.

제14조(예산에 첨부하여야 할 서류) ① 예산에는 다음 각 호의 서류가 첨부되어야 한다.

1. 예산총칙(사업계획서)
2. 세입 · 세출예산서

② 제1항 제2호의 서식은 별지 제1호 서식 내지 별지 제2호 서식에 의한다.

제15조(준예산) 회계연도 개시 전까지 어린이집의 예산이 성립되지 아니한 때에는 예산이 성립될 때까지 다음 각 호에 해당하는 경비를 전년도 예산에 준하여 집행할 수 있다.

1. 보육교직원의 보수
2. 어린이집 운영에 직접 사용되는 필수적인 경비
3. 법령상 지급의무가 있는 경비

제16조(추가경정예산) ① 어린이집의 원장은 예산 성립 후에 생긴 사유로 인하여 이미 성립된 예산에 변경을 가할 필요가 있을 때에는 제11조 내지 제13조의 규정에 의해 추가경정예산을 편성·확정하여야 한다.

② 제1항의 규정에 의하여 추가경정예산을 편성할 경우 별지 제3호 서식 내지 제4호 서식에 의한 추가경정예산을 작성하여야 한다.

③ 어린이집의 원장은 추가경정예산이 확정된 날로부터 7일 이내에 이를 시장·군수·구청장에게 제출하여야 한다.

제17조(예비비) ① 어린이집의 원장은 예측할 수 없는 예산 외의 지출 또는 예산의 초과지출에 충당하기 위하여 예비비를 세출예산에 계상할 수 있다(단, 업무추진비에 지출할 수 없다).

② 예비비는 본 세출예산의 2% 범위 내에서 편성하여야 한다.

③ 어린이집의 원장은 예비비를 사용한 경우 관·항·목의 구분에 따라 별지 제17호 서식에 의한 예비비사용조서를 작성하여야 한다.

제18조(예산의 목적외 사용금지) 어린이집의 예산은 세출예산이 정한 목적 외에 이를 사용하지 못한다.

제19조(예산의 전용) ① 어린이집의 원장은 관·항·목 간의 예산을 전용하여 사용할 수 있다.

② 제1항의 규정에 의하여 필요한 사항은 관할 시장·군수·구청장이 따로 정한다.

③ 제1항의 규정에 의하여 전용할 경우 관·항·목의 구분에 따라 별지 제18호 서식에 의한 과목전용조서를 작성하여야 한다.

제20조(세출예산의 이월) 어린이집 회계의 세출예산 중 경비의 성질상 당해 회계연도 안에 지출을 마치지 못할 것으로 예측되는 경비와 불가피한 사유로 인하여 연도 내에 지출하지 못한 경비는 다음 연도에 이월하여 사용할 수 있다.

제21조(결산의 절차) 어린이집의 원장은 세입·세출 결산보고서를 작성하여 다음 연도 3월 31일까지 시장·군수·구청장에게 제출하여야 한다.

제22조(결산안 심의) 법 제25조 및 동 법 시행령 제21조의2의 규정에 의하여 위원회를 설치·운영하여야 하는 어린이집의 원장은 당해 연도 결산안에 대하여 위원회의 보고를 거쳐야 한다.

제23조(결산의 제출) ① 어린이집의 원장은 위원회에서 확정된 결산안을 회계연도 종료 후 3월 말일까지 관할 시장·군수·구청장에게 제출하여야 한다. 다만, 사회복지법인 어린이집의 경우 결산안을 위원회의 심의를 거쳐 사회복지법인 이사회의 자체승인을 받아 관할 시장·군수·구청장에게 제출하여야 한다.

② 어린이집의 원장은 확정된 결산을 당해 어린이집의 게시판이나 홈페이지에 20일 이상 공고하여야 한다.

제24조(보조사업의 실적보고 등) 어린이집의 원장은 제21조, 제22조, 제23조의 규정에도 불구하고 보조사업을 완료한 때, 폐지의 승인을 얻은 때 또는 회계연도가 종료한 때에는 「보조금의 예산 및 관리에 관한 법률」에서 요구하는 바에 따라 정산하여야 한다.

제25조(결산보고서에 첨부하여야 할 서류) ① 결산보고서에는 다음 각 호의 서류가 첨부되어야 한다.

1. 세입·세출 결산 총괄 설명
2. 세입·세출 결산서
3. 연도말 잔액증명서(거래은행 발행)
4. 결산서 보조서류
5. 퇴직적립금 통장사본, 퇴직적립금 예금잔액증명서

② 제1항 제1호 서류의 서식은 별지 제5호 서식에 의하고, 제2호의 서류의 서식은 별지 제6호 서식 내지 제7호 서식에 의한다.

제3장 수입과 지출

제26조(수입 및 지출사무의 관리) ① 어린이집의 원장은 어린이집의 수입 및 지출에 관한 사무를 관리한다.

② 어린이집의 원장은 수입 및 지출에 관한 사무를 각각 그 어린이집 보육교직원에게 위임할 수 있다.

③ 제2항의 규정에 의하여 위임할 경우 별지 제8호 서식에 의한 위임장을 작성하여야 한다.

제27조(수입금의 수납) ① 모든 수입금의 수납은 이를 금융기관에 취급시키는 경우를 제외하고는 수입원이 아니면 수납하지 못한다.

② 수입원이 수납한 수입금은 7일 이내에 금융기관에 예치하여야 한다.

③ 수입 발생 시에는 수입결의를 한 후 현금출납부, 총계정원장에 기록한다.

제28조(과년도 수입과 반납금 여입) ① 출납이 완결된 연도에 속하는 수입과 기타 예산 외의 수입은 모두 현년도의 세입에 편입하여야 한다.

② 지출된 세출의 반납금은 각각 지출한 세출의 당해 과목에 여입할 수 있다.

③ 반납금 여입이 발생한 경우 별지 제16호 서식에 의한 반납결의서를 작성하여야 한다.

제29조(과오납의 반환) 과오납된 수입금은 수입한 세입에서 직접 반환한다.

제30조(미수납액의 처리) 어린이집의 원장은 당해 회계연도의 세입으로 징수결정한 세입금으로서 당해 연도 출납기한까지 수납하지 못한 미수납액은 다음 회계연도 세입의 징수결정액으로 이월한다.

제31조(예산의 집행품의) 예산의 집행 시에는 집행품의서 작성을 생략할 수 있다. 단, 집행품의가 필요한 경우에는 내부품의로 갈음한다.

제32조(지출의 관리) ① 지출은 상용의 경비 또는 소액의 경비 지출을 제외하고는 예금통장이나 어린이집 전용 신용카드(체크카드를 포함한다)에 의하여 행하여야 한다.

② 지출원은 상용의 경비 또는 소액의 경비지출을 위하여 50만 원 이하의 현금을 보관할 수 있다.

③ 지출 행위 시에는 지출결의를 한 후 현금출납부, 총계정원장에 기록한다.

제33조(장부의 종류) ① 어린이집에는 다음의 회계장부를 비치하여야 한다. 단, 컴퓨터회계프로그램에 의하여 전자장부를 사용하는 경우에는 그 출력물을 보관하는 것으로써 각종 장부의 비치를 갈음할 수 있다.

1. 현금 출납부
2. 총계정원장
3. 봉급대장
4. 보육료대장
5. 비품대장

② 제1항 제1호 내지 제5호의 규정에 의한 회계장부는 별지 제9호 서식 내지 별지 제13호 서식에 의한다.

제34조(수입과 지출에 따른 증빙서류) ① 어린이집의 수입과 지출에 따른 다음과 같은 증빙서류를 비치하여야 한다.

1. 계좌입금에 관한 증빙서류(카드전표, 현금영수증, 계좌입금증)
2. 수입결의서
3. 지출결의서
4. 반납결의서
5. 예비비사용조서
6. 과목전용조서
7. 정부보조금명세서

② 제1항 제2호 내지 제4호의 규정에 의한 증빙서류 서식은 별지 제14호 서식 내지 별지 제19호 서식에 의한다.

제35조(장부 등의 보존 기간) ① 제33조, 제34조의 장부 및 증빙서류의 보존기간은 5년으로 한다.

② 공사 관련 장부 및 증빙서류의 보존기간은 10년으로 한다.

어린이집의 재무회계에 관한 사항은 「어린이집 재무회계 규칙」에 따라 실시하여야 하며 주요 항목별 기준을 준수하여야 한다. 모든 수입과 지출의 관리는 통장을 통해서 해야 하고 어린이집의 수입 지출만 관리하는 시설 명의의 통장을 개설하여 사용하면서 각종 서식에 기록해야 함과 동시에 관련 근거 서류를 반드시 첨부하여야 한다. 한 기관을 운영하기 위해서는 여러 유형의 회계서류가 필요하다. 이러한 서류들은 시스템에서 간단한 입력과정을 거친 후 출력해 낼 수 있다.

서식명	
1. 세입예산서	2. 세출예산서
3. 추가경정 세입예산서	4. 추가경정 세출예산서
5. 세입 · 세출결산 총괄 설명	6. 세입결산서
7. 세출결산서	8. 위임장
9. 현금출납부	10. 총계정원장

서식명	
11. 봉급대장	12. 보육료대장
13. 비품대장	14. 수입결의서
15. 지출결의서	16. 반납결의서
17. 예비비사용조서	18. 과목전용조서
19. 정부보조금명세서	20. 보육료납입증명서

2 예 · 결산 편성

1) 원칙과 절차

예산과 결산은 1년 단위 회계연도에 따라 편성된다. 회계의 적절성을 통해 최소의 자원으로 최대의 효과를 얻자는 취지가 재정관리의 목적이다. 미국의 회계감사원에서 유아교육 비용을 산정하는 지침 제공을 위해 실시한 '질 높은 프로그램에 관한 비용 연구'에 의하면 항목별 지출 비율은 다음과 같았다(Phyllis, 1996). 인건비 65%, 임대나 융자와 같은 건물 비용 11%, 기타 24%였으며 기타에 해당하는 경비는 급간식, 교구교재, 비품과 소모품, 통신요금, 수선 유지비, 사무용품, 각종 보험, 건강과 사회적 서비스 관련 비용 등이다. 이러한 항목 중에서 매월 지출되는 급간식 비용은 총 비용의 20%, 교구교재 8% 등으로 조사되었다. 우리나라의 경우 급간식과 교구교재의 비용은 지방자치단체별로 일정 비용에 대한 지침을 가지고 있고 그 이상의 지출이 되어야 한다(예: 1일 식비 영유아 1인당 최소 2,145원, 교구교재비 영유아 1인당 월 10,000원 이상).

어린이집의 경우 회계를 투명하게 관리하는 과정에 운영위원회 등의 기구를 통해 영유아의 부모들이 참여하도록 개방된 시스템을 갖는다. 예 · 결산 내용뿐만 아니라 분기별 기타필요경비(국가 지원금 외 부모가 부담하는 특별활동비, 현장 학습비, 행사비 등으로 지방자치단체별로 수납한도액 지침을 따름) 등의 정산 내용이 운영위원회의에서 심의안건이 된다. 예 · 결산을 편성하고 집행하는 과정에서 다음과 같은 원칙이 지켜져야 한다.

- 어린이집 명의의 1계좌로 모든 수입과 지출을 온라인으로 관리한다.
- 세입과 세출 모두 예산을 편성한다.
- 총계정 원장, 현금출납부, 수입과 지출결의서 내역이 일치한다.
- 모든 대금결제는 법인 카드로 결제한다.
- 매월 운영체(관할 관청 혹은 기관을 관리 감독하는 곳)로부터 자체점검을 실시(수입/지출 결과보고)한다.
- 지출에는 세금계산서를 받아 첨부하고 세무서에 반기별(1월, 7월)로 신고한다.
- 운영 시 발생하는 잉여금은 보육교직원 보수 상향지급, 교직원 성과급 지급, 교구교재 구입, 환경개선에 사용한다.

예산을 집행하는 과정에서 비품이나 교구교재, 물품 등을 구입하는 절차 역시 전 교직원에게 공개하고 투명하게 지출하는 것이 필요하다. 구입을 위한 결제 절차와 문서의 예를 통해 그 과정을 알아본다.

비품 · 교구교재 구입절차

물품구매 의뢰서 제출(견적 비교서 포함) → 승인 → 물품구입(카드결제) → 지출결의서 작성 → 물품구입 대장에 기록 → 비품 · 교구교재 구입 대장에 기록

급식재료 구입절차

육아종합지원센터 식단을 기본으로 식단 작성(담당) → 일별로 식단에 따른 식재료 신청서 작성(조리사) → 인터넷을 통하여 주문(담당교사) → 일별로 배달(납품업체) → 검수(조리사)

생활용품 구입절차

물품구매 의뢰서 제출 → 승인 → 물품구입(담당) → 물품구입 대장에 기록 → 사용처별 배분

〈표 4-1〉 물품 신청서 양식의 예

<table>
<tr><th rowspan="2">구분</th><th rowspan="2">신청일</th><th rowspan="2">물품명</th><th rowspan="2">수량</th><th colspan="4">용도</th><th rowspan="2">신청자</th><th rowspan="2">입고
현황</th><th rowspan="2">구입처</th><th rowspan="2">비고</th></tr>
<tr><th>수업용</th><th>교구
교재</th><th>주방</th><th>환경
구성</th></tr>
<tr><td></td><td></td><td>키높이 책상</td><td>2</td><td colspan="4">환경구성</td><td>김&&</td><td></td><td>☆마켓</td><td></td></tr>
<tr><td></td><td></td><td>캐릭터 방수 토시</td><td>2</td><td colspan="4">수업용</td><td></td><td></td><td>□□오피스</td><td></td></tr>
<tr><td></td><td></td><td>한지(달무리지)</td><td>8</td><td colspan="4">환경구성</td><td></td><td></td><td>″</td><td></td></tr>
<tr><td></td><td></td><td>면 레이스</td><td>4마</td><td colspan="4">환경구성</td><td></td><td></td><td>천가게</td><td></td></tr>
<tr><td></td><td></td><td>파스텔 체크 천</td><td>3</td><td colspan="4">환경구성</td><td></td><td></td><td>천가게</td><td></td></tr>
<tr><td></td><td></td><td>무늬펠트지</td><td>4</td><td colspan="4">환경구성</td><td></td><td></td><td>△△ 펠트</td><td></td></tr>
<tr><td></td><td></td><td>파일꽂이</td><td>4</td><td colspan="4">환경구성</td><td></td><td></td><td>◇◇ 문구</td><td></td></tr>
<tr><td></td><td></td><td>수채화 물통</td><td>2</td><td colspan="4">수업용</td><td></td><td></td><td>″</td><td></td></tr>
<tr><td></td><td></td><td>먹물</td><td>1</td><td colspan="4">수업용</td><td></td><td></td><td>″</td><td></td></tr>
<tr><td></td><td></td><td>수채화 팔레트</td><td>2</td><td colspan="4">수업용</td><td></td><td></td><td>″</td><td></td></tr>
<tr><td></td><td></td><td>포스터칼라</td><td>1</td><td colspan="4">수업용</td><td></td><td></td><td>″</td><td></td></tr>
<tr><td></td><td></td><td>그림물감 세트</td><td>1</td><td colspan="4">수업용</td><td></td><td></td><td>″</td><td></td></tr>
<tr><td></td><td></td><td>붓펜 드로잉</td><td>5</td><td colspan="4">수업용</td><td></td><td></td><td>″</td><td></td></tr>
<tr><td></td><td></td><td>칼라링</td><td>1</td><td colspan="4">환경구성</td><td></td><td></td><td>″</td><td></td></tr>
<tr><td></td><td></td><td>레이스 리본</td><td>1</td><td colspan="4">환경구성</td><td></td><td></td><td>″</td><td></td></tr>
<tr><td></td><td></td><td></td><td></td><td colspan="4"></td><td></td><td></td><td></td><td></td></tr>
<tr><td></td><td></td><td></td><td></td><td colspan="4"></td><td></td><td></td><td></td><td></td></tr>
<tr><td></td><td></td><td></td><td></td><td colspan="4"></td><td></td><td></td><td></td><td></td></tr>
</table>

기관운영비 지출

카드로 결제하고 대상 인원과 장소, 목적 등을 명시

수익자부담금에 의한 오후 활동비 및 현장 학습비 정산 보고

오후 활동비 및 현장 학습 계획수립 → 자세한 필요금액 수납요구(가정통신문) → 시설 1통장 통합운용계좌로 입금 → 필요금액 카드결제 → 사용내역과 카드영수증을 포함하여 보고서 작성(운영위원회의에 보고) → 가정통신문 또는 현관에 공지사항으로 알림

2) 수입과 지출 관리

1년 단위의 회계연도에 따라 수입과 지출을 관리하는 서류에는 수입을 예측해 보는 세입예산서와 지출을 예측해 보는 세출예산서가 있다. 예산을 잡을 때 1년 단위로 시달되는 『보육사업 안내』에 따라 과목과 내역을 산출한다. 세입과 세출예산 과목에 대한 가장 일반적인 내용은 다음과 같다. 지방자치단체에 따라 다른 기준을 가질 수 있으므로 연초에 실시되는 연도전환교육 등을 통해 숙지해야 한다.

〈표 4-2〉 세입예산 과목과 내역 예시[5]

(단위 : 천 원)

과목						내역
관		항		목		
01	입소자 부담금 수입	11	입소비용 수입	111	수익자 부담금	입소료, 현장 학습비, 상해보험료 등 수익자가 부담하는 기타필요경비
02	과년도 수입	21	과년도 수입	211	과년도 수입	전년도에 세입 조정된 수입으로서 금년도에 수입으로 확정된 수입
03	잡수입	31	잡수입	311	이자수입	기본재산예금 외의 예금이자 수입
				312	후원금 수입	개인 · 단체 등으로부터 받은 각종 기부금 · 후원금 · 찬조금 등
				313	기타 잡수입	보육교사 실습비, 물품의 매각수입, 변상금 및 위약금 수입, 보험 만기 시 수령액 등
04	보육료 수입	41	보육료 수입	411	보육료 수입	보육아동 보호자로부터 받은 보육료와 만 0~4세아, 만 5세아, 장애아, 다문화 · 맞벌이 가구 등에 지원되는 보육료 및 카드수수료 환급금을 통합
05	보조금 수입	51	경상보조금 수입	511	인건비 보조금	국가 및 지방자치단체로부터 받은 인건비(시설로 지원되는 처우개선비 등 포함)
				512	기본 보육료	보육비용의 일정 부분을 정부가 시설에 지원하는 보조금
				513	기타 지원금	국가 및 지방자치단체로부터 받은 급간식비, 냉 · 난방비 등

5) 위의 예시는 저자가 컨설팅을 실시했던 N 기관의 사례이다. 어린이집의 경우 매년 새롭게 발행되는 『보육사업 안내』의 지침과 지자체의 기준을 준수해야 한다.

과목						내역
관		항		목		
05	보조금 수입	52	자본보조금 수입	521	자본보조금	국가 및 지방자치단체로부터 받은 신증축비, 개보수비, 장비비 등
06	전입금	61	전입금	611	전입금	법인, 단체 운영자로부터의 운영지원금
				612	차입금	일시 운영 차입금
07	이월금	71	이월금	711	전년도 이월금	전년도 불용액으로 이월된 금액
				712	이월 사업비	전년도에 종료되지 못한 이월사업비

〈표 4-3〉 세출 예산 과목과 내역

(단위 : 천 원)

과목						내역
관		항		목		
100	시설 운영비	110	인건비	111	기본급	교직원에 대한 기본봉급(상여금 포함)
				112	일용잡급	일급 또는 단기간 채용하는 임시직에 대한 급여
				113	제수당	교직원에 대한 제수당(직급별로 일정액을 지급하는 수당, 시간외 · 야간 · 휴일 · 근무수당, 연구수당, 급식비 및 기타수당)
				114	퇴직금 및 퇴직적립금	교직원 퇴직급여제도에 따른 퇴직급여 및 퇴직적립금
				115	사회보험 부담비용	교직원의 사회보험(국민연금, 국민건강보험, 고용보험, 산업재해보상보험 등) 부담
				116	기타 후생경비	교직원의 건강진단비, 급량비, 연구연수비, 종사자 상용피복비 등 복리후생에 소요되는 비용
		120	업무 추진비	121	기관 운영비	기관 운영 및 유관기관과의 업무협의 등에 소요되는 제경비
				122	직책급	원장의 직책수행을 위하여 정기적으로 지급하는 경비
				123	회의비	운영위원회, 부모회의 등 각종 회의 등에 소요되는 경비

과목						내역
관		항		목		
100	시설 운영비	130	관리 운영비	131	여비	교직원의 국내 · 외 출장비
				132	수용비 및 수수료	사무용품비, 인쇄비, 집기구입비, 도서구입비, 공고료, 수수료, 등기료, 운송비, 통행료 및 주차료, 포장비, 의료비, 약품구입비 등
				133	공공요금	우편료, 전신전화료(유선전화에 한함), 전기료, 상하수도료, 오물수거료, 도시가스
				134	제세공과금	법령에 의하여 시설에서 지급하는 제세(자동차세 등), 협회비, 화재 · 자동차보험료
				135	차량비	통학용 차량으로 등록된 차량의 유류대 · 차량정비 유지비 · 차량소모품
				136	연료비	보일러 및 난방시설 연료비, 취사에 필요한 연료비
				137	기타 운영비	그 밖에 운영 경비로서 위에 분류되지 아니한 경비(시설임대료, 감가상각비, 건물융자금의 이자, 차량할부금 등)
200	사업비	210	사업 운영비	211	급간식비	보육아동 및 교직원을 위한 쌀, 보리 등의 주식과 부식 구입비 및 간식비 등
				212	교구교재비	교구교재의 구입 및 제작비
				213	행사비	보육과정에서 아동과 직접 관련되어 발생하는 행사경비
				214	수익자 부담금 지출	상해보험료, 체육복, 가방, 현장학습비 등에 지출하는 비용
300	재산 조성비	310	시설비	311	시설비	시설 신 · 증축비 및 부대경비, 그 밖에 시설비(개/보수)
				312	자산취득비	시설운영에 필요한 비품구입비, 토지, 건물, 그 밖에 자신의 취득비
				313	시설장비 유지비	건물 및 건축설비, 공구 · 기구, 비품수선비, 그 밖에 시설물의 유지관리비
400	전출금	410	전출금	411	전출금	법인 회계로의 전출금
				412	차입금 상환	일시운영차입금 상환
				413	반환금	정부보조금 반환금
500	과년도 지출	510	과년도 지출	511	과년도지출	과년도 미불금 및 과년도 사업비의 지출

과목						내역
관		항		목		
600	잡지출	610	잡지출	611	잡지출	시설의 지출하는 보상금 · 사례금 · 소송경비 및 원 단위 절사금 등
700	예비비	710	예비비	711	예비비	예측할 수 없는 불가피한 지출 소요

〈표 4-4〉 세입 · 세출예산서의 예

세입예산서

(단위 : 원)

관	항	목	예산액	산출내역		
01 필요경비수입			49,408,000			49,408,000
	11 필요경비수입		49,408,000			49,408,000
		111 기타 필요경비	11,450,000	입소료 현장 학습비(영아) 현장 학습비(유아) 가을소풍	50,000원 × 70명 = 15,000원 × 12명 × 2회 = 18,000원 × 55명 × 5회 = 20,000원 × 55명 =	3,500,000 360,000 7,920,000 1,100,000
		112 특별활동비	36,528,000	특별활동비	42,000원 × 7명 × 12월 = 50,000원 × 55명 × 12월 =	3,528,000 33,000,000
02 과년도수입			0			0
	21 과년도수입		0			0
		211 과년도수입	0			0
03 잡수입			320,000			320,000
	31 잡수입		320,000			320,000
		311 이자수입	20,000	이자수입	20,000원 × 1회 =	20,000
		312 후원금수입	0			0
		313 기타 잡수입	300,000	교생실습비 안전공제 보험료	50,000원 × 2회 = 50,000원 × 4회 =	100,000 200,000
04 보육료수입			193,284,000			193,284,000
	41 보육료수입		193,284,000			193,284,000
		411 보육료수입	193,284,000	0세아 1세아 2세아 3, 4, 5세아 야간연장	394,000원 × 3명 × 12월 = 347,000원 × 5명 × 12월 = 286,000원 × 7명 × 12월 = 220,000원 × 55명 × 12월 = 2,700원 × 5명 × 20일 × 12월 =	14,184,000 20,820,000 24,024,000 145,200,000 3,240,000

관	항	목	예산액	산출내역		
05 보조금수입			197,862,598			197,862,598
	51 경상보조금수입		197,862,598			197,862,598
		511 인건비 보조금	148,822,598	〈원장〉 – 80% 지원		
				8호봉	2,255,480 × 80% × 1명 × 12월 =	21,652,608
				〈교사〉 – 80% 지원		
				4호봉	1,615,930원 × 80% × 1명 × 12월 =	15,512,928
				3호봉	1,566,720원 × 80% × 1명 × 12월 =	15,040,512
				2호봉	1,519,840원 × 80% × 1명 × 12월 =	14,590,464
				〈교사〉 – 30% 지원		
				4호봉	1,615,930원 × 30% × 1명 × 12월 =	5,817,348
				3호봉	1,566,720원 × 30% × 1명 × 12월 =	5,640,192
				2호봉	1,519,840원 × 30% × 1명 × 12월 =	5,471,424
				〈조리사〉 – 100% 지원		
				5호봉	1,748,616원 × 1명 × 12월 =	5,471,424
				〈4대 보험〉		
				국민건강	101,963,562원 × 3.30% =	2,882,391
				국민연금	101,963,562원 × 4.50% =	3,930,534
				고용보험 실업급여	80,310,948원 × 0.90% =	542,386
				고용안전능력개발비	80,310,948원 × 0.25% =	150,663
				산재보험	80,310,948원 × 0.78% =	470,068
				퇴직적립금	101,963,562원 × 8.33% =	7,278,766
				비담임교사	1,050,000원 × 1명 × 12월 =	12,600,000
				비담임교사 차액지원	339,910원 × 1명 × 12월 =	4,078,920
				보육도우미	865,000원 × 1명 × 12월 =	10,380,000
				교사 중식비	25,000원 × 6명 × 12월 =	1,800,000
		513 기타 지원금	49,040,000	유기농 식재료비	5,000원 × 70 × 12월 =	4,200,000
				초과근무수당	400,000원 × 12월 =	4,800,000
				초과근무 석식비 지원	5,000원 × 6명 × 24일 =	720,000
				보수교육비	120,000원 × 2명 =	240,000
				보수교육식비	4,000원 × 2명 × 5일 =	80,000
				누리과정 지원비	50,000원 × 55 × 12월 =	33,000,000
				야간연장 보육시설지원	500,000원 × 12월 =	6,000,000
	52 자본보조금수입		0			0
		521 자본보조금 수입	0			0

관	항	목	예산액	산출내역
06 전입금			5,000,000	5,000,000
	61 전입금		5,000,000	5,000,000
		611 전입금	5,000,000	수탁체 부담금 5,000,000
		612 차입금	0	0
07 이월금			0	0
	71 이월금		0	0
		711 전년도 이월금	0	0
		712 전년도 이월사업	0	0
합계 금액			450,874,597	

세출예산서

(단위 : 원)

관	항	목	예산액	산출내역		
100 시설운영비			296,631,397			296,631,397
	110 인건비		265,091,397			265,091,397
		111 기본급	200,047,560	원장(8호봉)	2,255,480원 × 12월 =	27,065,760
				교사(4호봉)	1,615,930원 × 2명 × 12월 =	38,782,320
				(3호봉)	1,566,720원 × 2명 × 12월 =	37,601,280
				(2호봉)	1,519,840원 × 3명 × 12월 =	54,714,240
				취사부	1,213,260원 × 12월 =	14,559,120
				비담임교사	800,000원 × 12월 =	9,600,000
				비담임교사	1,477,070원 × 12월 =	17,724,840
		112 일용잡급	500,000	대체인력 인건비(연차휴가)	50,000원 × 2명 × 5일 =	500,000
		113 제수당	16,588,800	초과근무수당	11,200원 × 52시간 × 12월 =	9,944,640
				직책수당	=	2,400,000
				– 원장	400,000원 × 1명 × 12월 =	4,800,000
				– 원장교통보조비	300,000원 × 1명 × 12월 =	3,600,000
				– 주임교사	100,000원 × 1명 × 12월 =	1,200,000
		114 퇴직금 및 퇴직적립금	18,045,809	퇴직적립금	216,636,360원 × 3.3% =	18,045,809

관	항	목	예산액	산출내역		
		115 사회보험 부담비용	20,394,229	국민건강보험	216,636,360원 × 3.3% =	7,149,000
				국민연금	216,636,360원 × 4.5% =	9,748,636
				고용실업비	181,170,600원 × 0.9% =	1,630,535
				고용보험	181,170,600원 × 0.3% =	452,927
				산재보험	181,170,600원 × 0.8% =	1,413,131
		116 기타 후생경비	9,515,000	교직원 승급교육비	160,000원 × 2명 × 1회 =	320,000
				교직원 능력개발비	100,000원 × 11명 × 1회 =	1,100,000
				교직원 단체복	30,000원 × 11명 × 13회 =	385,000
				교직원 평가회비	30,000원 × 11명 × 3회 =	990,000
				영아반 처우개선비	50,000원 × 3명 × 12회 =	1,800,000
				교직원 체력단련비	30,000원 × 6명 × 12회 =	2,160,000
				실습교사 지도비	30,000원 × 2명 =	60,000
				교직원 명절 휴가비	50,000원 × 9명 × 6월 =	2,700,000
	120 업무추진비		6,600,000			6,600,000
		121 기관운영비	3,600,000	기관운영 업무추진비	300,000원 × 12월 =	3,600,000
		122 직책급	2,760,000	원장직책급	230,000원 × 12월 =	2,760,000
		123 회의비	240,000	각종 회의비	60,000원 × 4회 =	240,000
	130 관리운영비		24,940,000		=	24,940,000
		131 여비	60,000	교직원 출장 차비	10,000원 × 6월 =	60,000
		132 수용비 · 수수료 및 공공요금	24,880,000	〈소모품 사무 관련〉		
				사무용품 및 집기구입	100,000원 × 12회 =	1,200,000
				도서구입비	50,000원 × 12회 =	600,000
				무인경비용역 수수료	150,000원 × 12회 =	1,800,000
				각종 장비 렌털	100,000원 × 12회 =	1,200,000
				응급약품 구입비	50,000원 × 12회 =	600,000
				폐기물처리 수수료	30,000원 × 12회 =	360,000
				전기용품 구입비	50,000원 × 12회 =	600,000
				프린터 용품 구입	100,000원 × 12회 =	1,200,000
				사무용품 구입	100,000원 × 12회 =	1,200,000
				잡화류 및 용품 구입	100,000원 × 12회 =	1,200,000
				쓰레기봉투 구입	50,000원 × 12회 =	600,000
				기타 용품 수리	100,000원 × 12회 =	1,200,000
				주방용품 구입	100,000원 × 12회 =	1,200,000
				살균 및 해충방제	50,000원 × 12회 =	600,000

관	항	목	예산액	산출내역		
		132 수용비 · 수수료 및 공공요금	24,880,000	〈공공요금〉		
				우편료	5,000원 × 12회 =	60,000
				전화료	100,000원 × 12회 =	960,000
				전기료	300,000원 × 12회 =	3,600,000
				상하수도료	100,000원 × 12회 =	1,200,000
				가스료	300,000원 × 12회 =	3,600,000
				인터넷 이용료	30,000원 × 12회 =	360,000
				〈제세공과금〉		
				안전공제회비	100,000원 × 1회 =	100,000
				협회비	100,000원 × 12회 =	1,200,000
		133 차량비	0		=	0
		134 연료비	0		=	0
		137 기타운영비	0		=	0
200 사업비			134,944,000		=	134,944,000
	210 사업운영비		134,944,000		=	134,944,000
		211 급간식비	53,406,000	아동 급간식비	2,300원 × 70명 =	43,470,000
				교사 급간식비	2,300원 × 11명 × 270일 =	6,831,000
				야간연장 저녁식비	2,300원 × 5명 × 270일 =	3,105,000
		212 교구교재비	28,980,000	누리과정 교구비	35,000원 × 55명 × 12월 =	23,100,000
				교구교재비	7,000원 × 70명 × 12월 =	5,880,000
		213 행사비	3,150,000	입학 시, 수료파티, 가족참여수업, 어린이날 행사, 생일잔치, 칭찬상 및 독서상, 산타잔치, 가족참여 행사 등 각종 행사	=	2,900,000
				기타 행사	250,000원 × 1회 =	250,000
		214 기타필요 경비지출	12,880,000	입소료(가방 + 원복)	50,000원 × 70명 × 1회 =	3,500,000
				현장 학습비(영아)	15,000원 × 12명 × 2월 =	360,000
				현장 학습비(유아)	18,000원 × 55명 × 8월 =	7,920,000
				가을소풍	20,000원 × 55명 × 1월 =	1,100,000
		215 특별활동지출	36,528,000	특별활동비(만 2세)	42,000원 × 7명 × 12월 =	3,528,000
				특별활동비(만 3~5세)	50,000원 × 55명 × 12월 =	33,000,000

관	항	목	예산액	산출내역			
300 재산조성비			15,700,000			=	15,700,000
	310 시설비		15,700,000			=	15,700,000
		311 시설비	0			=	0
		312 자산취득비	14,900,000	누리과정 기자재 구입	15,000원 × 55명 × 12월	=	9,900,000
				비품장비 구입비	5,000,000원 × 1회	=	5,000,000
		313 시설장비 유지비	800,000	비품수선비	200,000원 × 4회	=	800,000
400 전출금			0			=	0
	410 전출금		0			=	0
		411 법인회계 전출금	0			=	0
500 과년도지출			0			=	0
	510 과년도지출		0			=	0
		511 과년도지출	0			=	0
600 잡지출			200,000			=	200,000
	610 잡지출		200,000			=	200,000
		611 잡지출	200,000	영유아 상해치료비	50,000원 × 4회	=	200,000
700 예비비			3,399,200			=	3,399,200
	710 예비비		3,399,200			=	3,399,200
		711 예비비	3,399,200	예비비		=	3,399,200
합계 금액			450,874,597				

* 각 지방자치단체에 따라 수당이나 비용의 기준이 상이할 수 있다. 관심 지역 영유아기관의 재정관리, 즉 세입과 세출에 대해 알고 싶다면 어린이집 · 유치원 통합정보공시(www.childinfo.go.kr)를 이용한다.

CHAPTER 5

시설관리

1. 기관설치와 물리적 환경의 기준
2. 건물의 유지와 보수
3. 환경구성의 기본원리
4. 공간 배치방법
5. 비품과 자료관리

1 기관설치와 물리적 환경의 기준

우리나라의 국가수준 영유아기관은 개원을 위한 인가의 과정에서 시설 관련 지침을 준수하고 설립된다. 공간의 구성과 배치에 관한 지침은 유치원과 어린이집을 구분하여 살펴본다. 설립하고자 하는 기관의 관할 관청이 제시하는 가장 최근의 지침을 찾아 그 조건에 맞는 공간을 구성하고 배치해야 인가를 받을 수 있다. 유치원의 사례는 2013년 각 교육지원청이 홈페이지에 안내하고 있는 설치기준이며 어린이집의 사례는 매년 현장에 시달되는 『보육사업 안내』에 포함된 기준이다. 유치원은 수업과 관련된 지침이 구체화되어 있고 어린이집은 건물 설치에 관한 부분에서 세부적인 지침을 보여 주고 있다.

1) 유치원 설치 기준

〈표 5-1〉 각 공간에 관한 기준

영역	종목	소요기준	사립		보유 현황	비고
			필수	권장		
공통	① 원장실	원당 1		○		
	② 교무실	원당 1	○			
	③ 보통교실	급당 1	○			
	④ 자료실	2학급당 1		○		
	⑤ 유원장	원당 1	○			
	⑥ 강당	원당 1		○		
	⑦ 행정실	원당 1		○		
	⑧ 관리실	원당 1		○		
	⑨ 방송실	원당 1		○		
	⑩ 자료제작실	원당 1		○		
	⑪ 보건실(수면실 겸용)	원당 1		○		

영역	종목	소요기준	사립		보유 현황	비고
			필수	권장		
공통	⑫ 식당 또는 부속실(주방)	원당 1	○			
	⑬ 문서보관실	원당 1		○		
	⑭ 창고	원당 1		○		
	⑮ 화장실	유아 수 비례	○			
	⑯ 통학차량 주차시설	원당 1		○		
소계	16		5	11		
특별실	① 유희실	원당 1		○		
	② 유치원 운영위원회실	원당 1		○		
	③ 종일반교실	원당 1		○		
소계	3		0	3		

〈표 5-2〉 교구 기준

영역	구분	종목	규격	소요 기준	사립		보유 현황	비고
					필수	권장		
원장실	환경 설비	① 냉·난방시설		원당 1	○			
		② 바닥 난방시설		원당 1	○			
		③ 수도시설		원당 1		○		
	기본 설비	① 사무용 책상, 의자		원당 1	○			
		② 사물함		원당 1		○		
		③ 책장		원당 1		○		
		④ 옷장		원당 1		○		
		⑤ 서류보관함		원당 1		○		
		⑥ 현황판		원당 1		○		
		⑦ 응접 세트	1조	원당 1		○		
		⑧ 전화기		원당 1	○			
		⑨ 냉장고		원당 1		○		
		⑩ 프린터		원당 1		○		
		⑪ 컴퓨터		원당 1		○		

영역	구분	종목	규격	소요 기준	사립		보유 현황	비고
					필수	권장		
교무실	환경 설비	① 냉 · 난방시설		원당 1	○			
		② 바닥 난방시설		원당 1	○			
		③ 수도시설		원당 1		○		
	기본 설비	① 교사용 책상, 의자		1인당 1	○			
		② 교사용 사물함		1인당 1	○			
		③ 교사용 책장		1인당 1	○			
		④ 캐비닛 및 옷장		원당 1		○		
		⑤ 게시판		원당 1	○			
		⑥ 서류보관함		원당 1	○			
		⑦ 전화기		원당 1	○			
		⑧ 팩스		원당 1	○			
		⑨ 복사기		원당 1	○			
		⑩ 컴퓨터(사무용)		1인당 1	○			
		⑪ 프린터(사무용)		원당 1	○			
		⑫ 스캐너		원당 1	○			
		⑬ 약장		원당 1	○			
		⑭ 냉장고		원당 1		○		
		⑮ 정수기		원당 1		○		
보통교실	환경 설비	① 냉 · 난방시설		급당 1	○			
		② 바닥 난방시설		급당 1	○			
		③ 수도시설		급당 1		○		
	기본 설비	① 태극기		원당 1	○			
		② 유아용 책상		8인 1조	○			
		③ 유아용 의자		1인당 1	○			
		④ 교구장		급당 10	○			
		⑤ 책꽂이		급당 1	○			
		⑥ 유아용 사물함		1인당 1	○			

영역	구분	종목	규격	소요 기준	사립		보유 현황	비고
					필수	권장		
보통교실	기본 설비	⑦ 깔개(카펫)		급당 1		○		
		⑧ 칠판		급당 1	○			
		⑨ 게시판		급당 2	○			
		⑩ 시계		급당 1	○			
		⑪ 거울		급당 1	○			
		⑫ 살균 소독기		급당 1	○			
		⑬ 교육용 컴퓨터		급당 1	○			
		⑭ 교육용 프린터		급당 1	○			
		⑮ 프로젝션 TV		급당 1	○			
		⑯ 교육용 피아노		급당 1	○			
		⑰ VCR		급당 1	○			
		⑱ 카세트 녹음기		급당 1	○			
		⑲ 전화기		급당 1		○		
		⑳ 청소도구 및 보관함		급당 1		○		
		공기청정기		급당 1		○		
		가습기		급당 1		○		
		환풍기		급당 1		○		
자료실	기본 설비	① 교구교재장		원당 3	○			
		② 캠코더		원당 1		○		
		③ 디지털카메라		급당 1	○			
		④ 실물화상기		3학급당 1	○			
		⑤ OHP		원당 1		○		
		⑥ 확성기 (이동식 마이크)		원당 1	○			
		⑦ 기자재 보관함		원당 1		○		
		⑧ 자료제작용 책상, 의자		원당 1		○		
		⑨ 도서정리용 책장		원당 1	○			
		⑩ 코팅기		원당 1	○			

영역	구분		종목	규격	소요 기준	사립		보유 현황	비고
						필수	권장		
자료실	기본 설비		⑪ 종이재단기		원당 1		○		
			⑫ 제본기		원당 1		○		
유원장	환경 설비	유원장 (놀이 시설)	① 종합놀이 기구	유아용	① 또는 원당 3종 이상	○			
			② 그네						
			③ 시소						
			④ 미끄럼틀						
			⑤ 정글짐						
			⑥ 터널						
			⑦ 구름다리						
			⑧ 망오름대						
		기타	① 수도시설		원당 1	○			
	기본 설비	모래 놀이장	① 모래놀이장(대)	깊이 5~20cm	원당 1	○			
			② 모래놀이도구		급당 1	○			
			③ 도구정리장		원당 1	○			
		물 놀이장	① 물놀이장	높이 50~60cm	원당 1	○			
			② 물놀이도구 세트		급당 1	○			
			③ 도구정리장		원당 1	○			
		목공 놀이장	① 목공놀이대	높이 50~60cm	원당 1		○		
			② 목공놀이 도구		급당 1		○		
			③ 도구정리장		원당 1		○		
		유원장 (기타 시설)	① 진흙놀이장		원당 1		○		
			② 교통놀이장		원당 1		○		
			③ 감각놀이장		원당 1		○		
			④ 동물사육장		원당 1		○		
			⑤ 식물재배장		원당 1		○		

영역	구분	종목	규격	소요 기준	사립		보유 현황	비고
					필수	권장		
강당	환경 설비	① 화장실		원당 1		○		
		② 출입공간		원당 1		○		
		③ 부속시설		원당 1		○		
		④ 방송시설		원당 1		○		
	기본 설비	① 다목적 매트		원당 1		○		
		② 뜀틀		원당 1		○		
		③ 정수기		원당 1		○		
		④ 교탁		원당 1		○		
		⑤ 환풍기		원당 1		○		
		⑥ 냉 · 난방기		원당 1		○		
		⑦ 농구코트		원당 1		○		
		⑧ 의자				○		
		⑨ 태극기		원당 1		○		
		⑩ 피아노		원당 1		○		
		⑪ 빔프로젝터		원당 1		○		
		⑫ VCR		원당 1		○		
		⑬ TV		원당 1		○		
행정실	환경 설비	① 바닥 난방				○		
	기본 설비	① 응접 세트				○		
		② 사무용 책상, 의자		1인당 1조		○		
		③ 팩스		원당 1		○		
		④ 전화기		실당 1		○		
		⑤ 서류보관함		실당 1		○		
		⑥ 게시판		실당 1		○		
		⑦ 복사기		실당 1		○		
		⑧ 프린터기		실당 1		○		
		⑨ 컴퓨터		실당 1		○		
		⑩ 캐비닛		실당 1		○		
		⑪ 냉 · 난방기		실당 1		○		
		⑫ 냉장고		실당 1		○		
		⑬ 문서파쇄기				○		
		⑭ 윤전기				○		

영역	구분	종목	규격	소요 기준	사립		보유 현황	비고
					필수	권장		
관리실	환경 설비	① CCTV 감지기		원당 1		○		
		② 바닥 난방기		원당 1		○		
		③ 주방		원당 1		○		
		④ 싱크대		원당 1		○		
		⑤ 화장실		원당 1		○		
	기본 설비	① 냉 · 난방기		원당 1		○		
		② 텔레비전		원당 1		○		
		③ 이불장		원당 1		○		
		④ 전화기		원당 1		○		
		⑤ 취침 세트		원당 1		○		
		⑥ 냉장고		원당 1		○		
방송실	환경 설비	① 방송시설		원당 1		○		
	기본 설비	① 다목적 의자		원당 1		○		
		② 교탁		원당 1		○		
		③ 마이크		원당 1		○		
		④ 동영상 촬영기		원당 1		○		
		⑤ VCR		원당 1		○		
		⑥ 컴퓨터		원당 1		○		
자료제작실	환경 설비	① 환기시설				○		
		② 냉 · 난방시설				○		
	기본 설비	① 자료제작용 책상				○		
		② 보관장				○		
		③ 의자				○		
보건실(수면실 겸용)	환경 설비	① 냉 · 난방시설	종일반 운영 – 필수	원당 1		○		
		② 바닥 난방시설		원당 1		○		
		③ 수도시설		원당 1		○		
	기본 설비	① 약장		원당 1		○		
		② 신장계		원당 1		○		
		③ 체중계		원당 1		○		
		④ 유아용 침대		원당 1		○		

<table>
<tr><th rowspan="2">영역</th><th rowspan="2">구분</th><th rowspan="2">종목</th><th rowspan="2">규격</th><th rowspan="2">소요 기준</th><th colspan="2">사립</th><th rowspan="2">보유 현황</th><th rowspan="2">비고</th></tr>
<tr><th>필수</th><th>권장</th></tr>
<tr><td rowspan="5">보건실(수면실 겸용)</td><td rowspan="5">기본 설비</td><td>⑤ 치아, 칫솔 모형</td><td></td><td>원당 1</td><td></td><td>○</td><td></td><td></td></tr>
<tr><td>⑥ 기초식품군 자료</td><td></td><td>원당 1</td><td></td><td>○</td><td></td><td></td></tr>
<tr><td>⑦ 가습기</td><td></td><td>원당 1</td><td></td><td>○</td><td></td><td></td></tr>
<tr><td>⑧ 유아용 침구</td><td>종일반 운영 – 필수</td><td>원당 10</td><td></td><td>○</td><td></td><td></td></tr>
<tr><td>⑨ 이불장</td><td>종일반 운영 – 필수</td><td>원당 1</td><td></td><td>○</td><td></td><td></td></tr>
<tr><td rowspan="19">식당 또는 부속실 주방</td><td rowspan="12">환경 설비</td><td>① 가열대</td><td></td><td>원당 1</td><td>○</td><td></td><td></td><td></td></tr>
<tr><td>② 작업대</td><td></td><td>원당 1</td><td>○</td><td></td><td></td><td></td></tr>
<tr><td>③ 식품저장실</td><td></td><td>원당 1</td><td>○</td><td></td><td></td><td></td></tr>
<tr><td>④ 개수대</td><td></td><td>원당 1</td><td>○</td><td></td><td></td><td></td></tr>
<tr><td>⑤ 냉온수 싱크대</td><td></td><td>원당 1</td><td>○</td><td></td><td></td><td></td></tr>
<tr><td>⑥ 배식대</td><td></td><td>원당 1</td><td>○</td><td></td><td></td><td></td></tr>
<tr><td>⑦ 식기구 보관장</td><td></td><td>원당 1</td><td>○</td><td></td><td></td><td></td></tr>
<tr><td>⑧ 환기 시설</td><td></td><td>원당 1</td><td>○</td><td></td><td></td><td></td></tr>
<tr><td>⑨ 방충망</td><td></td><td>원당 1</td><td>○</td><td></td><td></td><td></td></tr>
<tr><td>⑩ 가스누출탐지기</td><td></td><td>원당 1</td><td>○</td><td></td><td></td><td></td></tr>
<tr><td>⑪ 식기세척 및 건조기</td><td></td><td>원당 1</td><td>○</td><td></td><td></td><td></td></tr>
<tr><td>⑫ 냉장고</td><td>종일반 운영 – 필수</td><td>원당 1</td><td></td><td>○</td><td></td><td></td></tr>
<tr><td rowspan="7">기본 설비</td><td>① 급간식 운반대</td><td>종일반 운영 – 필수</td><td>급당 1</td><td></td><td>○</td><td></td><td></td></tr>
<tr><td>② 주방용 도구</td><td>종일반 운영 – 필수</td><td>원당 1</td><td></td><td>○</td><td></td><td></td></tr>
<tr><td>③ 전자레인지</td><td>종일반 운영 – 필수</td><td>원당 1</td><td></td><td>○</td><td></td><td></td></tr>
<tr><td>④ 정수기</td><td>종일반 운영 – 필수</td><td>원당 1</td><td></td><td>○</td><td></td><td></td></tr>
<tr><td>⑤ 온도계</td><td>종일반 운영 – 필수</td><td>원당 1</td><td></td><td>○</td><td></td><td></td></tr>
<tr><td>⑥ 살균소독기</td><td></td><td>원당 1</td><td>○</td><td></td><td></td><td></td></tr>
<tr><td>⑦ 식탁</td><td></td><td>1인당 1</td><td></td><td>○</td><td></td><td></td></tr>
</table>

영역	구분	종목	규격	소요 기준	사립		보유 현황	비고
					필수	권장		
식당 또는 부속실 주방	기본 설비	⑧ 의자		1인당 1		○		
		⑨ 손 소독시설		급당 1	○			
		⑩ 손 세척시설		원당 1	○			
문서 보관실	환경 설비	① 환기시설				○		
	기본 설비	① 보관장				○		
창고	환경 설비	① 환기시설				○		
	기본 설비	① 보관장				○		
화장실	환경 설비	① 대변기(수세식)	종일반 운영 – 필수	유아 10인당 1대 이상		○		
		② 소변기(수세식)	종일반 운영 – 필수	유아 10인당 1대 이상		○		
		③ 세면대	종일반 운영 – 필수	원당 1		○		
		④ 샤워기	종일반 운영 – 필수	원당 1		○		
		⑤ 수건 및 화장지 보관함		원당 1		○		
	기본 설비	① 손 소독기	종일반 운영 – 필수	실당 1		○		
		② 핸드 드라이기		실당 1		○		
		③ 세탁기	종일반 운영 – 필수	원당 1		○		
		④ 건조대		원당 1		○		
통학 차량 주차 시설	환경 설비	① 안전대				○		
		② CCTV				○		
		③ 방지턱				○		
유희실	환경 설비	① 바닥				○		
	기본 설비	① 도구 정리장		원당 1		○		
		② 체조활동 기구		원당 3종 이상		○		
		③ 전통놀이 기구		원당 3종 이상		○		
		④ 기타 활동 기구		원당 3종 이상		○		
		⑤ 매트		원당 2개		○		

영역	구분	종목	규격	소요 기준	사립		보유 현황	비고
					필수	권장		
유치원 운영위원회실	기본 설비	① 회의용 책상		원당 1조		○		
		② 의자		1인당 1		○		
		③ 게시판		원당 1		○		
		④ 서류 보관함		원당 1		○		
		⑤ 전화기		원당 1		○		
		⑥ 의결봉		원당 1		○		

2) 어린이집 설치 기준

어린이집의 경우에는 활동 공간에 배치할 사항을 구체적으로 제시하지는 않았지만 설치의 기준을 다음과 같이 제시하고 있다(보건복지부, 2020).

독자의 쉬운 이해를 위해 요약 · 정리하였다. 매년 발행되는 『보육사업 안내』를 참고하면 보다 구체적이고 다양한 건물에 관한 지침을 찾아볼 수 있다.

(1) 입지조건

보육수요, 보건, 위생, 급수, 안전, 교통, 환경 및 교통 편의 등을 충분히 고려하여 쾌적한 환경의 부지를 선정해야 하므로 폐기물 처리시설, 유흥업소, 전염병원 등 인근에 입지하지 않도록 노력해야 한다. 위험시설로부터 수평거리 50m 이상 떨어진 곳에 배치한다.

(2) 구조 및 일반 기준

건물 구조 및 보육실, 화장실, 놀이기구 등이 영유아의 안전과 이용에 편리하도록 설계 · 시공되었는지 확인한다. 어린이집은 하나의 건물에 설치하여야 한다. 보육실은 건축물 1층에 설치(직장 어린이집의 경우 1층부터 5층까지 가능)하며 층수와 관계없이 실제상의 층수를 기준으로 한다. 비상시 양 방향 대피가 가능하도록 반드시 비상계단을 설치해야 한다. 조리실은 1층 이상에 설치하는 것을 원칙으로 한다. 화장실은 보육실과 동일한 층의 인접한 공간에 설치하고 목욕실은 보육실과 인접한 공간에 설치하며 건물 외부 설치가 불가능하다. 시설 규모에 따라 사무실, 양호실, 식당, 자료실, 상담실, 강당, 놀이터 등 설치가 가능하다.

(3) 내부 마감재에 관한 기준

시설 내부의 마감재는 「건축법 시행령」, 「소방시설 설치유지 및 안전관리에 관한 법」, 「환경보건법」 등의 사항을 준수하여 방염 소재를 선택해야 한다.

(4) 놀이터 설치 기준

정원 50인 이상의 시설은 영유아 1인당 3.5㎡ 이상 규모의 옥외놀이터 설치를 원칙으로 한다. 놀이터의 바닥은 모래밭, 천연 및 인공 잔디, 고무 매트, 폐타이어 블록으로 설치해야 한다. 고정식 놀이기구는 「어린이놀이시설 안전관리법」의 설치 검사로 인정받은 경우만 사용이 가능하다. 설치 후에도 2년에 한 번씩 안전검사를 통과해야 한다. 업무용 시설 밀집 지역이나 옥외놀이터가 부족한 경우는 대체 놀이터 인정기준에 따라 인근 놀이터를 사용할 수 있다. 인근 놀이터는 「어린이놀이시설 안전관리법」의 관리대상인 공용놀이터를 의미하며 사용 승낙서나 승낙을 확인할 수 있는 증빙자료로 확인 후 인가를 받아 사용할 수 있다. 사용 승낙을 확인할 수 있는 자료의 예는 다음과 같다.

강남구 GANG NAM GU ○ ○ 어 린 이 집

수신자 래미안스타포레 아파트 관리사무소장

(경 유)

제 목 ○ ○ 어린이집 인근놀이터 사용 승낙 요청

---

1. 귀 관리사무소의 발전을 기원합니다.
2. 본 ○○어린이집은 인근에 위치한 놀이터를 사용하고자 하오니 승낙하여 주시기 바랍니다.

1) 이용희망 놀이터 현황
- 「어린이놀이시설 안전관리법 시행규칙」 제14조 제2항에 따라 설치된 단지 내 놀이터
- 설치검사번호 및 시설번호: KTC01-C140060/0543597
- 위치: 래미안스타포레 아파트 315동 앞

2) 어린이집 현황
- 위치: 315동 앞
- 영유아 수: 총 79명
- 이용시간: 월 ~ 금 어린이집 운영시간 중 2시간 이내

○ ○ 어 린 이 집 원 장 (직인)

담 당
협조자 원 장: 김나비

시 행 ○○○○ 어 20 - 5 (20 . 5.) 접 수: 20 . 5. .

주 소 서울시 강남구 꿈꾸는아이들로 24 래미안스타포레 아파트 단지 내

전 화 (02) ○○○○-7755 / 전 송 (02) ○○○○-7756

e-mail kidsnme@hanmail.net

2 건물의 유지와 보수

기관을 운영하는 과정에서 물리적 환경의 관리에는 많은 시간과 노력이 필요하다.

많은 수의 영유아가 생활하는 공간이기 때문에 안전을 최우선으로 두고 수업과 기타 활동에 지장이 없도록 항상 점검하고 관리해야 한다. 각 공간을 관리하는 안전점검표와 함께 시설 전반에 관한 안전점검도 실시해야 한다. 안전관리의 구체적인 내용은 책의 제9장에서 학습한다.

다음의 조사표를 통해 어떤 분야의 점검 항목으로 건물을 유지하고 보수하는지 알 수 있다.

〈표 5-3〉 동절기 대비 안전점검 조사표

<table>
<tr><th colspan="3">시설명</th><th>원장</th><th>연락처</th></tr>
<tr><td colspan="3"></td><td></td><td>0000-7755</td></tr>
<tr><td>시설의 구분</td><td colspan="4">□ 생활시설 ■ 이용시설</td></tr>
<tr><td>운영주체</td><td>재단법인 JYP 장학회</td><td>원장</td><td colspan="2"></td></tr>
<tr><td>시설소재지</td><td></td><td>연락처</td><td colspan="2">0000-7755</td></tr>
</table>

<table>
<tr><th colspan="4">분야별 안전점검</th></tr>
<tr><th>분야</th><th>점검 항목</th><th colspan="2">점검 결과</th></tr>
<tr><td rowspan="4">폭설대책</td><td rowspan="2">• 시설물 점검
–노후 건축물, 위험물 저장시설, 비닐하우스, 임시 가건물 등 폭설에 대비한 시설물 안전상태
※ 하절기 점검 시 균열, 누수 등 지적받은 시설은 보다 철저히 점검 요망</td><td>결과</td><td>■양호 □보통 □불량 □해당 없음
□기타(　　　　)</td></tr>
<tr><td>조치 사항</td><td></td></tr>
<tr><td rowspan="2">• 폭설로 인한 고립, 눈사태 등 사고발생 예상 지역 내 시설 생활자 안전대책 강구 여부</td><td>결과</td><td>■양호 □보통 □불량 □해당 없음
□기타(단지 관리사무소 관리)</td></tr>
<tr><td>조치 사항</td><td></td></tr>
</table>

분야별 안전점검			
분야	점검 항목	점검 결과	
폭설대책	• 시설 차량 안전장구 휴대 운영상태	결과	□양호 □보통 □불량 ■해당 없음 □기타(차량 없음)
		조치사항	
제설대책	• 제설장비 및 물자 확보 여부 ※ 제설자재: 제설작업차량, 적사함, 염화칼슘, 모래주머니, 삽, 빗자루 등	결과	■양호 □보통 □불량 □해당 없음 □기타(단지관리사무소에서 보유 및 관리)
		조치사항	
	• 폭설 시 제설작업에 따른 민 · 관 · 군 연계체계 구축 여부	결과	□양호 □보통 □불량 ■해당 없음 □기타( )
		조치사항	
동파대책	• 보일러, 태양열 집열판, 온수 탱크 등 난방시설 가동 · 보온상태	결과	■양호 □보통 □불량 □해당 없음 □기타( )
		조치사항	
	• 각종 계량기, 상 · 하수도 배관, 화장실, 옥상 물탱크 등 동파 우려 시설 및 설비 안전상태	결과	■양호 □보통 □불량 □해당 없음 □기타( )
		조치사항	
	• 가스 저장실 내 가스공급 중단으로 인한 피해가 발생하지 않도록 공급업체와 사전 협력체제 유지상태	결과	■양호 □보통 □불량 □해당 없음 □기타( )
		조치사항	
	• 전기안전사고 예방을 위한 시설 거주자 및 종사자에게 전열기 사용 안전교육 실시 여부	결과	■양호 □보통 □불량 □해당 없음 □기타( )
		조치사항	
	• 시설 난방 설비 문제 시 대체난방 확보상태 ※ 정전사고 시 또는 태양열 난방 운영시설 등의 대체난방 강구 여부 등	결과	□양호 □보통 ■불량 □해당 없음 □기타( )
		조치사항	

분야별 안전점검				
분야		점검 항목	점검 결과	
화재 사고 대책	가스 사고 대책	• 연탄 · 도시가스 · LNG · LPG 등 각종 가스 설비 사전점검 여부	결과	■양호 □보통 □불량 □해당 없음 □기타(　　　　)
			조치 사항	
	전기 사고 대책	• 전기시설(배선 등), 취사시설, 난방시설 등 각종 전기사용시설 안전관리상태, 누전차단기 정상 작동 여부	결과	■양호 □보통 □불량 □해당 없음 □기타(　　　　)
			조치 사항	
	소방 분야 안전	• 소화 설비 및 경보 설비의 정상 작동, 소화용수 설비 확보 등 소방 설비 정상 가동상태	결과	□양호 ■보통 □불량 □해당 없음 □기타(　　　　)
			조치 사항	
재난 대응 대책	초기 대응 체계	• 재난 대응 업무협력기관(소방서, 지자체 등) 간 전파체계 수립 여부	결과	■양호 □보통 □불량 □해당 없음 □기타(　　　　)
			조치 사항	
	비상 대피 대책	• 화재 등 비상재해 발생 시 대피 경로 확보 및 안전장소 사전 지정	결과	■양호 □보통 □불량 □해당 없음 □기타(　　　　)
			조치 사항	
	교육 훈련	• 화재 등 안전 매뉴얼 확보 · 숙지 및 종사자, 시설거주자 대상 교육훈련 실시 ※「소방시설법」 제22조에 따른 피난훈련 실시 여부 확인 포함 ※ 화재 매뉴얼은 복지부 홈페이지- 정보-연구정보-발간자료에서 다운 가능	결과	■양호 □보통 □불량 □해당 없음 □기타(　　　　)
			조치 사항	
책임보험 가입 여부		• 화재 및 안전사고로 인해 생명 · 신체에 피해를 입은 보호대상자에 대한 손해배상책임보험 가입 여부	결과	□화재로 인한 손해배상책임 미가입 □안전사고로 인한 손해배상책임 미가입 ■기타(안전공제회 가입)
			조치 사항	

<table>
<tr><th colspan="4">분야별 안전점검</th></tr>
<tr><th>분야</th><th>점검 항목</th><th colspan="2">점검 결과</th></tr>
<tr><td>기타 사항</td><td colspan="3"></td></tr>
<tr><td>종합 의견</td><td></td><td>기능 보강
필요 유무</td><td></td></tr>
<tr><td colspan="4">상기와 같이 대상 시설을 조사함.

20 . . .

조사자: 소속 직급 비담임 성명 박ㅇㅇ
조사자: 소속 직급 원장 성명 김ㅇㅇ</td></tr>
</table>

3 환경구성의 기본원리

1) 공간구성 계획

영유아기관에서는 교육 및 보육, 교직원의 다양한 업무, 각종 자료 및 소모품의 관리 등을 위해 각각의 성격에 따른 별도의 공간이 요구된다. 기관의 환경이 이상적인 것이 되려면 영유아들이 안정감을 느끼고 자신들의 요구를 충족시키며 상호작용할 수 있어야 한다. 이러한 환경은 영유아의 발달을 이해하고 각 연령과 특성에 따라 어떤 놀이와 학습이 이루어져야 하는가를 잘 아는 교직원에 의해 창조된다.

기관의 환경을 계획할 때는 영유아의 동선과 소음 수준, 영유아의 눈높이에 맞는 미적 감각, 각 기관의 교육목표나 프로그램의 이론적 배경이 반영된 교구의 배치, 실내조명, 출입구 등이 고려되어야 하며, 이러한 환경에 영유아들을 적응시키는 방법에 대한 해박한 지식이 요구된다. 다음의 오류 사례에 해당하지 않도록 유의해야 한다.

- 영유아들의 소음 때문에 교사의 목소리가 전혀 들리지 않는 교실
- 각 영역의 교구들이 뒤섞여서 무질서하게 진행되는 놀이 장면
- 듀이(Dewey)의 경험주의[6]를 이론적 배경으로 갖는 기관에서 모든 것이 교사 중심인 환경
- 아동중심 철학으로 교육한다고 하면서 성인의 눈높이에 전시된 영유아들의 작품과 장식
- 영유아들의 이동이 잦고 소음이 많아 주의를 산만하게 하는 출입구에 배치된 언어 영역
- 햇볕이 전혀 들지 않는 음습한 지역에 식물관찰활동을 준비해 놓은 과학 영역

영유아기관의 공간은 모두 각 기관의 교육 혹은 보육의 목표를 반영해야 한다. 원장과 교직원은 추구하고 있는 영유아상이 무엇이며 그에 따른 교육적 목표가 무엇인가를 다시 살피고 계획된 환경을 통해 목표에 다가갈 수 있는 방법을 고려해야 한다.

일부 기관에서는 자신들의 독특한 철학이나 이론적 배경에 따라 교실을 구성하고 있다. 예를 들면, 가드너(Gardner)의 다중지능이론(Theory of Multiple Intelligence)에 따라 8개 지능 영역(언어 · 음악 · 논리수학 · 공간 · 신체운동 · 인간친화 · 자기성찰 · 자연친화)으로 교실을 구성하는 곳도 있으며, 국악교육의 활성화를 위해 모든 교실에 국악 영역을 설치한 곳도 있다.

레지오 에밀리아[7], 프로젝트 접근법[8], 발도르프 프로그램[9] 등을 위해 별도의 공

6) 영유아가 교육의 주체가 되어 실제적인 생활의 장과 연결되는 학습을 통해 생활사건을 올바르게 종합적으로 처리하는 능력을 기르는 교육방식을 의미한다.
7) 이탈리아 레지오 에밀리아 시에서 발전된 교육방식으로 최적의 지원과 사회적 관망 안에서 발달을 돕는다.
8) 진보주의 교육학자들에 의해 창시되었으며 문제해결을 위해 교사와 또래 영유아가 함께 답을 찾아 내며 연구하는 과정을 중시한다.
9) 슈타이너의 인지학을 근간으로 인간과 세계를 이해하도록 돕는 교육과정이다.

간을 만들거나 생태주의 교육원리를 도입하여 텃밭이나 공터를 제공하는 기관들도 있다. 하지만 지금은 국가수준의 평가 제도에 따라 유아반 누리과정과 영아반의 표준보육과정에 따라 많은 부분이 획일화되어있다.

여러 가지 특성화 프로그램에 대해 더 많은 정보가 필요하면 다음의 도서를 참고하기 바란다: 김혜경. 『영유아프로그램 개발과 평가』 창지사. 2020. 제7장 특별활동 프로그램과 특성화 활동 프로그램.

부분적으로 독자적인 이론이나 프로그램의 성격을 반영하여 환경구성을 하고 있지만 우리나라 현장의 기본적인 교실구성은 표준보육과정과 누리과정의 영역을 중심으로 프로스트(Frost)의 환경구성 원리를 따르고 있다. 놀이실을 4개의 지역으로 나누고 활동적이며 건조한 영역, 활동적이며 물이 있는 영역, 조용하고 건조한 영역, 조용하고 물이 있는 영역으로 분류한다. 각 흥미 영역은 비슷한 성격끼리 같은 지역에 배치한다. 분위기가 비슷한 영역을 인접하게 배치하고 각 영역에 대한 자세한 계획을 만들어 본다. 현재의 교실에 제공된 물품들을 유지하면서 변화시킬 수 있는 방법을 탐색한다.

2) 기타 공간의 확보

대부분 종일반 프로그램이 운영되는 영유아기관에서는 수업이 진행되는 공간 못지않게 식사하고 낮잠 자고 양치질하는 공간에 대한 배려가 중점적으로 요구된다. 종일반의 경우 가능하면 낮잠이나 휴식을 위한 공간, 급간식을 제공하는 공간이 분리되어 있는 것이 좋다.

하루 중 오랜 시간을 집단에서 보내야 하는 어린 영유아들에게 조용히 혼자 있거나 개인적인 작업을 할 수 있는 공간도 필요하다. 특히, 영아를 위한 환경은 무엇보다 영아들의 생리적 욕구 및 건강에 기초한 생활공간이 요구된다. 교육 및 놀이를 위한 공간으로서의 기능보다 더 많은 부분을 차지한다. 아직 집단활동이나 규칙 지키기에 미숙한 어린 영아들을 위해서는 가정과 같은 편안하고 부드러운 분위기의 공간 구성이 요구된다.

일상생활습관을 위해 음식을 먹고 양치를 하거나 자신의 그릇을 정리하는 공간, 칫솔이나 젖은 옷을 보관하는 공간에 대한 지도가 필요하다. 인간의 생활습관은 영유아기에 그 기초가 이루어지므로 영유아기관에서의 손 씻기, 양치하기, 대소변 활동, 정리·정돈 습관과 같은 부분의 지도를 위한 물리적 환경이 확보되어야 한다.

3) 연령의 배려

영유아의 연령에 따라 공간에 대한 배려가 달라져야 한다. 영아는 유아보다 더 많은 요구를 가지고 있다. 2세를 위한 실내 환경이 너무 크지 않아야 하며 너무 많은 물건이 제공되지 않는 것이 좋다. 4세 유아는 끊임없는 신체활동을 위해 충분한 공간이 필요하다. 영아반에서의 영역은 감각탐색, 신체운동, 낮잠 자기 같은 기능이나 행위를 할 수 있는 공간으로 유아반보다 포괄적이고 융통성이 있는 개념이다. 영아를 위한 놀이실 1개 공간에는 그룹의 크기가 8명 이상을 초과해서는 안 된다고 말하는 스포덱(Spodek)과 같은 학자들의 이론이 있지만(김혜경, 2012), 3세 이상의 유아를 위한 놀이실에 너무 적은 수가 배치된 경우 영역별 놀이가 이루어지지 못하는 현상을 낳기도 한다. 3세 이상 유아의 놀이실에서 교구장은 바퀴가 달려 있는 것이 정리와 배치에 바람직하지만 가구를 잡고 일어서는 1, 2세 영아들의 놀이실에서는 너무 위험한 요소가 될 수 있다.

4) 소음 차단

영유아기관은 일정한 시간에 정해진 공간에서 교사와 많은 영유아가 생활하기 때문에 소음이 많다. 소음은 긴장과 짜증의 원인이 되기도 한다. 조용한 영역은 교구장을 이용하여 분리해 준다. 영유아들이 올라가서 놀 수 있는 크기의 놀이집을 교실 내에 배치하여 위, 아래로 분리해 줄 수 있다. 높은 장소에서 영유아는 아래의 활동으로부터 방해 없이 놀이할 수 있고, 낮은 장소는 영유아가 혼자 쉴 수 있는 안락한 공간이 되기도 한다.

5) 가구 배치

교실의 가구는 통일감을 주는 분위기를 만들어 본다. 가구나 비품의 배치는 바닥 면적의 1/3 정도를 차지하는 것이 쾌적하다. 가구는 처음부터 같은 재질이나 같은 분위기의 것으로 구입하여 배치해 주는 것이 정돈된 느낌이 들게 하는 효과가 있다. 영유아의 눈높이를 고려하여 가구 선은 너무 높지 않게 배치한다. 놀이실에 기본적으로 제공되어야 할 가구 및 비품을 살펴보면 교구장, 침구류 보관장, 선반, 연령에 적합한 책상과 의자, 낮은 책상, 대근육 발달을 위한 놀이기구, 영유아용 소파, 융판과 같은 학습용 보조자료, 부분 카펫, 각 흥미 영역에 적합한 교구가 필수적이다. 놀이실의 게시판을 유아들의 눈높이에 맞게 배치해야 하는 것은 너무나 당연한 원리이다.

6) 계절 감각

구체적인 자료를 이용하여 여러 가지 개념 이해와 활동에 적용시켜야 하는 영유아기관의 환경구성은 많은 시간을 영유아들과 보내야 하는 교사에게 매우 부담을 주는 업무이다. 교육과 보육이 주 업무인 교사가 환경을 구성할 때 어린이다움과 세련됨이 조화를 이루어 영유아의 미적 감각에도 공헌할 수 있도록 새로운 아이디어를 찾아본다. 주요 색상이나 눈높이 등의 기본원칙을 정하고 업무를 분담하여 짧은 시간에 환경을 구성하는 요령이 필요하다.

반별 환경구성은 수업이 진행되는 주제에 적합한 데코레이션이 필요하다. 기관의 현관, 로비, 부모공간 등 공동 영역의 데코레이션은 계절별 특성과 분위기를 살린다면 봄, 여름, 가을, 겨울 즉 각 계절에 한 번 정도의 교체로도 충분하다고 본다. 환경구성에 관한 자료들은 영유아기관 운영 관련 사이트의 자료실 도안과 상품, 데코레이션을 주로 다루고 있는 잡지, 각종 상품 광고지를 활용하면서 아이디어를 얻을 수 있다.

[그림 5-1] 겨울 환경구성

[그림 5-2] 가을 환경구성

기관의 실내에 주로 사용된 색상을 중심으로 계절별 고유색상이나 기본색을 정하여 공동 영역과 교실들이 비슷한 분위기를 연출하도록 한다. 세련된 느낌의 환경을 구성하는 요령이 될 수 있다. 가을 분위기를 위해 나무는 교사의 작품으로 만들고 열려 있는 열매와 나뭇잎은 영유아들의 작품으로 채워 보는 것과 같이, 기본 틀은 교사들이 제작하고 영유아들의 작품을 게시하는 것도 어린이다움을 연출하는 방법이 될 수 있다.

[그림 5-3] 환경구성

위와 같은 유의점에 따라 구성된 환경도 하나의 고정된 틀이 아니라 정기적으로 변화시켜 준다. 교사는 그 환경 안에서 어떤 일이 일어나고 있는가를 알아야 하며 목표에 적합한 활동을 진행시키기 위해 어떤 변화를 고려하는지 토의한다. 3세 이상의 학급에서는 유아들이 제공된 환경을 목표에 맞게 사용하고 있는지, 교사가 준비한 교구나 물품을 정리할 방법은 무엇인지 등에 대해 유아들과 함께 토론하고 방법을 모색해 볼 수도 있다.

4 공간 배치방법

각 공간의 배치와 설비에 필요한 기본적인 안내와 함께 관리방법을 정리해 보았다. 모든 공간은 영유아의 안전을 최우선 순위에 두고 구성해야 하며, 공간 간의 이동 시에도 안전사고가 발생하지 않도록 손잡이를 설치하고 모서리 등의 처리에 유의한다.

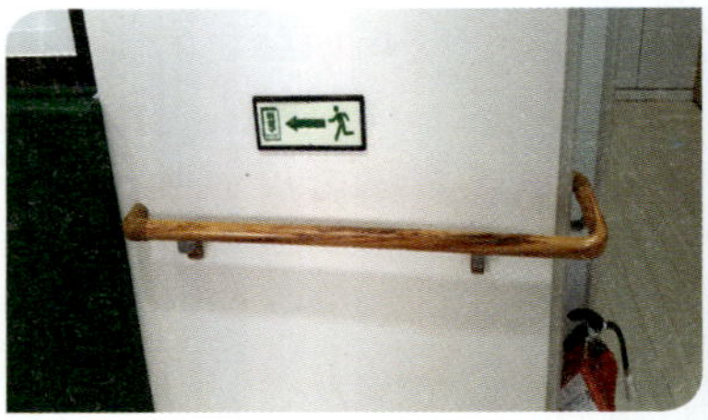

복도 등 이동 공간의 핸드레일

우편함 모서리 보호

조리실 입구 안전울타리

통로의 안전출입문

건물 모서리 안전용 인형

영아들의 안전을 위한 덧문과 벽면의 쿠션

[그림 5-4] 각 공간의 안전장치

각 공간의 담당자에게 관리서류, 청소 도구함을 할당해 주고 실명제로 책임을 분담해 주면 효율적인 관리 및 청결유지에 도움이 된다.

1) 교실

종일제 프로그램을 제공하는 기관의 경우는 휴식과 낮잠을 잘 수 있는 공간까지 요구되므로 좀 더 넓은 공간의 확보가 필요하며 집과 같이 아늑한 분위기의 교실을 구성해 주어야 한다.

많은 영유아가 생활하는 기관의 교실에서는 동식물의 성장에 영향을 줄 만큼 많은 소음이 발생하고, 특히 어린 영아들의 교실에는 기저귀, 우유, 토사물 등으로 각종 악취가 진동하는 경우가 많으므로 시설 건축단계부터 소음과 환기에 대한 배려는 까다롭게 점검되어야 한다. 화재 및 기타 비상사태에 대비한 대피로 등을 표시해 놓고 소방훈련과 같은 주기적인 훈련을 하는 등 영유아들의 안전에 만전을 기한다(제9장 안전관리 참조).

연령별 교실의 구성은 발달특성과 선호하는 놀이, 연령에 맞는 영역의 구성, 교사의 동선, 소음의 통제 등을 고려하여 구성되어야 하며 가구 및 교구교재도 차별화되어야 한다. 어린 연령일수록 교구장의 높이는 낮아야 하며 연령이 높아질수록 수량과 수납 가능성이 높아져야 한다. 교구장 등 기타 부품은 모서리 부분과 같이 날카로운 부분으로 인한 안전사고가 없도록 둥글게 처리한 것을 선택하여야 하며 카펫은 밀리지 않고 바닥에 밀착되는 종류를 선택한다. 각 교실에 필요한 비품, 전자제품, 교구장, 기본 놀잇감들의 목록을 만들고 적합성 여부를 검토한 후 효율적인 절차를 통해 구매하여 배치한다.

영아를 위한 환경은 최소한 집과 같은 아늑함, 더 나아가서 집보다 편안함이 중시되어야 한다. 잦은 움직임에 위험요소가 없는지, 안정감을 줄 수 있는지, 수유 및 이유식을 제공할 수 있는 영역과, 먹고 자고 씻을 수 있는 영역을 구성할 수 있는지를 살핀다. 또한, 학습과 발견의 기회를 제공하는 놀이공간을 구성하여 각 영역이 개방된 형태로 배치되어야 한다.

유아반의 교실도 낮잠을 자야 하는 종일제 프로그램의 경우 교실구성의 변화를 주는 방법과 교사의 수고를 덜어 줄 수 있는 방법도 모색되어야 한다. 이동이 용이하도록 교구장에 바퀴를 달아 주는 것도 방법이 될 수 있다.

각 교실에 필요한 비품, 전자제품, 교구장, 기본 놀잇감의 목록을 만들고 적합성 여부를 검토한 후 효율적인 절차를 통해 구매하여 배치한다.

영역 구성의 절차를 구체적으로 살펴보면 다음과 같다.

- 교실 모양의 종이나 화면에 현재의 영역별 배치도를 그린다.
- 해당 학급의 주요 연령, 진행할 학습주제, 일과를 진행할 교사의 인원과 능력, 놀이실의 면적을 고려하여 우선순위로 배치할 영역을 선택한다.
- 활동적인 영역은 활력적인 색상으로 활발한 상호작용이 일어나도록 꾸며 주고, 조용히 집중하거나 휴식을 하는 영역은 침착한 느낌이 들도록 차분한 색상으로 꾸며 준다.
- 영역을 배치한 후 영역 간의 동선, 적합한 크기의 통로가 확보되는지 살피고 영유아들이 원활하게 들고날 수 있도록 교구장을 배치하여 구획을 나눈다.
- 각 영역에 적합한 놀잇감을 선별하여 넣는다. 주제와 연관된 놀잇감을 적정한 양만큼 넣어 주고 유아들의 흥미, 변화되는 주제, 기관별 교체 시기에 따라 주기적으로 다른 놀잇감으로 교체해 준다. 365일 동일한 역할놀이 소품, 블록, 악기류 같은 놀잇감은 영유아들의 흥미를 끌지 못한다. 같은 종류의 놀잇감일지라도 위치를 바꾸거나 놀이목표를 바꾸어 소개하는 방법을 사용할 수도 있다.
- 일과 중 영유아들의 놀이를 관찰하여 놀잇감으로 인한 분쟁을 막아 준다. 영아들은 순식간에 서로 빼앗는 등 갈등의 소지가 많은 발달특성을 가지므로 동일한 놀잇감을 여러 수량으로 준비해 주는 배려가 따라야 한다.
- 교실 입구에서 영유아들의 눈높이에 맞춰 놀이실 전체를 조망하여 놀잇감의 배치가 영유아들에게 적합한 방식으로 개방되어 있는지 살핀다. 눈에 띄지 않거나 전혀 흥미를 유발하지 못하는 영역은 수정, 보완하는 방법을 찾는다.
- 놀이실 전체의 분위기가 안정되고 매력적인 느낌을 주는지 검토하고 적합한 장식이나 구성을 고려한다.

- 교사와 영유아들이 장시간 동안 머물며 생활하는 공간이므로 청결과 위생에 관한 배려도 매일, 매시간 점검되어야 하는 부분이다.

교실 내 흥미 영역의 구성을 중심으로 영유아를 위한 최적의 환경구성을 위해 고려할 사항은 다음과 같다(김혜경, 2012).

- 영유아에게 주어진 환경을 자유롭게 탐색할 수 있도록 안전하고 안락하게 꾸며 준다.
- 기관에 머무는 시간이 길어질수록 교실 환경은 가정과 같이 따스하고 환영받는 느낌의 분위기를 가져야 한다. 지나치게 현란한 색상은 피로를 부른다. 전체적으로 부드러운 색상의 환경구성이 필요하다. 편안함을 주기 위해 청결하고 쾌적해야 한다.
- 각 흥미 영역은 분명하게 구분되도록 영역을 표시하는 사진이나 그림 등을 활용한다. 각 영역은 소그룹 또는 개별적인 놀이를 위해 잘 정돈되어야 한다.
- 영유아들이 자신의 교실에 소속감을 느낄 수 있도록 그들의 작품을 눈높이에 매력적으로 전시해 준다.
- 영유아의 흥미를 유도할 수 있도록 놀잇감들을 잘 정돈하여 매력적으로 제시한다.
- 연령과 발달에 적합한 교구교재 및 설비를 선택한다. 영유아를 위한 설비의 기본방향은 눈높이를 고려하고 영유아에게 적합한 크기여야 하며 안전에 만전을 기하는 것이다.
- 여러 가지 흥미 영역에서 많은 놀이를 하는 가운데 자신의 기분에 따라 휴식을 취할 수 있는 공간도 요구된다. 영유아들이 장시간 기관에 머무는 교실에는 별도의 휴식 영역이 필요하다.
- 놀잇감이나 교구들은 영유아들이 성인의 도움 없이 스스로 선택하여 꺼내 놀 수 있도록 낮은 선반에 정돈하여 제시한다. 놀이가 끝난 후 스스로 정리·정돈이 가능하도록 정리장에 그림이나 사진으로 라벨을 붙여 준다.

출처: 김혜경(2012). 『어린이집 개원하기』. 공동체. 제7장 환경구성 참조.

2) 유희실

소규모의 시설은 교실과 유희실을 겸용할 수 있지만 공간의 여유가 있다면 유희실이 별도의 공간으로 배치되는 것이 좋다. 비가 오거나 추운 겨울에 실외 놀이터를대신할 수 있고 주로 대근육 활동이 이루어지는 일과에는 교실과 별도의

[그림 5-5] 유희실

넓은 공간이 필요하다. 영유아들이 뛰고 구르며 놀 수 있도록 바닥은 탄력 있고 청결을 유지하기 쉬운 재질을 선택한다. 공기청정기나 에어컨디셔너 같은 설비, 교구 정리를 위한 수납장이 있으면 보다 쾌적하고 정돈된 공간이 될 수 있다. 유희실의 구성은 체육 설비와 놀이집, 소형 볼풀장, 끌고 다니는 놀잇감, 승용완구 등으로 해 볼 수 있다.

3) 화장실

화장실은 교실과 실외 놀이터 양쪽에서 출입이 가능하도록 배치하고 환기장치를 점검한다. 배변이나 씻기 활동에 관한 긍정적인 감정을 갖도록 돕기 위해 밝게 꾸민다. 낮은 칸막이와 낮은 출입문으로 교사가 쉽게 감독 및 지도를 할 수 있도록 한다. 변기는 어린 영아용, 3~4세용, 5~6세용으로 분류하여 각 학급의 연령에 맞게 설치한다. 세면대와 거울은 영유아가 볼 수 있는 위치에 배치하여 얼굴을 씻을 수 있도록 하고 손 씻기 순서표 등을 부착하여 지도에 활용한다. 바닥은 미끄럼

[그림 5-6] 화장실

방지 장치를 하고 수도꼭지와 세정 장치의 온수 온도를 조정하거나 고정하여 안전에 유의한다.

4) 주방과 식당

다수의 영아가 한꺼번에 움직일 경우 위험이 따르므로 규모가 큰 시설에서는 교실 내에서 식사 및 간식을 해결할 때가 많고, 일부 시설은 덤웨이터(dumb waiter: 음식 및 식기 운반 엘리베이터)를 이용하여 음식을 교실에 운반해 주기도 한다.

식당은 조리와 배식을 담당하는 주방과 근접 배치하는 것이 좋다. 영유아들의 신체 크기에 맞는 식탁과 의자를 배치하는 것이 이상적이고 대부분의 가정에서 입식 생활을 하는 점을 감안하면 기관에 배치되는 식당의 가구도 입식이 바람직하다. 하지만 공간이 부족하고 적은 수의 교사가 많은 수의 영유아에게 식사 지도를 해야 하는 어려움 때문에 아직도 좌식 탁자에서 식사하는 것이 일반적이다. 학급별로 식사시간이 중복되어 혼잡하지 않도록 시간 안배를 한 후 차례대로 식사하는 것이 필요하다. 퇴식구와 쓰레기통을 가깝게 배치하여 식사 후 정리 · 정돈을 용이하게 돕는다.

식판, 컵, 수저, 포크 등의 식기는 영유아들에게 적합한 크기로 구입하며 영유아 정원보다 넉넉한 수량으로 구입한다. 종일반 프로그램을 제공하는 기관에서는 오전 간식, 중식, 오후 간식 등 3회 이상의 음식물을 공급하면서 식기를 사용하기 때문에 파손율이 높다. 식기의 재질은 멜라민이나 스테인리스 같은 견고한 것으로 선택한다. 각종 행사나 손님용을 포함한 교직원용 식기도 여유 있게 준비한다.

조리작업의 효율성을 위해 개수대 및 조리대, 조리대와 배식구가 인접하여 배치되는 것이 좋고, 공간의 여유가 있다면 여러 가지 음식을 동시에 조리할 수 있도록 여러 개를 배치하는 것이 좋다. 모든 벽과 바닥은 방화재질을 사용하여 마감하고 방수와 청소가 용이하도록 한다. 환기시설이 설치되어야 하며 소화기를 설치한다. 그릇을 소독하고 건조시키는 기구 및 공간, 식기류와 용구들을 정리할 수납장과 공간, 음식재료를 저장하는 냉장고와 창고 등의 공간이 확보되어야 한다. 저장장소에 유통기한이 지난 음식물이나 재료들이 없도록 철저하게 관리한다(제6장 급간식과 건강 위생관리 참조).

5) 양호실

몸이 불편하거나 아픈 유아를 보호하기 위해 보호자가 올 때까지 돌보는 독립된 공간이 있어야 한다. 별도의 공간이 없을 때는 교사실이나 원장실에 가리개를 이용하여 격리된 공간을 만들어 줄 수 있다. 유아용 침대와 약품장, 약품냉장고, 세면대 등을 준비한다. 약품장은 유아들의 손이 닿지 않게 위치하도록 하고 살균소독제, 연고, 식염수 등의 약품을 유아용과 교직원용으로 분류하여 정리해 두고 붕대, 반창고, 소독가위, 면봉, 핀셋 등을 여유 있게 준비해 놓는다. 아픈 유아가 부모를 기다리는 동안 사용할 수 있는 인형이나 유아용 도서를 침대 옆에 놓아 준다. 양호교사가 없는 소규모 기관에서는 『사례별 응급처치요령』 등의 책자를 쉽게 찾아볼 수 있도록 마련해 놓는다.

6) 원장실

원장실은 운영관리를 위한 원장 자신의 연수, 교사회의, 사무관리, 부모상담, 손님접대 등이 이루어지는 공간인 동시에 영유아들에 대한 보육환경 전반을 파악해야 하므로 출입구와 가까운 곳에 위치하는 것이 좋다. 실내외 활동을 쉽게 볼 수 있어야 함과 동시에 프라이버시(privacy)가 존중될 수 있고 리더의 권위를 지켜 주는 공간이 되어야 한다. 단독 공간이 바람직하고 조용히 업무를 볼 수 있도록 칸막이나 가구로 영역을 분리한다.

기본 설비로는 사무를 볼 수 있는 책상과 의자, 컴퓨터 시스템을 비롯한 사무용품, 기관 내의 활동을 파악할 수 있는 CCTV 일체, 전화 및 팩스, 미결과 기결로 분류된 결재서류함, 책꽂이와 수납장, 상담이나 회의를 할 수 있는 가구들이 배치되어야 한다. 양호실이 별도로 없는 기관에서는 약품장과 약품 냉장고가 있어야 한다.

7) 교사실

교사가 수업을 계획하고 교구교재를 준비하거나 각종 일지 및 서류를 작성하는 공간이며 휴식에 필요한 장소이다. 많은 영유아와 함께 생활하는 가운데 소음으로부터 벗어나 조용하고 편안한 시간을 갖거나 집중하여 업무를 볼 수 있는 분위기가 되어야 한다. 교사실은 각 교실이나 자료실이 가까운 곳에 위치하여 동선을 줄이는 배치가 좋다. 교사 개개인의 책상이 구비되면 도서검색, 독서, 자료검토, 교재 만들기 등이 독립되어 이루어질 수 있으나, 그렇지 못할 경우 충분한 크기의 테이블과 의자들을 준비하여 공동의 작업공간과 회의장소로 활용될 수 있도록 한다. 각 개인의 소지품을 정리할 수 있도록 잠금장치가 있는 사물함, 외투를 걸 수 있는 옷장이나 옷걸이가 있어야 한다. 휴식을 위해 편안한 소파 같은 가구와 커피나 간식을 위한 비품, 교사용 도서와 자료를 비치해 놓을 수 있는 가구를 갖추고 다음 수업과 업무를 위한 재충전이 가능하게 한다.

[그림 5-7] 교사실

8) 자료실

구체물이 대부분인 수업 자료는 사용이 용이하도록 관리하여야 한다. 자료를 정리하는 가구 외에 교구교재를 꺼내 놓고 수업 활용도를 탐색해 볼 수 있는 테이블 등의 가구로 이루어진 별도 공간이 있어야 한다.

교실 내의 자료는 수업에 필요한 것만 노출되어야 하고 그 외의 것은 쉽게 찾을 수 있도록 체계적으로 정리·보관한다. 교구교재의 분류 기준을 만들고 수납이 가능한 가구를 구입하거나 제작한다. 수납을 위한 장들은 크기나 모양이 다양한 학습자료나 보조기구를 체계적으로 정리할 수 있도록 폭과 높이를 조절할 수 있는 것으로 준비한다. 끊임없이 생성되는 교구교재를 수납하고 보관하기 위해 다양한 아이디어가 요구된다. 일반적으로 멀티박스라고 불리는 바구니를 사용하여 정리하고 다양한 크기의 종이박스를 제작하여 내용물이 보이지 않게 깔끔한 수납방법을 쓰기도 한다. 다양한 부직포나 여러 가지 재질의 환경구성용 종이들은 별도의 정리장을 제작하여 사용하기도 한다.

[그림 5-8] 다양한 크기의 종이를 정리하는 장

9) 현관

현관은 기관의 첫인상을 좌우하기도 하며 모든 영유아와 부모, 교직원이 매일 출입하는 곳이다. 환영받는 느낌의 따뜻함과 동시에 영유아의 안전을 보호하는 잠금장치나 안내문 등에서 볼 수 있는 안전, 영유아에게 적합하면서도 세련된 미적 감각, 영유아의 신체 크기에 적합한 각종 가구, 부모들에게 전달사항을 알리는 게시판 등의 배치, 자칫 불결해 보이기 쉬운 신발장 관리 등 많은 부분에 주의를 기울여야 하는 공간이다.

10) 세탁공간

매일 각 교실에서 사용하는 수건과 걸레, 주방에서 사용하는 행주, 커튼, 이불, 테이블보 등을 세탁하고 완구 및 교구교재의 세척을 위한 공간이 필요하다. 세탁기 등의 소음이 있으므로 영유아들의 활동 공간과 떨어진 곳이 좋으며 세탁이나 취사 등의 일을 하는 직원의 휴식공간과 인접하여 배치한다. 안전을 위해 출입문에 잠금장치를 설치한다. 가능하면 건조기, 건조시킬 수 있는 시설, 수도꼭지가 있는 세탁조, 세탁물을 모아 둘 수 있는 시설, 마른 세탁물을 위한 수납장, 환기시설, 배관시설, 세제류 보관선반, 청소도구 수납장, 세탁물 정리를 위한 공간 등이 요구된다.

11) 실외 환경

실외 환경의 구성은 영유아들의 안전을 고려한 동시에 도전감을 주도록 계획되어야 하며 관리 및 감독이 용이해야 한다. 연령별로 다양한 놀이를 위해 동적인 놀이와 정적인 놀이가 모두 이루어질 수 있어야 한다. 실외 놀이터에 설치해 주는 놀이기구는 정글짐과 같은 오르기 기구, 미끄럼틀, 그네, 시소, 흔들목마 등과 같은 것이 많다. 보건복지부가 매년 발행하는 『보육사업 안내』(2020)에 따르면 6세 미만의 영유아가 이용할 수 있는 대근육활동을 위한 놀이기구 1종 이상을 포함하여 놀이기구 3종 이상이 설치된 옥외놀이터를 안내하고 있다.

놀이기구를 사용할 때 안전사고가 발생하지 않도록 사용방법 및 규칙 등을 반복적으로 주지시키거나 작은 관목 등으로 놀이기구 간의 경계를 만들어 준다. 우리나라 영유아기관의 놀이터는 「어린이놀이시설 안전관리법 시행규칙」에 따라 설치검사합격증을 발급받은 놀이기구로 구성해야 한다.

놀이기구 외에 모래놀이와 물놀이를 할 수 있는 영역, 책을 보거나 그림 그리기를 할 수 있는 정적 영역, 함께 모여 대집단이나 소집단 활동을 할 수 있는 공간이 있으면 좋다. 여러 유아가 함께 놀이할 때 부딪히거나 갈등이 일어나지 않도록 지나다닐 수 있는 통로가 있어야 하며 물품의 보관을 위한 창고를 설치하여 놀이 후 정리·정돈을 할 수 있게 한다. 실외에도 놀이 중의 배변을 위해 화장실이 있고 손을 씻을 수 있는 급수시설이 있으면 이상적이다. 공간이 허락된다면 영아 놀이터와 유아 놀이터를 분리해 주면 좋다.

5 비품과 자료관리

구체물을 수업에 활용하는 영유아기관의 특성으로 현장은 늘 많은 비품과 자료가 넘쳐난다. 일과 운영을 위해 사용되는 물품, 급간식 제공에 필요한 물품, 문서관리를 위한 물품 등 매우 다양하다. 조금만 관리에 소홀하면 산만한 공간이 되므로 체계적으로 관리해야 한다.

1) 구입 목록 만들기

수업에 여러 형태의 실물과 구체적인 자료가 사용되고 주제별로 교체해 주어야 하는 영유아들의 교육 및 생활에 필요한 교구교재의 관리는 체계적인 계획과 정리의 절차가 필요하다. 개원 시기에 세밀하게 선정하여 비품과 자료를 갖춰 놓는 과정이 필요하며 운영과정에서는 새롭게 작성되는 연간 및 월간 교육계획안을 중심으로 필요한 목록을 점검하거나 전년도 평가기록을 검토하여 보완해야 할 목록을 선정한다. 목록을 만들어 보는 과정을 다음의 절차로 시도해 본다.

- 기관의 일과를 생각하면서 공간별로 레이아웃(layout)을 그려놓고 구성에 필요한 모든 비품과 교구교재의 목록을 만든다.
- 영유아를 위한 일과뿐만이 아니라 교사의 사무에 필요한 목록도 만든다.
- 연간 및 월간 교육계획안에 따라 필요한 교구교재와 목록을 만든다.
- 우수 시설을 견학하면서 각 공간과 자료실의 현황을 파악하고 참고한다.
- 유아교구사의 카탈로그나 홈페이지의 유아용품을 살펴보면서 목록을 만든다.
- 표준 보육과정과 누리과정의 연령별 계획안을 보면서 필요한 목록을 만든다.
- 앞의 기준에 따라 만들어진 목록을 수합하여 구입장소나 방법에 따라 분류작업을 한다.
- 구입 우선순위를 정하고 총비용과 책정된 예산에 따라 구매에 들어간다.

소규모 기관의 경우에도 최소한 다음의 목록은 구비가 되어야 한다. 저자가 3개 학급으로 이루어진 영아중심 기관의 개원작업 컨설팅을 하는 과정에서 표준보육과정과 어린이집 평가인증 지표를 참고하여 작성한 목록이다. 각 교실의 가구와 비품을 구입할 때 색상과 디자인의 일관성을 고려하면 정돈된 느낌의 환경구성에 도움이 된다.

기본 가구 및 장/공동 물품

- 각 교실용 사물함 3개 : 6인, 6인, 7인
- 낮은 책상 반달 모양 원목 총 10개 : 0세 3개, 1세 3개, 2세 4개
- 2단 교구장 원목 총 14개 : 0세 4개, 1세 5개, 2세 5개
- 휴식 영역 매트 원목무늬 소형 3개
- 쿠션 2개(1세반), 작은 소파세트 1개(2세반)
- 교구용 바구니 흰색 30개
- 교구 보관용 투명 멀티박스 5개 이상 / 소모품 정리장
- 각 반 시계 : 은색 혹은 흰색
- 영유아 가방

유희실 : 쌓기 역할, 대근육 중심

- 놀이집(혹은 소꿉놀이용 세트)과 소꿉놀잇감 / 역할놀이 의상(여유 있으면 소형 미끄럼틀)
- 안전 거울
- 전화기, 포대기 등 생활용품
- 승용완구 2종
- 끌차놀잇감 2개와 동물인형 3개
- 원목무늬 매트 대형 3개(소꿉 / 쌓기 / 대근육)
- 레고 블록, 우레탄 블록, 종이벽돌 블록 충분한 양과 소품
- 가벼운 큰 공 2개 / 작은 공 2개
- 거실 유리문용 스티커
- 컵 소독기, 칫솔 소독기
- 시디플레이어 & 식사 음악, 수면 음악, 헤드폰

- 쓰레기통
- 구급 약품 상자
- 가습기(겨울에 구입)

0세반

- 기저귀 갈이대와 소품 / 모빌
- 헝겊 그림책 동일한 것 3개 / 까꿍 놀이책이나 교구
- 벽면 부착 책꽂이(비싸면 제작하기)
- 촉감인형 3개
- 스펀지 블록(교실 내 대근육용)
- 딸랑이 등 소리 나는 장난감 종류별 3개씩
- 보행기
- 다인승 유모차

1세반

- 방울 / 마라카스 / 리듬막대 등 타악기
- 겹겹이 넣는 블록 2개
- 다양한 종이와 크레파스, 가위 세트 등 미술자료
- 영아용 도서(헝겊, 종이, 비닐, 촉감책, 소리 나는 책)
- 배변학습책과 놀잇감
- 기저귀 갈이대와 소품 / 모빌
- 밀가루 반죽
- 퍼즐
- 소형 융판

2세반

- 긁적거리기 판
- 동화(생활, 자연, 가족, 느낌)
- 큰 구슬 꿰기
- 낮은 이젤
- 미술자료 여러 가지
- 탬버린 등 악기
- 손인형 / 옷 입히기 놀이(융판 : 1세반과 공동 사용)
- 어린이용 옷걸이 각 반에 1개씩(혹은 거실에 1개만)
- 도로 그림이 그려진 소형 카펫 / 소형 자동차(동일한 디자인 3종 3개씩)

화장실

- 칫솔 소독기 / 유아용 사이즈의 변기와 세면대
- 수건 20장 이상 / 물비누(여유 있으면 종이수건) / 미끄럼방지 스티커
- 이동변기 2개
- 발 닦는 매트 2개

현관

- 우산꽂이
- 손 소독기 / 일일 보고서 및 투약의뢰 바구니

주방

- 젖병 소독기 / 간식용 그릇과 포크 25인용 / 조리용기
- 쓰레기통 / 청소도구

상담공간

- 찻잔 세트 흰색, 일지 형식의 파일철, 필기도구, 소형 화분, 티슈

교사용

- 업무용(상담 테이블 겸용) 책상과 소형 칠판 / 의자 2개 이상
- 교사용 도서 및 파일용 선반
- 파일철: 연두색으로만 30개
- 보육일지 / 관찰일지
- 알림장
- 배식용 앞치마 5장 / 덧신 5조
- 필수 소모품 : A4용지 10권, 사무용 커터 칼, 가위, 풀, 우드락, 문구류

기타 필수가전

- 유 · 무선 겸용 전화기
- 에어컨(선풍기인 경우 각 공간에 벽걸이로 설치해야 함)
- 교사용 컴퓨터와 프린터
  (여유 있으면 스크린 : 부모교육 등에 사용)
- 진공청소기
- 각 공간 공기청정기

2) 납품 계약

구입해야 할 비품과 교구교재의 목록이 완성되면 조달청 사이트에서 입찰공고를 통해 모든 항목의 구매와 배달을 책임져 줄 업체를 선정하거나, 여러 업체를 통해 해당 목록의 비용에 대한 견적을 받아 적합한 곳에서 구입하면 시간과 수고를 절약할 수 있다. 우리나라의 유아교육 교구교재의 시장에서는 업체 한 곳을 선정하여 계약을 맺으면 타사의 제품이나 수입품도 할인가를 적용시켜 구입할 수 있으며, 하자보수나 제작 변경 같은 지속적인 서비스를 받을 수 있다. 계약서에 서비스의 범위나 요구사항을 명시하여 문서로 보관하는 것이 좋다. 계약서는 대략 다음의 내용을 포함한다.

물품 납품 계약서

원장 ________(이하 "갑"이라 칭함)과

____________(이하 "을"이라 칭함)은 다음과 같이 계약 체결한다.

제1조(계약의 목적)

본 계약의 목적은 "갑"이 "을"로부터 물품을 납품함에 있어 상호의 의무를 성실히 수행키 위함에 있다.

제2조(계약 금액)

일금　　　　　　　　정 (₩　　　　　　VAT 포함)

제3조(구입 내역 및 단가)

별첨 참조.

※ 수량은 "갑"의 사정에 따라 변경이 가능하며 이때 계약단가는 변동되지 않는다.

제4조(물품 납품)

가. "을"은 물품의 수량 및 설치에 대해 전적인 책임을 지되 이로 인해 소요되는 모든 경비는 "을"이 부담한다.

나. 납기 : 발주 후 15일 이내(어린이집 상황에 따라 "갑"은 일정을 조정할 수 있다.)

다. 납품 장소 :　　　(지정장소)

제5조(지연보상금)

"을"의 고의 또는 과실로 인하여 납품이 지연되었을 시는 지연 일수 1일당 계약금액의 3/1,000을 대금 지불 시 공제한다.

제6조(검수)

가. "을"은 "갑"의 요청 시 즉시 검수에 응해야 하며 이에 발생되는 제반 경비는 "을"이 부담한다.

나. 검수에 불합격 시 "을"은 "갑"이 지정하는 기간 내 재검수에 응해야 하며 불합격으로 판명된 납품건에 대하여는 전량 반품처리 및 합격품으로 교체하여야 한다.

제7조(대금 지급)

"갑"은 물품이 전량 납품완료되고 하자가 없다고 인정되는 경우에 "을"의 청구에 의해 대금 지급을 완료한다.

3) 자료실 관리

매일 구체물을 이용한 수업이 진행되는 영유아기관의 교구교재는 별도의 자료실이나 정리공간이 있어야 한다. 필요한 자료는 누구나 찾을 수 있도록 일목요연하게 정리가 되어야 하기 때문에 주제별, 연령별, 영역별 등의 기준을 만들고 서로 섞이지 않도록 정리하는 아이디어가 필요하다. 찾기 쉽게 정리하는 아이디어와 함께 안전한 정리방법도 항상 논의하고 방법을 찾아야 한다.

교사는 책임을 맡고 있는 각 교실의 자료뿐만이 아니라 공동 공간의 자료관리에도 협조해야 한다. 함께 관리하면서 청결을 위한 계획도 공유한다. 많은 수의 영유아들이 만지면서 놀이가 이루어지는 교구교재는 쉽게 더러워지기 때문에 규칙적으로 닦고 교체해 주어야 한다. 자료실은 모든 교사가 함께 사용하는 장소이므로 지켜야 할 규칙 등을 정하고 숙지한다.

"자료실을 깨끗이 사용합시다"

- 우리 유치원의 모든 자료는 1인 1영역의 책임하에 정리와 관리가 이루어지고 있습니다.
- 책임자들은 매월 둘째 주 화요일에 자신의 영역을 점검하고 청결상태를 확인합니다.
- 매월 둘째 주 금요일에 자료정리 상태를 점검하고 원장님께 보고합니다.
- 각 반 담임교사는 수업 주제가 끝나면 사용한 자료를 지퍼백에 넣어 네임택을 붙이고 자료실 입구 멀티박스에 넣은 후 담당자에게 알립니다. 네임택은 바구니에 준비되어 있으며 '연령수준 – 영역 – 주제 – 교구명'을 적습니다.
- 파손된 교구는 사용한 사람의 조언과 함께 역할놀이 영역 장 뒤에 있는 바구니에 놓고 담당자에게 알려 줍니다.
- 자료의 담당자는 네임택에 명시된 주제, 사용연령, 제작자 등을 파일에 기재하고 자료실의 해당 장소에 보관합니다.
- 신입 교사는 자료실의 목록과 활용에 관한 이해를 위해 모든 담당자의 청결작업에 함께합니다.

별도의 자료실과 정리 공간을 정하여 정리해야 한다. 교구교재 청결관리와 교체 시기를 정하고, 각 교구의 특성별로 청소 및 살균방법을 숙지하여 청결하게 유지할 수 있도록 한다.

교구교재의 분류기준을 만들고 수납이 가능한 가구를 구입하거나 제작한다. 주제별, 연령별, 영역별 등 기준을 정하여 교구교재를 구분한다. 각 교구교재 담당자를 정하고 협의하여 정리방법을 정한 후 교구교재를 파일링한다. 파일은 번호, 교구이름, 수량, 단가, 구입 일자, 기증 여부, 제작자, 정리 책임자, 비고 등의 항목을 포함한 목록으로 작성한다.

수납을 위한 장은 크기나 모양이 다양한 학습자료나 보조기구를 체계적으로 정리할 수 있도록 폭과 높이를 조절할 수 있는 것으로 준비한다.

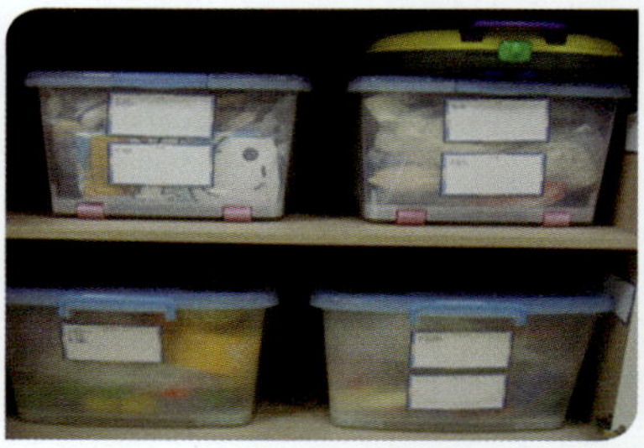

[그림 5-9] 다양한 수납함 예시

도서는 영유아용, 교사용, 부모용으로 분류하는 것이 활용에 용이하다.

[그림 5-10] 부모용 도서

[그림 5-11] 영유아용 도서

[그림 5-12] 교사용 도서

CHAPTER 6

급간식과 건강을 위한 위생관리

1. 급간식 제공
2. 건강을 위한 위생관리

1 급간식 제공

영유아기관에서는 안전하고 위생적인 급식을 제공해야 한다. 정상적인 발달에 필요한 영양을 섭취할 수 있도록 영양사가 작성한 식단을 공급하며 영양사가 없는 100인 이하의 기관은 육아종합지원센터나 급식관리지원센터 등의 지도를 받아 식단을 작성한다. 1회 50인 이상에게 식사를 제공하는 경우 지방자치단체의 위생관리 부서에 집단급식소로 신고하고 조리사를 배치하여야 한다. 매년 국가수준의 집단급식소 위생점검이 이루어지며 다양한 모니터링(monitoring)을 받게 되므로 항상 위생적인 관리가 필요하다. 주로 여름철에 대부분의 지방자치단체에서는 보도자료를 배포하고 위생점검을 하고 있다. 아래의 보도자료는 5개 신문에 실린 내용을 수합하여 재구성한 것이다.

집단 급식소 위생 점검

점검대상은 50인 이상 집단급식소로 신고된 각급 학교, 어린이집, 사회복지시설 등이며, 위생환경이 취약한 50인 미만 시설과 읍 · 면 경로식당 등도 포함했다.

합동점검반은 집단급식소 중점 지도사항으로 ▶ 냉 · 온수기 정기 필터교환 ▶ 지하수 수질 정기검사 ▶ 일자별 보존식과 식단표 일치 ▶ 조리한 음식 바로 배식 ▶ 급식시설 환경개선 등을 점검하고 미비한 사항은 현장에서 시정하도록 했다.

식중독 예방요령으로 ▶ 칼, 도마, 행주 매일 삶고 소독 ▶ 음식은 1회 식사량만큼만 준비 ▶ 남은 음식 재사용 근절 ▶ 유통기한 경과 제품 폐기 ▶ 싱크대, 식기건조대 등 조리기구 살균 소독 ▶ 끓인 물 제공 ▶ 어패류 등 음식물은 중앙부까지 완전히 익혀 먹기 등을 집중 교육했다.

특히, 젖은 행주는 장시간 방치될 경우 살모넬라와 같은 식중독균이 100만 배 가까이 늘어날 정도로 주방 2차 오염의 주 원인이므로 날마다 100℃에서 10분 이상 삶거나 전자레인지에 8분 이상 가열해서 살균해야 한다고 강조했다.

○○○○과의 ○○○과장은 "식중독은 예방이 최선"이며 "집단급식소뿐만 아니라 가정에서도 끓이고, 익히고, 손 씻기를 생활화하고 위생관리를 철저히 해 건강하고 안전한 맛의 1번지로 거듭나자."고 전했다.

1개 반 4명으로 점검반을 편성하고 집단급식소에 대해 식재료의 적정보관 및 냉동 · 냉장시설의 정상가동 여부, 식품의 원산지 적정표시 여부, 유통기한 경과 제품 등 부정불량식품 사용 또는 남은 음식 재사용 여부, 보존식 적정보관 관리 및 조리장, 화장실 위생관리 사항, 영업자 준수사항 및 종사자 건강진단 실시 등 개인위생관리 여부 등의 지도점검을 실시할 계획이다.

또한, 집단급식소의 도마, 행주 등을 수거해 미생물 권장 규격 및 식중독균에 대한 환경위생검사도 실시한다.

식단은 월 단위로 작성되며 재료의 원산지 표기, 알레르기를 일으키는 음식에 대한 대체 음식 계획도 점검되어야 한다. 급식은 기관에서 직접 조리하여 공급하는 것이 원칙이며 식단을 공개하고 식단표에 농수산물이나 그 가공품(쇠고기, 돼지고기, 닭고기, 오리고기, 쌀, 배추김치 등)의 원산지를 기재하여 공개하여야 한다. 현장에서 사용되고 있는 급식 관리에 관한 자료를 살펴본다.

1) 식단표

식단표는 홈페이지나 정보공시 사이트, 사이버 알림장, 기관 내 게시판 등에 공개하거나 가정으로 배부한다. 매일의 식단도 사진으로 정보공시에 게시한다.

〈표 6-1〉 월별 식단표 및 참고사항

식단 참고사항

- 간식 중 ▭ 그어진 간식은 신선한 과일이나 채소를 주 3회 이상 제공하는 메뉴입니다. 인스턴트 식품보다 자연식품 위주로 제공하였습니다. 참고하여 주시기 바랍니다.

- 조리방법, 부재료, 배식양, 영유아 특성에 따라 열량이 ± 될 수 있습니다.
  조리 시에 당과 나트륨 사용에 주의하여 조리하고 있습니다.

- 일본 방사능 염려로 인한 어패류는 대체 메뉴로 육아종합지원센터 영양사의 감수를 완료하였습니다.

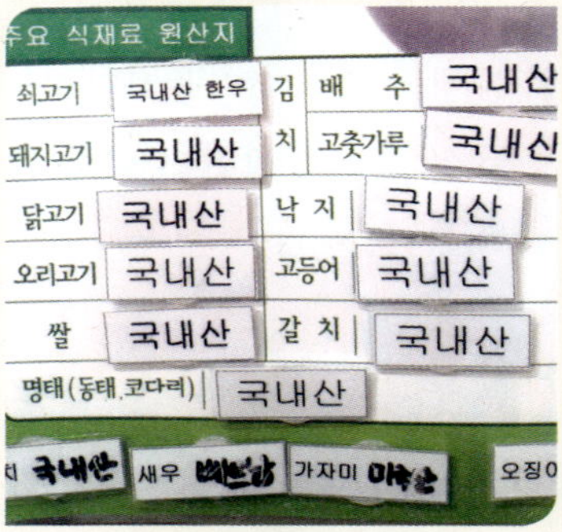

			6/1 (수)	6/2 (목)	6/3 (금)	6/4 (토)
오전 간식			청경채 수프	채소 스틱(오이)	신선 과일(참외)	쌀과자
				우유	우유	두유
점심			소불고기 덮밥	기장밥	찹쌀현미밥	새싹 비빔밥
			콩나물국	근대된장국	들깨부추탕	(북어채)달걀국 [대체식: 맑은 다시국]
			청포묵(김) 무침	두부구이+양념장	가자미 조림	김치
			김치	얼갈이 나물	사과무생채	
				김치	김치	
오후 간식			슈크림 빵	우엉 치즈 주먹밥	무지개 설기	고구마전
			우유	보리차	오미자차	옥수수차
	6/6 (월)	6/7 (화)	6/8 (수)	6/9 (목)	6/10 (금)	6/11 (토)
오전 간식		시리얼	치즈 파프리카죽	바나나	토마토 슬라이스	모닝 빵
		우유		우유	우유	우유
점심		검은 쌀밥	새우살 파인애플 볶음밥	차조밥	기장밥	버섯 영양밥
		아욱 된장국	무채국	열무 된장국	감자(미역)국	부추장국
		찜닭	물만두	돈육폭찹	쇠고기 우엉 조림	김치
		참나물 무침	김치	숙주 나물	청경채 나물	
		김치		김치	김치	
오후 간식		단호박찜	찰보리빵	온메밀국수	수리취떡	유부 초밥
		두유	우유		유자차	둥굴레차
	6/13 (월)	6/14 (화)	6/15 (수)	6/16 (목)	6/17 (금)	6/18 (토)
오전 간식	견과류(다진 땅콩)	채소 스틱 (브로콜리)	단호박 수프	신선 과일(사과)	신선 과일(수박)	두부 과자
	호상 요구르트	유아 치즈		우유	우유	우유
점심	차조밥	기장밥	닭데리야끼 덮밥	찹쌀현미밥	검은 쌀밥	달걀 채소 덮밥
	연두부 맑은 국	배추장국	감자 양파국	시금치 된장국	들깨버섯탕	[대체식: 채소 덮밥+연두부]
	달걀 장조림 [대체식: 버섯 장조림]	쇠고기 부추볶음	바나나	돈육갈비찜	삼치구이	실파장국
	미역줄기 볶음	연근 조림	김치	오이나물	상추무침	김치(구이김)
	김치	김치		김치	김치	
오후 간식	찐 고구마	미나리 장떡	완두앙금빵	우동	블루베리 설기	누룽지죽
	매실차	오렌지 주스	우유		결명자차	

	6/20 (월)	6/21 (화)	6/22 (수)	6/23 (목)	6/24 (금)	6/25 (토)
오전 간식	시리얼	신선 과일(참외)	모듬 채소죽	채소 스틱 (파프리카)	미숫가루	신선 과일 (파인애플)
	우유	우유		유아 치즈	우유	우유
점심	차조밥	기장밥	흰 쌀밥	검은 쌀밥	찹쌀현미밥	깍두기 볶음밥
	된장찌개	애호박 맑은 국	팽이장국	수제빗국	얼갈이 장국	오이 냉국
	오징어 불고기	닭자장볶음	돈가스+소스	쇠고기 간장조림	마파두부	달걀후라이 [대체식: 김구이]
	고구마순 줄기 볶음	열무나물	과일 샐러드	깻잎 나물	가지 나물	김치
	김치	김치	김치	김치	김치	
오후 간식	찐 감자	군만두	잼 샌드위치	잡채	증편	찐 옥수수
	메밀차	사과 주스	우유	보리차	석류차	두유

	6/27 (월)	6/28 (화)	6/29 (수)	6/30 (목)
오전 간식	견과류 (아몬드 슬라이스)	채소 스틱(당근)	NEW 샐러리수프	신선 과일(수박)
	호상 요구르트	우유		
점심	기장밥	검은 쌀밥	하이라이스	차조밥
	유부장국	쇠고기 미역국	콩가루 배춧국	닭개장
	돈육 피망 볶음	달걀말이 [대체식: 두부 부침]	진미채 조림	으깬 두부 쑥갓 무침
	버섯나물	미나리 나물 무침	김치	애호박 볶음
	김치	김치		김치
오후 간식	단호박찜 두유	떡볶이 옥수수차	머핀 우유	크림 스파게티

원산지 안내	쌀(밥, 누룽지, 죽)	오징어	쇠고기	돼지고기	닭고기	오리고기	김치 (배추, 고춧가루)	참조기	낙지, 갈치	꽃게	콩(두부, 콩비지, 콩국수)	고등어
	국내산	국내산	국내산	국내산	국내산	국내산	국내산	국내산	국내산	국내산	국내산	국내산

2) 급식관리 체크 리스트(check list)

대부분의 지방자치단체에서는 육아종합지원센터나 급식관리지원센터를 통해 주기별 급식 관련 교육자료와 위생점검 리스트를 제공한다. 국가수준의 자료 외에 각 기관의 급간식 식자재를 공급하는 식품업체에서도 위생점검 리스트나 부모용으로 활용할 식품정보를 제공한다. 이러한 자료나 관련 정보를 토대로 조리와 식품 및 조리기구의 청결관리에 필요한 체크 리스트를 만들고 담당자를 지정하여 관리한다. 아래의 목록을 참고하여 각 기관의 점검사항을 만들어 본다.

급식관리 체크 리스트

결재	담당	원장

〈위생관리〉

연번	점검사항	점검결과
1	작업 전 건강상태를 확인한다(감기, 설사, 손 상처자 등 조리 금지).	
2	위생복, 위생화, 앞치마, 위생모를 착용한다(장신구 착용 불가).	
3	배식 시 배식 전용기구, 마스크, 위생장갑을 사용하고 있다.	
4	유통기간 확인 및 선입선출을 준수하고 있다.	
5	식재료 보관실은 항상 청결을 유지하고 있다.	
6	가열 식품의 중심 온도(74℃ 이상)를 측정 · 확인하고 있다.	
7	조리 후 관리 및 오염방지를 위한 조치를 취하고 있다.	
8	보존식 보존 및 관리기준을 준수하고 있다(배식 직전 소독된 전용 용기에 100g 이상 채취하여 144시간 냉동 보관).	
9	어류 · 육류 · 채소류를 취급하는 칼, 도마는 각각 구분하여 사용하고 있다.	
10	식기류 및 조리기구의 세척, 소독을 철저히 하고 있다.	
11	쓰레기 및 잔반은 즉시 처리하고 있다.	
12	세제, 소독제, 살충제에 라벨을 부착하고 분리 보관하여 오염 또는 혼입을 방지하고 있다.	
13	정기적인 방역소독필증을 보관하고 있다.	

〈식재료 관리〉

연번	점검사항	점검
1	식재료의 입고 날짜를 기록한 라벨을 부착하고 있다.	
2	식재료 검수일지를 작성하고 보관하고 있다.	
3	식재료의 재고관리(기록 유지)를 실시하고 있다.	

〈시설 · 설비 관리〉

연번	점검사항	점검
1	조리장을 오염 작업구역과 비오염 작업구역으로 구분하고 있다.	
2	조리장 바닥과 배수로에는 물고임 및 냄새 역류방지 시설이 설치되어 있다.	
3	후드, 환풍기가 설치되어 있고 청결하게 관리하고 있다.	
4	방충, 방서를 위한 적정 설비가 구비되어 있고 정기적으로 관리하고 있다.	

〈급식경영 관리〉

연번	점검사항	점검
1	단체급식 신고필증, 영양사 면허증, 조리사 자격증이 게시되어 있다.	
2	직접 조리한 음식을 제공하고 있다.	
3	식단표가 게시되어 있다.	
4	급식일지를 작성하고 보관하고 있다.	
5	위생점검일지를 작성하고 보관하고 있다.	
6	운영위원회를 통해 자체 점검을 실시하고 있다.	
7	급식내용을 공개(실물 전시, 홈페이지 게시 등)하고 있다.	

3) 조리 인력 교육

조리실에서 일하는 조리사나 도우미에게 기관에 대한 기본 정보와 업무에 대한 오리엔테이션을 실시히여 자신의 업무에 책임감을 갖도록 해야 한다. 조리인력을 위한 교육자료는 이 책의 제3장 '교직원 관리와 업무 분장'의 부분을 참고하여 진행한다.

오리엔테이션 후 교육자료는 관련 파일에 잘 보관해야 한다. 영유아기관의 평가에는 교직원에 대한 정기적인 교육 실시 기록이 포함되기 때문이다. 전문적인 자료로 교육을 실시하고 일상생활에서 지켜야 할 사항을 조리실에 게시하여 위생수칙을 키도록 한다. 조리인력뿐만 아니라 교사도 자주 손을 씻어서 개인위생관리를 위해 노력해야 한다.

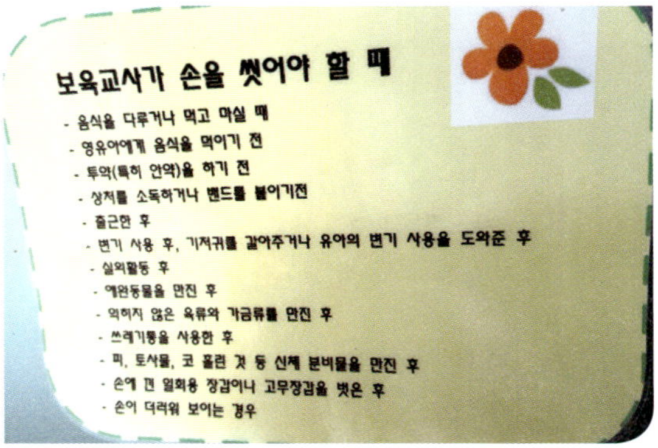

[그림 6-1] 세면대 주변의 손 씻기 게시물

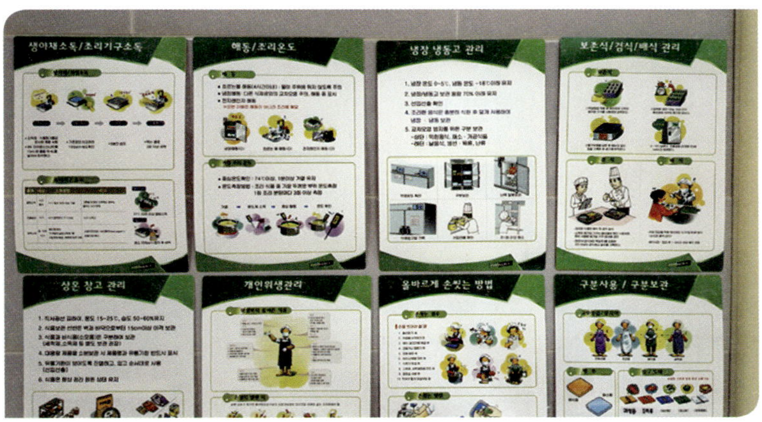

출처: 푸드머스.

[그림 6-2] 조리인력 위생수칙 게시 사진

조리인력 유의사항

- 화장실 갈 때 위생복 벗기
- 앞치마는 용도마다 바꿔 입기
- 세척 단계부터는 조리용 앞치마와 위생장갑 착용
- 식자재 검수 시에도 반드시 위생장갑 착용
- 배식 때도 위생모와 마스크 착용하여 귀와 코도 가리기
- 장신구 및 인조눈썹 금지
- 주 1회 이상 냉장고 성애 제거
- 도마 5가지 준비: 가공식품, 채소, 육류, 어류, 가금류
- 출근하자마자 손 씻기: 싱크대가 아닌 세면대에서 손목까지 씻기
- 조리과정에 껌 씹지 않기/통화하지 않기
- 검수 시 위생장갑 착용
- 배식 전 검식은 소독된 용기에 덜어서 수저로 검식하고 국자 사용 금지
- 식품 보관은 바닥과 벽으로부터 15cm 이상 떨어지게
- 방충망 등 항시 닫기: 외부 침입 방지
- 음식을 무칠 때는 기구와 장갑을 소독 후 휘발시킨 후 진행
- 요리 시 먼지나 이물질 혼입 방지를 위해 선풍기 사용 금지
- 세제와 음식은 별도 보관
- 퇴근 시 장갑은 안쪽도 세척하여 건조시키기
- 고무장갑은 전처리, 조리, 배식, 청소용으로 명확히 구분
- 보존식은 각 100g 어패류와 고기는 50g 이상 144시간 보관
- 채취자 성명 기록
- 환기구와 환기팬은 자주 세척, 소독
- 배수구, 유리 창틀, 에어컨 필터, 천장 먼지도 수시로 청소
- 조리는 채소 → 육류 → 어류 → 가금류 순서 지키기
- 정수기 소독 기록, 물받이도 매일 분리 청소
- 제조일자가 적힌 식품은 반드시 유통기한을 계산하여 메모 부착
- 사용하는 카트도 수세미로 닦고 소독 후 건조시켜 보관
- 과태료: 해충 증거 발견/부패 · 변질 식품 발견/유통기준 위반/위생모 미착용/칼 · 도마 미구분/건강진단 미실시/집단급식소 교육 미수료/조리사 교육 미실시/식중독 의심 진단

출처: KFIA 한국식품산업협회. 집단급식소 위생관리 온라인 교육 매뉴얼에서 발췌 후 요약.

바닥 · 벽 · 천장, 냉장고, 조리기구 등 시설 · 기기 등은 정기적인 청소 및 세척 · 소독을 해야 하는데 청결관리에 다음의 점검 일정을 참고하여 각 기관의 실정에 맞는 관리일정을 계획해 보기 바란다.

〈표 6-2〉 청결관리 일정

시기	청소기기 및 구역	비고
사용할 때마다	• 칼, 도마, 주방 가위 • 식사에 사용하는 그릇 • 냄비 등 조리 기구 • 장갑, 행주, 수세미 • 수저, 집게, 국자, 주걱 등 식기	
일별	• 가스레인지, 오븐 • 냉장고, 냉동고 • 배수구 • 식기 세척기 • 주방 벽과 바닥 • 화장실	
주별	• 조명, 환기시설 먼지 제거 • 보일러실	
월별	• 유리창 청소 및 방충망 청소 • 냉장고 등 식품 보관 장소	

교사들의 위생적인 배식 과정과 식사 지도방법은 『영유아건강교육』과 같은 과목에서 습득되었을 것이다. 급간식과 관련하여 현장의 지도방법과 정보가 더 필요할 경우 해당 도서를 참고하기 바란다: ① 김혜경. 『영유아건강교육』. 공동체. 2012. ② 김혜경. 『어린이집 개원하기』. 공동체. 2012.

2 건강을 위한 위생관리

1) 전염병 예방을 위한 안내

영유아기관이 부모 역할의 많은 부분을 수행하는 시대에 영유아의 건강관리에 관한 부분도 전문적이고 세심한 지식과 실행이 필요하다. 입학 시에 건강검진과 예방접종 증명을 필수로 받아 영유아 개인별 서류에 보관해야 하며 영유아들이 질환에 걸리지 않도록 많은 관리와 안내를 해야 한다. 담임교사는 등원시간의 시진을 통해 감염병의 증상 여부를 확인한다.

질병이 발생하면 경우에 따라 보건소와 해당 관할 관청에 보고해야 한다. 전염성 질환의 경우 집단 감염이 초래되지 않도록 격리하고 완치 후 등원하게 한다.

〈표 6-3〉 영유아기에 발생 가능한 일반 전염병

병명	발생상황	증상	예방대책		
			예방 접종	환자 격리	유의점
수족구병	• 여아보다는 남아가 더 잘 걸림 • 여름철에 잘 발생	• 입안이나 목에 작은 물집이 생기고, 손바닥이나 발바닥에도 작은 돌기가 나며, 그 끝에 물집이 맺힘	×	○	• 원인이 바이러스이므로 전염력이 강함
유행성 눈병	• 바이러스가 원인	• 눈이 쓰리거나 아픔 • 잠을 자고 일어나면 눈곱이 생겨 눈썹끼리 달라붙음 • 눈물이 자주 나고 벌겋게 충혈됨 • 밝은 광선에서 견디기 어려워함 • 손으로 눈을 자꾸 비빔	○	○	
유행성 독감	• 인플루엔자 바이러스가 원인	• 두통, 오한, 열, 구토, 기침이 발생 • 증상 후 5일까지 전염성이 높으므로 주의해야 함	○	○	
돌발성 발진	• 3세 이하의 유아가 잘 걸리며, 정확한 원인은 잘 모름	• 갑작스러운 고열과 경련이 일어남 • 눈 주위가 부음 • 발진이 주로 몸통, 목, 귀 뒤에 나타나며, 얼굴이나 다리에 발생함	×	○	
전염성 농가진	• 포도상구균이나 연쇄상구균이 원인임 • 여름철에 많이 발생	• 발진 부위에 수포나 농포를 형성하고, 이것이 터져서 누런 딱지를 형성함(불에 데인 것과 같은 모습)	×	○	• 항생제로 치료가 되며 영아는 부스럼 딱지가 모두 떨어질 때까지 격리
일본 뇌염	• 한국을 중심으로 중앙아시아 일대에서 발생 • 여름에 발생	• 초기에 두통, 팔다리 쑤심, 구토, 설사를 동반함 • 증상이 심할 때 고열, 흥분, 경련, 팔, 다리 마비 등이 있음 • 후유증으로 기억력, 계산능력이 나빠지고 언어장애, 운동장애가 일어날 수 있음	• 매개충인 모기에 물리지 않도록 주의 • 유행 시 환자를 격리하지 않고, 환자가 사용하던 물건의 소독도 필요 없음		

병명	발생상황	증상	예방대책		
			예방접종	환자격리	유의점
세균성 이질	• 인구밀도가 높은 지역에서 많이 발생 • 전염력이 매우 강함	• 설사, 심한 복통, 오한, 열이 나고 심하면 탈수와 허탈 상태에 빠짐			• 유행 시 보건소에 보고 • 음료수 정화/염소 소독이 중요 • 손을 청결히 할 것 • 대변의 위생적 처리 및 오염된 물건은 소독

〈표 6-4〉 영유아기에 발생 가능한 법정 전염병[10)]

병명	발생상황	증상	예방대책
디프테리아	• 11~4월에 발생 • 4세 이하의 환자가 전체의 60%	• 발열, 전신에 힘이 없고, 목 아픔 • 인후가 충혈되고 편도선에 위막이 형성됨 • 심하면 숨쉬기가 곤란하며 쉰 목소리가 남	• 유행 시 보건소에 보고 • 환자는 격리 • 유행 시 보건소에 보고
백일해	• 3~6월에 발생 • 전염률이 높음 • 일단 병에 걸리면 재발하지 않음	• 감기처럼 시작하여 기침이 점점 심해지고 경련성 해소 발작을 일으킴	• 유행 시 보건소에 보고 • 환자는 격리 • 유행 시 보건소에 보고
홍역	• 4~6월에 발생 • 만 2세 전후하여 잘 걸림 • 한 번 앓고 나면 면역이 됨	• 열, 두통, 근육통, 결막염 증상, 콧물, 재채기 • 귀의 뒤쪽, 목, 앞이마에 발진이 나타나 점차 아래로 퍼져서 마지막에 팔, 다리에 생김 • 39~40℃의 고열, 기침 • 발진이 사라지면 열이 내리고 증상이 사라짐	• 예방접종 • 발진이 일어난 후 일주일 동안 격리시킴
유행성 이하선염 (볼거리)	• 겨울과 봄에 많이 발생 • 한 번 앓고 나면 면역이 됨	• 오한, 두통, 미열이 1~2일간 계속 • 한쪽 또는 양쪽 볼이 커지며 붓고, 입을 벌리거나 음식을 삼킬 때 아픔	• 예방접종 • 환자는 격리 • 유행 시 보건소에 보고

10) 전염병 예방법에 의한 정해진 전염병으로 신고와 격리치료가 의무화되어 있다.

병명	발생상황	증상	예방대책
풍진	• 이른 봄에서 6월까지 많이 발생	• 두통, 근육통, 열이 나며 목 뒤의 림프절이 커지면서 발진이 생김 • 특히 목 뒤, 귀 뒤, 머리 뒤쪽이 부어서 만지면 아픔 • 발진 첫날은 얼굴과 목에, 다음 날은 가슴, 등, 팔 등에 새롭게 나타남	• 예방접종 • 감염된 환자는 격리시킴

위와 같은 전염병이 발생될 가능성이 있는 시기에는 기관의 특성에 맞게 감염예방을 위한 안내를 해야 한다. 관할 관청이나 보건소 등에서 배부하는 자료를 토대로 작성하여 게시하거나 배부한다.

[그림 6-3] 보건복지부와 질병관리본부에서 기관에 배부하는 예방안내 자료

국가수준이나 관련 단체에서 제공하는 안내 자료와 함께 기관이 상황에 따른 안내 자료를 자체 제작한다.

아이 무서워! 여름철 식중독

▶ 식중독 너 어디서 왔니?

- 포도상구균
  세균이 번식할 때 포도송이 형태로 모양을 이루며 상처 난 손, 화농성 질환자, 전염병 환자 및 보균자에 의해 음식물이나 조리기구에 오염되어 전염됩니다.
- 살모넬라균
  여름철 가장 많이 일어나는 식중독으로 육류와 달걀로 만든 식품의 저장 및 보관상에서 균이 오염되어 나타납니다.
- 비브리오
  어패류와 그 가공품에서 많이 일어나며 여름철 익히지 않은 식품을 섭취했을 때 세균이 살균되지 않아 일어납니다.
- 보톨리누스균
  가공식품, 특히 통조림에서 많이 발생되며 독소가 강해 식중독이 일어나면 치명적입니다.

▶ 식중독 예방은?

- 안전을 위하여 신선한 식품을 선택합니다.
- 모든 음식물은 익혀서 먹고 물은 반드시 끓여 먹습니다.
- 한 번 조리된 식품은 철저하게 재가열하여 먹습니다.
- 날 음식과 조리된 식품이 섞이지 않도록 합니다.
- 생선을 손질할 때는 아가미, 내장 등을 제거한 뒤 흐르는 수돗물에 깨끗이 씻어 끓여 먹고, 칼, 도마도 잘 소독합니다.
- 손에 상처가 났을 때는 육류, 어패류를 만지지 않습니다.

▶ 식중독 치료는?

- 수분을 충분히 섭취해 탈수를 예방합니다.
- 끓인 물이나 보리차 1L에 찻숟가락으로 설탕 4술, 소금 1술을 넣어 조금씩 마십니다.
- 1～2일 지나도 설사가 멎지 않을 때, 복통과 구토가 심할 때, 열이 많을 때, 대변에 피가 섞여 나올 때는 병원을 찾아 적절한 치료를 받는 게 좋습니다.
- 설사약은 함부로 복용하지 않습니다.

겨울철 전염성 질환 주의!

전국에 인플루엔자(독감) 유행주의보가 내려진 가운데 환자 수가 늘어 주의가 요구됩니다. 특히, 학생들 사이에서 인플루엔자 바이러스가 빠르게 퍼지고 있고 어린 형제자매들에게도 전이되고 있습니다. 흔히 독감으로 불리는 인플루엔자는 감기와는 다릅니다. 인플루엔자 바이러스는 호흡기(코, 인후, 기관지, 폐 등)로 감염되어 생기는 병입니다. 감기와 달리 증상이 심하고 생명에 위협을 줄 수 있는 합병증을 유발할 수 있습니다.

증상은 기침, 콧물, 두통, 발열, 근육통 등이며, 바이러스에 노출된 후 평균 2일 정도 지나면 나타납니다. 영유아는 성인과는 달리 구토, 설사 등이 동반될 수 있습니다.

질병관리본부는 "65세 이상 노인, 소아, 임신부 등 고위험군은 예방접종을 권한다."라면서 "인플루엔자는 기침이나 콧물 등 분비물을 통해 쉽게 감염되므로 손 씻기, 기침 에티켓(휴지, 옷깃 등으로 입을 가리고 기침) 등 개인 위생수칙을 잘 지켜 줄 것"을 당부했습니다.

독감으로 진단을 받은 영유아는 반드시 어린이집에 알리고 완치 후 등원해 주시기 바랍니다. 집단보육의 특성상 가정 보육을 해야 함을 양해해 주시기 바랍니다.

최근 전국적으로 노로바이러스 감염증 집단발생 사례가 보고되고 있으며 음식을 공동으로 섭취하는 설 연휴를 계기로 수인성 질환이 집단발생할 우려가 높아지고 있습니다. 가족 모두 개인위생에 유의해 주시기 바랍니다.

20 . 2. 13.

○○○○ 유치원장

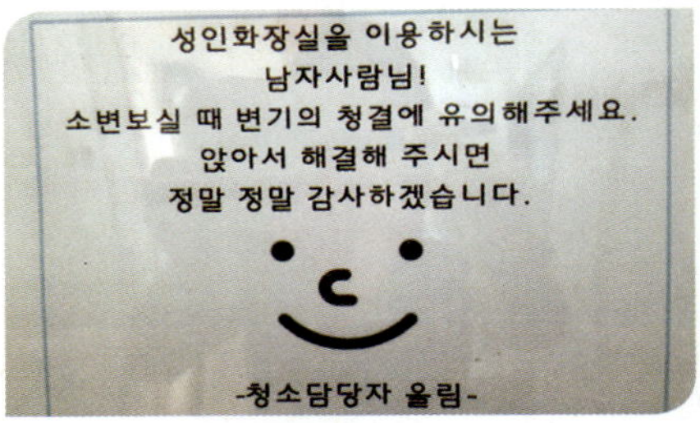

수족구병 발생 및 위생관리 안내

전국적으로 유행하고 있는 수족구병 증상이 우리 어린이집의 영유아에게도 발생되었습니다. 수족구병이란 엔테로 바이러스에 의해 여름과 가을철에 영유아가 많이 감염되는 질환으로 혀, 잇몸, 뺨의 안쪽 점막과 손, 발 등에 수포성 발진이 생기며 바이러스에 감염된 사람의 호흡기 분비물(침, 가래, 코) 또는 대변 등을 통해서 다른 사람에게 전파됩니다. 어린이집에서는 환아 격리, 놀잇감의 청결 관리, 소독액 분무 등을 통한 위생관리방법으로 감염을 최소화하겠습니다.

감염위험이 있는 질환으로 진단을 받은 영유아는 반드시 어린이집에 알리고 완치 후 등원시켜 주셔야 합니다. 집단보육의 특성상 가정보육을 해야 함을 양해해 주시기 바랍니다.

ㅇㅇㅇㅇ어린이집의 영유아들이 건강하게 여름을 보낼 수 있도록 협조해 주시고 어린이집에 함께 출입하는 성인들도 꼭 손을 씻고 오시기 바랍니다.

가정에서도 예방과 치료에 아래의 내용을 참고해 주시기 바랍니다.

- 장난감, 놀이기구, 집기 등을 청결(소독)히 하기
- 환아의 배설물이 묻은 옷 등을 철저히 세탁하기
- 수족구병 환자와 접촉을 피하고 수족구병이 의심되면 바로 병 · 의원에서 진료를 받고 스스로 자가 격리하기

- 손 씻기의 생활화: 외출 후/배변 후/식사 전 · 후/기저귀 교체 전 · 후

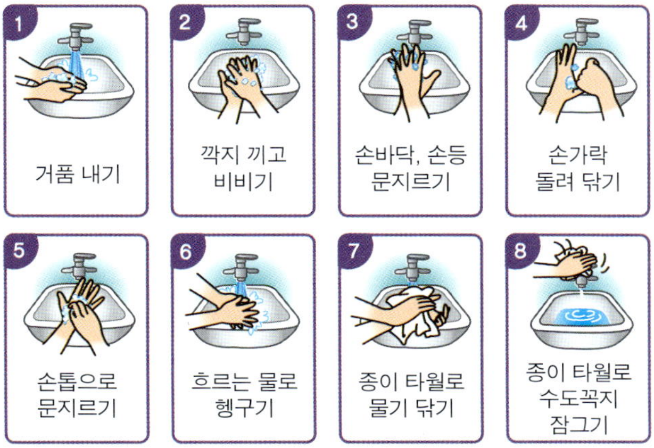

2) 위생관리

영유아와 교직원의 건강을 지키기 위해 기관에서는 위생관리에 만전을 기해야 한다. 영유아기관의 다양한 평가에서 위생관리는 많은 부분을 차지하고 있다. 건강, 영양, 안전을 평가받기 위해 다음과 같이 다양한 문서를 갖춰야 한다.

- 영유아를 위한 급간식 위생 체크 리스트 및 식단표
- 교직원 건강 및 영양교육
- 안전, 소방, 위생점검 리스트
- 감염병 예방 및 관리 대책
- 재난대피 훈련 및 안전교육
- 투약의뢰서
- 영유아 사고
- 비상시 대처방안에 따른 업무 분담 및 비상연락망
- 보육교직원의 건강관리
- 옥외놀이터와 놀이기구
- 방역일지
- 수질, 공기질 측정검사
- 폐기물 관리 대장
- 식품 알레르기 관리와 대체 식단

위 항목에 따라 갖춰야 하는 다양한 문서의 양식은 한국보육진흥원 홈페이지나 각 지방자치단체의 육아종합지원센터 홈페이지에서 다운받아 사용할 수 있다. 위생관리를 위한 점검표를 참고해 보기 바란다.

〈표 6-5〉 오늘의 점검사항(보육실 위생 및 개별 침구 청결관리)

위생 관련 점검	대청소	칫솔 양치컵 물컵	교구장 책상/ 모서리 보호대	전기 콘센트, 플러그	수유 용품 및 물준비	휴지통	교실 바닥	유리창	개별 침구 및 쿠션커버	교실 내 환기 실시 여부						놀잇감 소독 및 세척
										등원 시	실내 놀이 후	간식 후	식사 후	낮잠 후	청소 시	
실행 횟수	주 1회	매일 소독	매일 (수시)	매일 (수시)	매일	매일	매일 (수시)	주 1회	주 1회	매일	매일	매일	매일	매일	매일	주 1회
점검		○	○	○	○	○	○			○	○	○	○	○	○	

〈표 6-6〉 정수기 위생 점검표

• 정수기 업체의 정기방문 기록

정수기 청소 및 필터교환	점검 확인
	20 년 월 일

• 매일의 자체 점검 기록

월 점검 내용	점검상태																														조치사항
	1	2	3	4	5	6	7	8	9	10	11	12	13	14	15	16	17	18	19	20	21	22	23	24	25	26	27	28	29	30	
1. 정수기 주변 및 바닥이 청결하다.																															
2. 물받이에 물이 넘치지 않도록 확인한다.																															
3. 사용한 컵과 새 컵을 따로 분류해 놓는다.																															
4. 사용한 컵을 깨끗이 씻어 살균, 소독한다.																															

기관에서 실행하고 있는 각종 위생관리 내용에 대해 부모에게 알리고 가정에서도 함께 노력할 수 있도록 한다.

어린이집 방역소독 안내

더운 여름이 되면서 머릿니, 수족구병 등 각종 감염병이 염려되는 시기입니다.
위생적이고 쾌적한 환경을 위한 방역소독이 다음과 같이 진행됩니다.
천연 살균제를 사용하므로 인체에 무해합니다.

일시: 20 . 6. 24. 화요일 아침 7:30~9:30
업체 : ○○환경(02-000-7755)
작업내용: 공중부유 살균소독 / 장난감 살균소독 / 무인자동 살균소독
천연 항균소독 / 해충 방제 소독
소독범위: 어린이집 내부 및 외부 전체

급간식이나 건강관리 등의 위생적 취급기준은 'KFIA 한국식품산업협회 집단급식소 위생관리 매뉴얼'(2016)을 참고하기 바란다. 일목요연하게 정리하여 이해가 쉽도록 정리되어 있다. 한국식품산업협회에서 제공되는 교육과정과 홈페이지의 몇 가지 예를 보면 다음과 같다.

식품 등의 위생적 취급기준

관련 규정: 「식품위생법」 제3조 제3항에 따른 「식품위생법 시행규칙」 제2조(식품 등의 위생적인 취급에 관한 기준) [별표 1]

1. 식품 등을 취급하는 원료보관실 · 제조가공실 · 조리실 · 포장실 등의 내부는 항상 청결하게 관리하여야 한다.
2. 식품 등의 원료 및 제품 중 부패 · 변질이 되기 쉬운 것은 냉동 · 냉장시설에 보관 · 관리하여야 한다.
3. 식품 등의 보관 · 운반 · 진열 시에는 식품 등의 기준 및 규격이 정하고 있는 보존 및 유통기준에 적합하도록 관리하여야 하고, 이 경우 냉동 · 냉장시설 및 운반시설은 항상 정상적으로 작동시켜야 한다.
4. 식품 등의 제조 · 가공 · 조리 또는 포장에 직접 종사하는 사람은 위생모를 착용하는 등 개인위생관리를 철저히 하여야 한다.
5. 식품 등의 제조 · 가공 · 조리에 직접 사용되는 기계 · 기구 및 음식기는 사용 후에 세척 · 살균하는 등 항상 청결하게 유지 · 관리하여야 하며, 어류 · 육류 · 채소류를 취급하는 칼 · 도마는 각각 구분하여 사용하여야 한다.

KFIA 한국식품산업협회
온라인 식품위생교육

기본 사항을 지키지 않을 경우 과태료를 부과당할 수 있다.

〈표 6-7〉 위반행위에 따른 과태료

위반행위	과태료
• 위생적 취급기준 위반(법 제3조, 법 제88조 준용 시 포함)	
가. 식품 등을 취급하는 원료보관실 · 제조 가공실 · 조리실 · 포장실 등의 내부에 위생 해충을 방제 및 구제하지 아니하여 그 배설물 등이 발견되거나 청결하게 관리하지 아니한 경우	50만 원 이상
나. 식품 등의 원료 및 제품 중 부패 · 변질이 되기 쉬운 것을 냉동 · 냉장시설에 보관 · 관리하지 아니한 경우	30만 원 이상
다. 식품 등의 보관 · 운반 · 진열 시에 식품 등의 기준 및 규격이 정하고 있는 보존 및 유통기준에 적합하도록 관리하지 아니하거나 냉동 · 냉장시설 및 운반시설을 정상적으로 작동시키지 아니한 경우	30만 원 이상
라. 식품 등의 제조 · 가동 · 조리 또는 포장에 직접 종사하는 사람에게 위생모를 착용시키지 아니한 경우	20만 원 이상
마. 제조 · 가공(수입품을 포함한다)하여 최소 판매 단위로 포장된 식품 또는 식품첨가물을 영업허가 또는 신고하지 아니하고 판매의 목적으로 포장을 뜯어 분할하여 판매한 경우	20만 원 이상
바. 식품 등의 제조 · 가공 · 조리에 직접 사용되는 기계 · 기구 및 음식기를 사용한 후에 세척 또는 살균을 하지 아니하는 등 청결하게 유지 · 관리하지 아니한 경우 또는 어류 · 육류 · 채소류를 취급하는 칼 · 도마를 각각 구분하여 사용하지 아니한 경우	20만 원 이상
• 건강진단 미실시(법 제40조 제1항, 법 제88조 준용 시 포함)	
가. 건강진단을 받지 아니한 영업자(위탁급식영업자에게 위탁한 집단급식소의 경우는 제외한다.)	20만 원
나. 건강진단을 받지 아니한 종업원	10만 원
• 건강진단 미실시(법 제40조 제3항, 법 제88조 준용 시 포함)	
가. 건강진단을 받지 아니한 자를 영업에 종사시킨 영업자	
1) 종업원 수가 5명 이상인 경우	
– 건강진단 대상자의 100분의 50 이상 위반	50만 원
– 건강진단 대상자의 100분의 50 미만 위반	30만 원
2) 종업원 수가 4명 이하인 경우	
– 건강진단 대상자의 100분의 50 이상 위반	30만 원
– 건강진단 대상자의 100분의 50 미만 위반	20만 원
나. 건강진단 결과 다른 사람에게 위해를 끼칠 우려가 있는 질병이 있다고 인정된 자를 영업에 종사시킨 영업자	100만 원

위반행위	과태료
• 교육을 받지 아니한 경우(법 제41조 제5항, 법 제88조 준용 시 포함) 가. 위생교육을 받지 아니한 영업자 또는 집단급식소의 설치 · 운영자(위탁급식영업자에게 위탁한 집단급식소의 경우는 제외) 나. 위생교육을 받지 아니한 종업원	20만 원 10만 원
• 교육을 받지 아니한 경우(법 제41조 제5항, 법 제88조 준용 시 포함) – 위생교육을 받지 아니한 종업원을 영업에 종사시킨 영업자 또는 집단급식소의 설치 · 운영자(위탁급식영업자에게 위탁한 집단급식소의 경우는 제외)	20만 원
• 교육을 받지 아니한 경우(법 제56조 제1항) – 영양사 · 조리사 위생교육을 받지 아니한 경우	20만 원

매년 6월경 영유아기관의 관할 관청이나 지역 보건소는 다음과 같은 안내문으로 기관을 지도하고 있다.

식중독 발생 신고 요령

(1) 초동 조치

- 발생 신고
  - (의무) 의사 · 한의사나 의심환자 발생 집단급식소 설치 · 운영자는 의무적으로 식중독 발생 사실을 지체 없이 관할 시장 · 군수 · 구청장에게 보고
    * 집단급식소 설치 · 운영자가 미보고 시 과태료 200만 원(식품위생법 제86조 제1항)
- 발생 보고
  - 시장 · 군수 · 구청장은 의사 등의 보고를 받은 때에는 지체 없이 그 사실을 식품의약품안전처장, 시 · 도지사에게 보고하고 원인을 조사하여 그 결과를 보고

(2) 현장 조치

- 환자 등을 대상으로 증상, 섭취 음식물, 장소, 가검물 채취, 설문조사 등 실시
  - 영업장 · 시설의 식재료, 칼 · 도마, 음용수, 종사자 가검물 등 수거 검사 의뢰
    * 학교와 50인 이상 대규모 발생 시 관할 지방식약청(원인 조사반)에 즉시 유선통보하고, 현장에 함께 출동 조치
    * 식품위생부서 : 환경 · 식품 위주 검사, 보건소(감염병부서) : 환자 위주 검사

(3) 사후 조치

- 검사 결과에 따라 관련 식품 사용금지 및 폐기조치, 식중독 예방교육 등 사후조치 실시
  - 최종 역학조사 결과에 따라 영업장 등 시설에 대해서 행정처분 실시

CHAPTER 7

영유아와 학급관리

1. 원아모집과 반 편성

2. 신입 원아 적응절차

1 원아모집과 반 편성

1) 원아모집

어린이집과 같은 국가수준의 기관은 부모가 대기자 신청을 해 놓은 인터넷시스템(예: 서울특별시보육포털 대기신청) 상에서 자동계산이 된 순위에 따라 입학의 차례가 정해진다. 기초생활보호대상자, 한부모 가정, 다문화 가정, 다자녀 가정, 맞벌이 가정 등이 가산점을 받아 우선순위가 된다. 대부분의 부모는 자신들의 거주지나 직장 근처의 여러 기관에 대기자 신청을 하기 때문에 허수(imaginary number)가 많다. 어린 연령일수록 순간적인 판단으로 등록을 하였다가 취소하는 사례도 많다. 저자의 경험상 대기자 전체 숫자의 약 1/3 정도를 입학 가능한 인원으로 추정하면 무난하다. 지역사회에서 원아모집과 관리에 소홀하면 그 기관의 운영은 성공할 수 없다. 아무리 좋은 시설과 인력을 갖춘다고 해도 부모들이 입학을 희망하지 않는 기관은 대기자가 적을 수밖에 없다. 다양한 방식으로 기관의 좋은 이미지를 알려야 한다.

각 기관의 위치나 여건에 따라 여러 가지 홍보방법을 활용할 수 있다. 간판이나 현수막, 홈페이지 제작 등을 함께 해 주는 업체가 많으므로 각종 홍보물의 디자인을 일관되게 제작하면 세련된 느낌을 줄 수 있다. 일반적인 방법은 다음과 같다.

- 간판: 분명하게 보이는 크기와 모양으로 제작하여 청결하게 관리한다.
- 현수막: 글자 및 도안을 간결하게 구성하고 잘 띄는 곳에 부착한다. 현수막 광고는 원칙적으로 불법이며 공동 현수막 부착 지점으로 명시된 곳에만 일정 기간 동안 게시할 수 있다. 차량의 측면에 부착하여 왕래가 많은 위치에 일정 시간 주차시켜 홍보하는 방법을 사용하기도 한다.
- 포스터: 유동인구가 많은 지역의 게시판을 이용한다. 담이나 건물 벽에 부착하는 것은 불법이므로 아파트 단지 내 게시판이나 상가 게시판에 부착하는 방법을 찾아본다. 대부분 유료이며 정해진 기간 동안 부착이 허용된다.

- 인쇄물: 인쇄물은 한 장의 형태, 팸플릿(pamphlet)과 같은 형태를 생각해 볼 수 있다. 내용은 간단명료하게 구성하고 위치, 연락처, 입학순위, 환경, 원장 프로필, 교사진, 프로그램 개요 등을 담아 구성한다.

원아모집을 위한 실제 사례와 방법은 아래의 도서를 참고하기 바란다: ① 김혜경. 『어린이집 개원하기』. 공동체. 2012. ② 김혜경. 『개정 영유아교육기관 운영관리』. 창지사. 2011.

2) 반 편성과 개인별 문서

국가수준의 기관은 연도별 기간에 따라 연령별 학급이 구성된다. 교사 대 영유아의 비율 역시 국가가 정해준 기준에 따라 구성해야 한다. 어릴수록 교사 대 영유아의 비율이 낮다. 2021년 현재 어린이집의 기준을 보면 0세는 교사 1인당 영아 3명, 1세는 5명, 2세는 7명으로 구성된다. 교실 면적에 따라 2세반이 14명의 영아로 구성되면 교사는 2인이 투입되는 방식이다. 유아의 경우 3세는 교사 1인당 15명, 4세와 5세는 20명이다. 유치원의 경우 각 지방자치단체의 연령별 인가 기준이 다르고 대부분 어린이집보다 유아 수가 많다.

데커와 데커(Decker & Decker)는 반 구성을 위한 최대 인원수를 2세 이하는 8명으로 1:4, 2~3세는 10~12명으로 1:5~6, 4세 이상은 16~20명으로 1:8~10의 비율을 권장하고 있다(김혜경, 2011, 재인용). 만 3세 이상 유아반은 너무 적은 수의 유아로 학급이 구성될 경우 흥미 영역 활동이 활발하게 이루어지지 않는다. 반면, 개별적 보살핌의 요구가 많은 영아반은 많은 수로 학급이 구성될 때 일과 운영에 어려움이 있다. 아직은 집단 내의 많은 규칙을 이해하기 어렵고 자조능력이 부족한 발달 특성을 고려한다면 지금의 기준보다 적은 비율의 편성이 요구된다.

외동아이가 많은 우리 사회의 특성을 고려하여 사회성 발달에 가치를 두는 혼합연령반의 장점도 일부 부각되고 있으나 국가기준에 따라 대부분 단일 연령별 학급

구성을 하고 있다. 혼합 연령의 경우 동시에 여러 연령의 수업과 관리를 해야 하는 부담이 있기 때문에 교사의 더 많은 능력이 필요하다. 학급 운영과 교수 학습활동은 단일 연령 학급에서 훨씬 용이하다.

학급의 이름은 연령의 특성, 운영자의 철학, 기관의 성격에 따라 다양하게 정해진다. 역사가 오래된 기관은 무궁화반, 개나리반, 장미반과 같은 식물이름이나 병아리반, 토끼반, 기린반과 같은 동물이름과 별반, 달반, 지구반과 같은 천체 관련 이름이 많다. 푸른 바다반, 맑은 시내반, 높은 하늘반과 같은 자연친화적인 이름과 비비추반, 개미취반, 패랭이반과 같은 야생화 이름도 있다. 다솜(사랑)반, 라온(즐거운)반, 미리내(은하수)반 등의 순우리말 이름도 있다. 창의반, 용기반, 사랑반 같은 교육목표 지향적인 이름과 가람(강), 나래(날개), 도담(야무지고 탐스러움)과 같은 가나다 순서를 따라 지은 이름도 있다. 나무의 성장단계로 씨앗반, 잎새반, 줄기반 등의 이름이나 연령에 따라 가가, 나나, 다다 혹은 도도, 레레, 미미 등의 진급을 의미하는 순서 지향의 이름도 있다. 글로벌 시대의 교육을 표방하고 하버드, 옥스퍼드, 베이징 등의 세계 유수대학을 반 이름을 지정한 기관도 있다.

이상적인 기관을 계획해 보고 그에 맞는 기관의 이름과 각 학급명을 만들어 보는 작업을 권한다. 팀별로 해 보는 것도 재미있는 과업이 된다.

학급의 이름을 지어 보는 작업에 앞서 기관의 이름도 생각해 본다. 기관의 이름은 운영철학과 이미지를 담게 되므로 학급 이름보다 중요한 의미를 갖는다. 다음의 예를 참고해 보기 바란다.

기관명: 나비유치원
의 미: 1. 도심의 아파트 단지 내에서 자라지만 단지와 인접한 공원을 활용하여 생태교육을 경험하고 나비처럼 자유롭게 생각을 키우며 자라는 유치원이라는 뜻
2. 영유아들이 자기 주도적인 놀이와 학습을 할 수 있어야 한다는 생각으로 '나로부터 비롯되는 행복'의 뜻
3. 설립자의 호

인가기준에 따라 책정된 정원으로 반 편성을 하고 각 연령의 특성에 적합한 담임교사를 배치한다. 어린 연령의 학급일수록 수유, 이유식 제공, 응급 시 대처할 수 있는 능력 등 육아 경험이 있는 교사의 배치가 무난하다. 어린 영아를 안아 주고 업어 주면서 달래고 민첩하게 요구에 반응해 주는 과정에서 유아반 교사보다 영아반 교사의 신체 움직임이 많다. 유아반 교사는 교구교재를 활용한 수업을 능숙하게 하고 많은 수의 유아를 교육하고 보호할 수 있는 성향과 능력이 있어야 한다.

각 학급에 담임교사가 배정이 되면 누리과정이나 표준보육과정과 같은 국가수준의 커리큘럼을 토대로 1년 동안 어떻게 학급운영을 할 것인지 그 방향을 잡아야 한다. 원장의 운영방침, 물리적 환경의 여건, 기관이 속해 있는 지방자치단체의 특성 등을 고려하여 연령별 계획을 세운다.

각 학급에 편성된 영유아가 입학할 때 다음과 같은 서류를 받아 파일에 정리해 놓아야 한다. 건강검진기록, 예방접종 기록과 함께 영유아 개인별 자료는 기관의 평가과정에서 세밀하게 점검된다.

입소신청서

아래의 영유아가 귀 어린이집에 입소하고자 신청합니다.

년 월 일

신청자: (인)

<table>
<tr><td rowspan="7">신
청
인
보
호
자</td><td>신청인</td><td colspan="2"></td><td>관 계</td><td></td></tr>
<tr><td>연락처</td><td colspan="2"></td><td>집전화</td><td></td></tr>
<tr><td>주 소</td><td colspan="4"></td></tr>
<tr><td>입소 영유아의 가족 현황</td><td colspan="4">□부 □모 □조부 □조모 □기타(명)</td></tr>
<tr><td rowspan="2">비상 연락</td><td colspan="4">성명: 관계: 연락처:</td></tr>
<tr><td colspan="4">성명: 관계: 연락처:</td></tr>
<tr style="display:none"></tr>
<tr><td rowspan="6">대
상
영
유
아</td><td>이 름</td><td colspan="3">(성별: □남 □여)</td><td rowspan="4">사진</td></tr>
<tr><td>주민등록번호</td><td colspan="3"></td></tr>
<tr><td>건강상태</td><td colspan="3">□건강 양호 □허약 □질병 □기타</td></tr>
<tr><td>특이사항</td><td colspan="3"></td></tr>
<tr><td rowspan="2">타 시설 이용 경력</td><td>이용시기</td><td colspan="3">□만 0세부터 □만 1세부터 □만 2세부터
□만 3세부터 □만 4세부터</td></tr>
<tr><td>시설유형</td><td colspan="3">□가정 □민간 □국공립
□유치원 □기타</td></tr>
</table>

○○○ 어린이집 원장 귀하

- 「정보통신보호법」에 따라 본인 동의 없이 추가 작성이나 외부 유출 및 영유아지원정책 외 용도로 사용하지 않는 조건으로 정보 이용에 동의합니다.

<table>
<tr><td colspan="4">등원 · 귀가 동의서</td></tr>
<tr><td>반 이 름</td><td></td><td>영유아명</td><td></td></tr>
<tr><td>등원 시간</td><td>(오전) 시 분</td><td>등원 시 보호자</td><td>□ 부모 □ 조부모
□ 기타</td></tr>
<tr><td>귀가 시간</td><td>(오후) 시 분</td><td>등원 · 귀가방법</td><td>□ 부모 □ 조부모
□ 기타</td></tr>
<tr><td rowspan="2">귀가 동의자</td><td colspan="3">성명: 관계: 연락처:</td></tr>
<tr><td colspan="3">성명: 관계: 연락처:</td></tr>
<tr><td rowspan="2">학원 이용</td><td colspan="3">학원명: 관계: 연락처:</td></tr>
<tr><td colspan="3">학원명: 관계: 연락처:</td></tr>
<tr><td colspan="4">귀가 동의서</td></tr>
<tr><td colspan="4">위 영유아의 귀가 시 위의 보호자에게 인도하여 주십시오.
위의 보호자 이외의 다른 사람에게 인계할 때는 사전에 반드시 연락을 취하겠습니다.

날짜: 년 월 일 (서명 또는 인)</td></tr>
<tr><td colspan="4">등원 · 귀가 시 유의사항</td></tr>
<tr><td colspan="4">※ 부모님의 상황이 변함에 따라 등원과 귀가에 관한 내용이 변동될 경우에는 반드시 어린이집으로 알려 주시기 바랍니다.
※ 귀가 시 인계자 명단에 기재되지 않은 성인이 영유아를 귀가시킬 수밖에 없는 경우 부모는 사전에 알려 주어야 영유아를 데리고 갈 수 있습니다.
※ 위 영유아가 기록된 사항에 의해 등원 및 귀가할 수 있도록 약속을 부탁드립니다.
※ 우리 유치원에서는 부모님이 원하시더라도 유아를 보호자 없이 혼자 귀가시키지 않습니다.
※ 등원 및 귀가 동의서는 자필로 기재하고 서명해 주시기 바랍니다.</td></tr>
</table>

응급처치 동의서

■ 원아기본정보

성명	(남, 여)	반 이름	
주소		주민등록번호	

■ 보호자 연락처

성명	관계	연락처(1)	연락처(2)	비고

■ 응급처치 절차

1. 응급상황 발생 시 위의 보호자께 연락해 주십시오.
2. 영유아의 의료보험 관련 정보는 다음과 같습니다.

   건강보험 종류 ____________________

   번호 ____________________
3. 필요한 경우 119구조대에 연락하며 (어린이집에서 지정하는 의료기관이나, 보호자가 정한 의료기관)으로 응급수송해 주십시오.

위 원아의 귀가 시 위의 보호자에게 인도하여 주십시오. 다른 사람에게 인계할 때에는 사전에 반드시 연락을 취하겠습니다.

※ 저희 어린이집에서는 부모님이 원하시더라도 영유아를 보호자 없이 혼자 귀가시키지 않습니다.

- 등하원 방법: □ 통학버스 □ 보호자 동행
- 귀가 요청 시간: ___시 ___분

귀 어린이집에서 위의 절차에 따라 귀가 및 응급처리를 하는 것에 동의합니다.

년 월 일

보호자 인(서명)

개인정보 수집 · 이용 동의서

○ ○ ○(사유)을 위하여 「개인정보 보호법」에 따라 개인정보 수집 · 이용에 대한 내용을 알려 드리니 동의하여 주시기 바랍니다.

[법률근거] 「개인정보 보호법」 제15조 「개인정보의 수입 · 이용에 관한 법률」

[수집 · 이용 항목] 이름, 주민등록번호, 연락처(전화번호, 휴대폰 번호), 이메일, 주소

[수집 · 이용 목적] ○ ○ ○ 관리를 위한 목적으로 이용되며, 수집한 개인정보는 다른 목적으로 사용되지 않습니다.

[이용 및 보유기간] ○ ○ ○이 종료되는 시점에서 수집한 개인정보는 폐기됩니다.

[동의 거부 및 불이익] 위의 개인정보 수집 · 이용에 관한 내용에 동의하지 않는 경우에는 ○ ○ ○이 불가합니다.

□ 동의함 □ 동의 안 함

이름: (인)

○○○○ 유치원장

1년의 학급 담임을 마친 후에는 다음의 서류와 업무 등을 인수인계한다.

인계기간	2월 마지막 주 월~금			
항 목	세부 내용	확인사항	조치	결과
서류 관련	– 주간 계획안 / 월간 계획안 / 연간 계획안 – 일일보육 일지 – 부모면담 일지 – 관찰일지 및 발달 보고서			
교구교재 관련	– 교구교재 대장과 구입품목 누락 여부 확인 (업무 분장 관련 인수・인계가 이루어질 수 있도록 함) – 교구교재 파손 및 수선 여부 확인 * 누리비 지원 교구 별도 확인			
시설 및 교실상태	– 문, 창문, 벽면, 붙박이장, 블라인드 등 파손 및 수선 여부 확인 – 책상, 의자, 교구장, 사물함 등의 비품 관련 파손 및 수선 여부 확인 – 카세트, 컴퓨터, 청소기, 공기청정기, TV 등의 가전제품 파손 및 수선 여부 확인			
보완 의견				

위 내용으로 ○○반의 업무와 문서를 인수・인계하였음을 확인합니다.

년 월 일

인계자: (인)

인수자: (인)

○○○○ 유치원

2 신입 원아 적응절차

영유아가 부모와 떨어져 낯설고 생소한 기관에 있게 되는 경험은 심한 분리불안을 초래한다. 부모가 떠나려고 할 때 영유아가 큰 소리로 울고 뒹구는 등 자신이 할 수 있는 모든 방법으로 불안을 표현하게 된다. 영유아로서는 당연한 행동이므로 부모와 교사는 영유아가 낯선 상황에 익숙해지고 교사에 대한 신뢰감을 가질 수 있도록 초기 적응과정을 도와주어야 한다. 적응기간에 부모가 적극적으로 협력할 수 있도록 안내하여 신입 원아의 적응과정은 보호자와 함께 교실 탐색하기, 단축 보육 등으로 최소 1주일 이상 집중적이고 체계적으로 진행되어야 한다. 신입원아의 적응과정은 일반적으로 다음과 같이 진행된다.

〈표 7-1〉 진행과정 - 영아

구분	시간	기간	내용
첫날	9:30~10:30	3월 2일	보호자와 함께 등원하여 환경을 둘러보고 귀가한다.
1단계 짧게 방문하기	9:30~11:00	3월 3일~ 3월 6일	보호자와 함께 등원하여 교실에서 짧게 놀이한 후 귀가한다.
2단계 부모와 잘 헤어지기	9:30~11:30	3월 9일~ 3월 13일	보호자와 함께 등원하되, 보호자는 교실 밖에서 기다리고 영아가 도움을 요청하면 도움을 준다.
3단계 오전 놀이 점심 식사	9:30~12:30	3월 16일~ 3월 20일	보호자는 전 영아를 등원시킨 후 점심 식사를 하고 낮잠시간에 영아를 데려간다.
4단계 낮잠 자기	9:30~15:30	3월 23일~ 3월 27일	보호자는 영아를 등원시킨 후 낮잠이 깨기 전에 원에 도착하여 영아가 깨었을 때 안심할 수 있도록 해 준다.
5단계 하루 종일 지내기	16:00 이후 개별 귀가	3월 30일~	영아가 오후 간식을 먹고 난 후 자유로운 시간에 귀가한다.

〈표 7-2〉 진행과정 - 유아

구분	시간	기간	내용
1단계 짧게 방문하기	9:30~11:00	2일	보호자와 함께 등원하여 오전 간식과 실내 자유선택활동을 한 후 귀가한다. 보호자는 유아와 함께 있거나 교실 밖에서 기다려 준다.
2단계 점심 식사	9:30~12:30	2일	유아는 점심을 먹고 귀가한다. 보호자는 헤어져 있다가 시간에 맞춰 유아를 데리러 온다.
3단계 낮잠 자기	9:30~16:30	1일	유아는 점심 후 양치 및 낮잠을 자고 귀가한다. 보호자는 유아가 깨는 시간에 맞춰 데리러 온다.
4단계 하루 종일 지내기	16:00 이후 개별 귀가		종일수업을 하고 자유로운 시간에 귀가한다.

적응 기간이 끝난 후에는 원하는 시간에 귀가하며 적응 정도에 따라 기간이 달라질 수 있다. 좀 더 구체적인 계획을 세우기 위해 다음의 도서를 참고한다: 김혜경. 『보육교사인성론』. 창지사. 2020. 제7장 영유아와의 적응.

교사는 신입 원아들을 위한 관찰일지를 작성하여 지도방법을 모색해야 한다. 신입 원아의 적응이 끝나면 모든 영유아에 대한 관찰일지를 작성하고 지도방법을 찾는다. 대부분의 기관에서는 매월 작성된 관찰일지를 원장의 결재를 받아 보관하고 있다.

신입 원아 적응 관찰일지(영아반)

이름 : ________ 생년월일: ____년 __월 __일 • 관찰자: ________

구분		년 월 일 요일
등하원 (교사에 대한 반응, 건강상태)		
실내 놀이 (접근방법, 놀이행동, 소유 욕구)		
실외 놀이		
기본 생활 습관	식습관(자조능력, 음식에 대한 반응)	
	대 · 소변 가리기	
	낮잠	
	손 씻기	
	정리 · 정돈	
언어(수용, 표현 정도)		
교사 지도계획 및 참고사항		

신입 원아 적응 관찰일지(유아반)

이름 : ________ 생년월일: ____년 __월 __일 • 관찰자: ________

<table>
<tr><th colspan="2">구분</th><th>년 월 일 요일</th></tr>
<tr><td rowspan="3">등원</td><td>보호자와의 관계</td><td></td></tr>
<tr><td>교사에 대한 반응</td><td></td></tr>
<tr><td>건강상태</td><td></td></tr>
<tr><td rowspan="3">실내 · 외
놀이</td><td>놀이에 대한
접근 반응</td><td></td></tr>
<tr><td>놀이행동</td><td></td></tr>
<tr><td>놀잇감 소유 욕구</td><td></td></tr>
<tr><td colspan="2">교사, 또래에 대한 반응</td><td></td></tr>
<tr><td rowspan="2">간식 및
식사</td><td>스스로 하는
능력 정도</td><td></td></tr>
<tr><td>음식에 대한 반응</td><td></td></tr>
<tr><td colspan="2">낮잠</td><td></td></tr>
<tr><td colspan="2">배변 의사 및 기본생활습관</td><td></td></tr>
<tr><td colspan="2">하원</td><td></td></tr>
<tr><td colspan="2">교사 지도 계획 및 참고사항</td><td></td></tr>
</table>

어린이집 적응, 이렇게 도와주세요~!

안녕하세요? ○○○○어린이집입니다.

어린이집 입소 초기의 안정적인 적응은 앞으로 기관의 집단생활에 영향을 미칠 뿐만 아니라 보호자와의 분리불안을 덜어내고 안정된 정서를 가진 사람으로 성장하게 합니다. 초등학교 입학 후에도 긴 적응기간을 거쳐야 할 만큼 중요한 과업입니다. 어린이집의 일과에 적응하고 있는 영유아들을 도와주는 방법을 알려 드리니 참고하시기 바랍니다.

- 보호자와 인사를 나누고 잘 헤어지는 과정을 거쳐 교사에게 인계합니다. 이 과정에서 울거나 떼를 쓸 수 있지만 교사와 보호자를 동시에 신뢰하게 하는 의미에서 아이와 꼭 인사를 나누고 다녀오시기 바랍니다.
- 절대 몰래 도망가지 않아야 합니다. 갑자기 시야에서 보호자가 사라질 때 느끼는 불안은 성인이 상상하기 어려울 만큼 큽니다. 불안이 커지면서 교사가 보호자와의 사이를 갈라놓는 존재라고 생각하여 교사에게 폭언을 하거나 부정적인 행동을 하게 됩니다.
- 어린이집 일과에 휴식시간이 포함되는 것처럼 가정에서 보내는 시간도 이완시켜 줄 수 있는 배려가 필요합니다. 예전 같으면 집에서 마음대로 행동하며 자라야 할 연령에 집단생활을 하고 있기 때문에 스트레스가 많습니다. 잠시 낮잠을 자거나 쉴 수 있게 해 주시기 바랍니다.
- 전에는 그러지 않았는데 갑자기 아기 같은 행동을 하거나 문제행동을 보이기도 하는데 혼내거나 다그치지 마시고 최대한 다정하게 대해 주세요. 사랑과 관심에 대한 요구의 표출로 이해하시면 됩니다.
- 데리러 오겠다는 시간을 꼭 지켜 주시기 바랍니다. 예전에 분리불안을 경험한 아이는 약속한 시간에 나타나지 않는 보호자로 인한 불안이 커집니다. 이러한 경험이 축적되면 사람에 대한 신뢰에 문제가 생겨서 훗날 친구나 이성을 사귈 때도 문제가 될 수 있습니다.
- 새롭게 입주한 집과 처음 접하는 놀이터, 안정적으로 돌아가던 곳이 아닌 새롭게 시작된 어린이집 모두 영유아에게 긴장을 줄 수 있으므로 부모와의 친밀감으로 안정을 갖게 합니다. 쓰다듬고 안아 주고 토닥이는 과정을 많이 거쳐서 부모의 사랑에 대해 신뢰를 갖게 해 주세요. 밤에 잠들기 전 함께 목욕을 하거나 옆에 누워 자장가를 들려주는 방법도 사용해 보세요. 정서적인 안정은 어린 시기 부모와의 관계가 가장 기본적인 토대가 됩니다. 정서가 안정된 아이가 훗날 공부도 잘하고 놀이도 활발하게 할 수 있습니다.

CHAPTER 8
부모와의 소통과 지원

1. 부모 프로그램
2. 가정통신문
3. 운영위원회

운영관리에 관한 과목을 수강하는 학생의 대부분은 '부모교육' 등의 과목에서 현대 사회의 부모 특성이나 기관의 프로그램에 대해 학습하였을 것이다. 이러한 지식을 기반으로 이 책에서는 부모와 관련된 실제 업무에서 필요한 능력에 대해 정리해 보고 현장의 자료를 통해 구체적인 업무 방향을 살펴본다. 정부가 제시한 국가직무능력표준을 보면 어린이집의 보육 부문 업무의 진단 영역 중 부모와 관련된 항목은 다음과 같다(「국가직무능력표준」, 고용노동부, 한국산업인력관리공단, 한국직업상담협회, 2013).

부모상담하기

- 나는 가정과 협의하여 부모상담 일정과 방법에 대한 세부계획을 확정할 수 있다.
- 나는 영유아의 포트폴리오와 상담자료를 준비할 수 있다.
- 나는 부모상담을 실시할 수 있다.
- 나는 부모상담 일지를 작성할 수 있다.

부모교육하기

- 나는 부모교육 주제에 관한 요구를 파악할 수 있다.
- 나는 부모교육 일정, 방법 및 예산 집행에 대한 세부계획을 확정할 수 있다.
- 나는 부모교육 주제, 강사 및 장소를 선정할 수 있다.
- 나는 부모교육 참석 여부를 파악하여 필요한 기자재, 물품, 자료를 준비할 수 있다.
- 나는 계획에 따라 부모교육을 실시할 수 있다.
- 나는 부모교육 만족도 조사를 실시할 수 있다.

부모참여 지원하기

- 나는 부모참여 지원 내용 및 방법을 확정할 수 있다.
- 나는 세부적인 예산집행 계획과 추진 일정을 확정할 수 있다.
- 나는 참석 여부를 파악하여 필요한 물품이나 자료를 준비할 수 있다.

- 나는 부모참여 지원을 실시할 수 있다.
- 나는 어린이집 운영위원회를 구성하여 운영할 수 있다.

1 부모 프로그램

영유아기관이 수요자 중심의 정책에 따라 운영되고 있는 우리나라에서는 부모 관련 프로그램의 필요성이 증가하고 있다. 최근 마련된 교육청의 '학부모 대학'이나 어린이집 입소 전 부모교육과정으로 서울특별시가 개설한 '부모인식 개선교육', 보건복지부의 '네 잎 클로버 부모교육' 등은 환영할 만하다. 유아기 자녀를 둔 부모에게 자발적인 참여를 권장하고 있으며 기관에 대한 이해와 함께 부모가 협조해야 할 사항이 교육의 내용에 포함된다. 실제 이 교육이 필요한 부모 부류는 참여하지 않고 관심도 없다는 것이 문제이지만, 효과적인 프로그램은 부모가 자녀의 양육 및 교육활동에 참여하여 자질과 소양을 높이는 동시에 기관에 협조하는 태도를 갖게 한다. 부모지원 프로그램의 유형은 다음과 같다.

〈표 8-1〉 부모지원 프로그램의 유형

프로그램	내용
운영위원회	부모 대표, 지역사회 인사, 교사 대표, 원장으로 구성하며 연 4회 이상 개최된다.
부모 요구 및 만족도 조사	관할 관청의 설문지나 기관 자체의 설문지를 통해 교육 및 보육 서비스에 대한 부모 만족도 조사를 실시한다. 운영 전반에 대한 조사 평가를 실시하기도 하고 사안이 발생할 때 의견조사를 하기도 한다.
부모교육	자녀양육이나 기관협조에 필요한 정보를 제공한다. 대집단, 반별 집단, 개별 등의 방법으로 실시될 수 있으며 전문강사 초빙, 교사가 직접 진행하는 워크숍, 칼럼 등 다양한 방식으로 제공한다.
일일교사/자원봉사	참여를 원하는 부모를 대상으로 하여 일일교사나 자원봉사를 할 수 있다.

프로그램	내용
자녀와 함께하는 활동	부모참여 수업, 작품 전시회, 나눔 바자회, 가족 행사 등의 활동에 참여하여 자녀와 함께하는 과정에서 자녀의 발달 정도와 행동 특성을 이해한다.
오픈 하우스	매월 6일 육아 데이에 맞추어 부모에게 기관의 활동을 공개한다.
사이버 알림장이나 홈페이지 활용	부모에게 기관의 생활을 알려 주는 방법으로 활용된다.

운영관리의 다른 영역과 마찬가지로 부모지원 프로그램도 연간 계획을 세워 업무 분장, 예산 편성, 공지 등에 참고한다. 연간 계획의 예는 다음과 같다.

〈표 8-2〉 부모지원 프로그램 연간 계획의 예 1

월	육아 데이	부모교육
3	아이와 눈을 마주치며 꼭 안아 주기	신입생 적응 프로그램
		학부모 오리엔테이션
		학부모 상담
4	아이와 함께 화분이나 텃밭에 꽃씨 심기	자녀와의 대화법
5	아이와 손잡고 봄나들이 나가기	견학지 추천하기
6	엄마, 아빠와 함께 운동하기	가족이 함께하는 신체활동
7, 8	아이와 함께 요리하기	가족이 함께하는 요리활동
9	아이와 포옹하며 사랑한다고 이야기해 주기	아이와의 힘겨루기에서 현명하게 대응하는 방법
10	아이와 손잡고 가을나들이 나가기	연령별 놀잇감 선택
11	도시락에 사랑의 쪽지 담아 주기	기본생활습관의 좋은 모델링
12	가족 모두 함께 어려운 이웃에게 편지 쓰기	부모의 스트레스 관리
1, 2	아이와 함께 공연, 영화 보고 대화 나누기	가족이 함께 볼 만한 공연이나 영화 소개

〈표 8-3〉 부모지원 프로그램 연간 계획의 예 2

시기	유형	내용
3월	적응 프로그램	최소 1주일 이상 신입 원아 적응 프로그램
4월	부모상담	가정과 기관의 영유아 정보 나누기
5월	가족 행사	어린이날과 어버이날의 의미를 담은 행사
6월	부모 참여 수업	반별 담임교사 수업에 함께 참여
7월	기관 소식지 배부	어린이집, 가정, 영유아 소식
8월	부모 참관 수업	특별활동 유형별 참관
9월	강연회	영유아의 발달에 적합한 양육법
10월	부모상담	신학기와 대비한 성장과정 나누기
11월	발달 평가	교사용과 부모용 발달 평가지 활용
12월	성탄 행사	온 가족이 참여하는 송년 파티
1월	기관 소식지 배부	1년 동안의 활동 평가와 반별 소식
2월	신학기를 위한 오리엔테이션	운영방침 소개

2 가정통신문

기관에서는 가정통신문과 칼럼을 통해 부모와 소통하고 지원 및 협조를 요청할 수 있다. 우리나라 현장에서는 대부분 사이버알림장을 통해 영유아의 보호자와 쌍방교류한다. 다음의 도서에는 월별 다양한 주제의 칼럼이 있다. 참고하여 각 기관에 맞게 활용해 보기 바란다: 김혜경. 『부모도 이미지메이킹이 필요하다』. 공동체. 2012.

〈표 8-4〉 가정통신문의 예

어린이집 운영에 관한 안내
안녕하십니까? 각 가정의 귀한 자녀들이 어린이집에 오기 시작한 지 벌써 2주 이상이 났습니다. 지난 2일 부모 오리엔테이션 시간에 운영의 개요와 반별 안내를 해 드렸지만 불참하신 부모님도 계시고 여러 가지 궁금한 사항이 많으실 것 같습니다. 처음 엄마와 떨어진 어린 영아들, 오랫동안 다녔던 기관에서 친구들과 작별하고 새 어린이집으로 옮겨 온 일부의 유아들, 아직 이사를 하지 못해 먼 길을 다니는 아이들이 가끔 울먹이는 모습을 보여 마음이 아프기도 하지만 점점 활발하게 놀이하고 새로운 생활에 적응하는 아이들이 대견합니다. 더 즐겁게 생활할 수 있도록 살펴보고 배려하겠습니다. 교육의 방향에 대해 말씀드리겠습니다. 국가수준의 누리과정과 표준보육과정에 준해 놀이중심과 휴식(낮잠)이 포함된 일과가 진행됩니다. 지금 교실에 배치된 놀잇감과 자료들도 모두 누리과정과 표준보육과정에 근거한 내용을 담고 있습니다. 보다 교육적이고 다양한 자료를 비치하여 효율적인 수업이 이루어질 수 있도록 하겠습니다. 참고로 원장이 10여 년간 연구하고 자문해 온 EBS의 도서와 자료들을 어린이집에 기증하였습니다. 샛별구 소재 어린이집의 운영기준에 따르면, 담임교사와의 수업 외에 원아 1인당 5만 원 이내의 비용으로 만 2세반(나나반)부터 특별활동을 진행할 수 있습니다. 우리 어린이집은 영유아들의 안정적인 적응이 어느 정도 이루어질 것으로 예상되는 7월 초 무렵부터 특별활동을 실시하려고 합니다. 학기 중에 시작되는 만큼 좋은 콘텐츠를 선정하고 신뢰할 수 있는 강사를 확보하기 위하여 다양한 교육기관을 섭외하여 만나고 강사 면접을 실시하고 있습니다. 크게 부담이 되지 않는 비용 선에서 7월 초 이전에 개요를 잡아 수요 조사와 운영위원회 협의를 거치고 과목과 비용에 대한 안내를 해 드리도록 하겠습니다. 몇 가지 공사가 남아 있고 여전히 미비한 점이 있지만 보다 나은 환경을 마련하기 위한 노력으로 봐 주시면 좋겠습니다. 믿고 맡겨 주셔서 감사합니다.

어린이집 학부모 에티켓

서울특별시와 서울시여성가족재단에서는 보다 나은 보육환경을 만들기 위해 '서울 아이 함께 키우기 프로젝트'의 일환으로 『어린이집 이용 학부모 에티켓』이라는 책을 발간하였습니다. 내용을 요약해 보내 드리니 참고하시고 어린이집을 드나드실 때 지켜 주시면 감사하겠습니다.

- 어린이집은 다른 아이들과 함께하는 공동체입니다. 전염병이 발생할 경우 다른 친구에게 피해가 가지 않도록 배려해 주세요. 전염병이 발생했거나 의심스러울 경우 솔직하게 말씀해 주시고 격리보육해 주시기 바랍니다. 아픈 아이에게 가장 필요한 것은 가정에서의 편안한 보살핌입니다.
- 선생님들은 승진이나 보수교육을 위해 법정으로 정해진 교육을 받게 됩니다. 「근로기준법」과 「노동법」에 따라 일정 시간의 휴가와 휴게시간을 사용합니다. 담임교사가 부재할 경우 교사배치를 달리할 수 있으니 이해해 주시기 바랍니다.
- 하루 종일 힘들게 집단보육을 하시는 선생님이 푹 쉬고 내일을 준비할 수 있게 배려해 주세요. 귀가시간의 따뜻한 말 한마디가 힘이 된답니다.
- 부모가 할 수 있는 일은 부모님께서 해 주시고 선생님은 반 전체의 보육에 집중할 수 있도록 해 주세요. 일과시간에 교사와 장시간 상담을 하거나 자기 아이만을 위한 무리한 요구는 삼가 주세요. 어린이집은 재원생 부모에게 개방된 공간이지만 아이들의 보육에 방해가 되지 않는지 한 번 더 생각해 주세요.
- 가정통신문은 꼼꼼히 봐 주시고 어린이집과의 소통을 위해 노력해 주세요. 가정통신문이나 알림장을 보지 않아 내 아이에게만 상처가 되는 일이 없어야겠습니다.

- 등원시간을 지켜 주세요. 친구들과 함께 일과의 리듬에 적응하는 일은 어린이집에서 즐겁게 보낼 수 있는 기초가 됩니다. 등원시간이 지나치게 늦은 아이들에게서 부적응 문제가 많이 나타납니다. 시간을 지키지 않는 갑작스러운 등원은 친구들의 수업 집중에도 방해가 됩니다.
- 부모님께서 먼저 어린이집과의 규칙과 약속을 지켜 주시고 선생님께 예의를 갖춰 주세요. 모든 부모는 아이들의 거울입니다.

모든 아이는 이 세상에 초대받은 꽃이랍니다.

어떤 어버이가 되어 줄까?

안녕하십니까?

내일은 어버이날입니다. 영유아들의 등하원 시 자녀들과 다양하게 소통하시는 모습을 봅니다. 등원시간 사랑하는 자녀와 헤어지기 싫어서 밖에서까지 한참 동안 지켜보시는 모습, 일터로 뛰어가면서 어린이집 쪽을 돌아보시는 모습, 귀가시간이 되면 엄마, 아빠를 발견하자마자 펄쩍펄쩍 뛰며 좋아하기도 하고 현관 쪽을 쳐다보며 하염없이 엄마, 아빠를 기다리는 영유아들의 모습을 보면서 부모-자녀 간의 애잔한 정이 느껴지곤 합니다.

취학 전 자녀와의 교감과 소통은 평생의 관계에 토대를 만듭니다. 내 품 안에 들어올 때 많이 많이 사랑하시고 함께하시기 바랍니다. 어버이날을 맞이하여 부모로서의 나 자신을 점검해 보고 자녀와 행복한 미래를 꿈꿔 보세요.

아래의 내용을 작성하셔서 어린이집으로 보내 주시면 5월의 주제에 포함된 가족에 대한 수업에 참고하겠습니다. 즐겁고 편안한 마음으로 기록해 보내 주시면 됩니다. 5월 가정의 달은 더 특별하게 자녀와 즐거운 시간을 보내면서 행복을 느끼시기 바랍니다.

아래의 내용을 절취하여 보내 주시기 바랍니다.

-------------------- 절취선 --------------------

어버이날 엄마, 아빠 숙제

__________ 반 이름 __________

1. 우리 집의 가훈

2. 올해 자녀와 하고 싶은 일

3. 자녀가 말하는 엄마, 아빠의 정의(엄마와 아빠는 어떤 사람인지 묻고 그대로 기록)

즐거운 명절과 예절

안녕하십니까?

어린이집 영유아들은 추석을 맞이하여 우리나라의 전통문화를 소재로 놀이하고 학습하면서 활기차게 보냈습니다. 유아반에서는 가족에게 전달할 송편을 만들면서 행복해하고 영아반의 어린 친구들은 유아반의 수업 모습을 참관해 보면서 여러 연령이 함께하는 시간도 가졌습니다. 마마반의 형님과 언니는 주민지원센터와 경로당을 방문하여 예쁜 명절인사를 건네며 칭찬도 들었습니다. 명절이 있는 기간에 어린이집에서는 여러 가지 예절 교육도 병행합니다. 가정에서도 명절을 통해 함께 교육해 주시면 좋겠습니다.

예절이 반듯한 아이로 키우기 위해 부모가 모범을 보이면서 예절 바른 몸가짐을 따라하게 해야 합니다. 어린이집의 놀이모습에서 아이들은 부모님의 모습을 그대로 모방하며 놀기 때문에 가정교육의 정도를 알 수 있습니다. 가정에서 가족들과의 상호작용을 통해 예절을 배우며 잘 자란 자녀들은 밖의 생활에서도 바르게 행동하기 때문에 사랑받고 칭찬받으며 자라게 됩니다. 특히 어른에 대한 예절은 가정 내에서 추석이나 설과 같은 명절을 계기로 다른 예절 생활과 함께 실행하면 교육의 효과를 볼 수 있습니다. 집안의 어른들을 만나거나 이동하는 과정에서 자연스럽게 생활예절을 가르치는 것이 좋습니다.

명절에 한복을 입을 때는 속옷을 갖춰 입고 치마나 바지 안에 청바지 같은 옷을 겹쳐 입지 않습니다. 한복이 없을 때는 단정하고 정갈한 옷을 입고 예의 바른 용모를 갖춰서 친척들을 만나러 갑니다. 어른을 만나면 가족이 함께 정중하게 인사를 드립니다.

집안 어른의 집을 방문했을 때 물건을 함부로 만지지 않아야 하며 특히 냉장고 문을 열고 명절 음식을 꺼내 먹는 행위는 하지 않도록 미리 교육시켜 데리고 갑니다. 음식을 대접받으면 '고맙습니다, 잘 먹겠습니다, 잘 먹었습니다.' 등의 인사를 생활화해 보세요. 부모가 생활 속에서 시범을 보이면 저절로 따라 배우게 됩니다. 사촌이나 또래 친척을 만나 함께 놀이할 때 큰 소리를 내거나 뛰어다니지 않게 하고 밀치거나 싸우는 일이 없도록 집에서부터 기억하도록 일러 줍니다.

많은 수의 가족이 모였을 때는 화장실 사용에도 유의합니다. 손을 씻을 때는 물을 너무 세게 틀지 않아야 하고 사용한 세면대는 깨끗이 해 놓고 나오도록 평소 생활 속에서 훈련시킵니다. 어린 자녀가 하기 어렵다고 느껴지면 함께 정리해 주는 것이 좋겠습니다.

사랑스러운 ○○○○ 영유아들이 추석 명절을 보내면서 모두에게 사랑받고 행복한 시간을 보내고 왔으면 좋겠습니다. 모두 즐거운 명절 보내시기 바랍니다.

유아기관의 선택

자녀를 위한 취학 전 기관은 집과 가까운 곳에 위치하여 걸어서 다닐 수 있는 곳이 좋다. 아이의 손을 잡고 데려다 주는 시간에 나누는 대화는 부모자녀 관계에 많은 공헌을 한다. 함께 걸으면서 눈앞에 보이는 현상들을 이야기해 주고 질문과 대답을 주고받는 방식이 곧 실생활 교육이다. 기관에서 역할놀이를 할 때 아주 어린 아기 때부터 기관에 다녔던 아이들은 동네를 돌아다니며 보는 기회가 적기 때문에 주변 사람에 대해 무엇을 어떻게 표현해야 할지 모른다. 할머니 등에 업혀서, 돌보미가 밀어 주는 유모차에 탄 채로, 아빠엄마가 안아서 산책할 때 보고 들으며 냄새 맡는 세상을 배울 기회가 적었기 때문이다. 취학 전 시기는 구체물을 통한 감각 학습이 곧 교육이기 때문에 이러한 시간을 소중하게 활용하게 바란다.

기관을 선택할 때는 시설이 단독 건물인가의 여부, 실외 놀이터와 같이 신선한 공기를 접할 수 있는 곳이 확보되어 있는가의 여부, 일과 운영시간, 교사진, 집과의 거리, 운영방침, 주변의 여건, 비용 등을 고려하여 선정한다. 내 아이를 보내고 싶은 곳인 만큼 기관의 교직원들에게 좋은 인상을 남겨 두고 입학 후에도 좋은 관계를 맺는 것이 좋겠다.

내 자녀의 건강하고 안전한 성장을 위해 고려해 보아야 할 사항은 다음과 같다.

가장 먼저 인가 및 평가의 수준을 확인한다. 우리나라의 기관들은 국가가 평가한 점수를 공개하고 있기 때문에 기관명으로 검색하여 인터넷 상으로도 확인이 가능하다. 높은 점수를 받은 기관에 대해 국가가 관리하는 모든 분야에서 우수한 곳으로 판단하면 된다. 원장과 교사진, 공기의 질, 교사 대 영유아의 비율, 각 연령에 적합한 교육과정, 바른 성장에 필요한 식단과 급간식 지도, 교사와 영유아들의 바람직한 상호작용, 양질의 교구교재, 화재 및 비상시의 대피훈련 여부와 연락망, 지역사회와의 연계 등이 잘 이루어지고 있는 곳으로 볼 수 있다.

자녀를 데려다 주고 데려오는 일도 아빠와 엄마의 출퇴근 시간을 고려하여 합리적으로 분담한다. 여건이 허락하면 기관의 정규 프로그램 외의 시간에 자녀를 보살펴 줄 일정한 성인을 확보해 놓고 도움을 받는다. 아빠나 엄마가 퇴근해야 할 시간에 갑작스러운 변동이 있을 경우 자녀를 데려가는 일, 병원시간에 맞추어 예방주사를 맞게 하는 일, 수족구병과 같은 전염병에 감염되어 기관에서 격리된 유아를 보호해 주는 일을 대신해 줄 사람이 확보되면 부모와 자녀가 안정된 삶을 사는 데 큰 도움을 받을 수 있다. 부모님과 가까운 곳에 사는 것, 비슷한 연령의 자녀를 양육하는 친척이나 이웃과 유대를 돈독히 하며 가깝게 사는 것도 서로에게 큰 도움이 될 것이다.

초등학교 입학 준비

자녀를 학교에 처음 보내는 부모의 마음은 어린이집에 보낼 때와 다른 것 같다. 공부를 잘할 수 있을까, 수업을 따라갈 만큼 건강상태가 좋은가, 친구들과 잘 어울릴까 등의 염려가 많다.

성공적인 학교생활을 돕는 방법을 찾아보자. 건강한 신체를 위해 편식과 과식이 없는 올바른 식습관을 길러 줘야 한다. 초등학교에서의 따돌림, 즉 왕따 현상은 지저분한 외모나 체취, 배변 실수 등이 계기가 되는 사례가 있으므로 청결이나 화장실의 바른 사용법이 포함된 기본생활습관 형성에 관심을 가져야 한다. 수업에 지장이 없도록 청력이나 시력 검사를 통해 건강상태를 점검해 주는 것도 좋다.

어린이집보다 획일화된 학교의 교실에서는 규칙과 제한에 따라 집단생활을 하게 되므로 순서를 기다리거나 차례를 지키는 일에 대한 교육도 필요하다. 일상생활에서의 모범적인 태도로 자연스럽게 배우게 한다.

받아쓰기와 같은 학교활동의 대비를 위해 잠자기 전 동화 읽기 습관을 갖는 것이 좋겠다. 퇴근 후 피곤하기도 하고 밀려 있는 가사노동에 마음이 급하겠지만 아이와의 시간에 가장 큰 비중을 둔다. 저녁 식사 후 다 같이 이를 닦고 편안한 분위기에서 동화를 한 페이지씩 교대로 읽거나 낮에 있었던 일들을 서로 말해 주면서 가족의 유대를 다지기 바란다.

학교에 입학하고 나면 방과 전후의 육아 문제가 또 다른 고민거리가 된다. 영유아기관보다 수업이 일찍 끝난다. 교과 학습, 방과 후 시간 관리, 교사와 다른 학부모들과의 관계 등 신경 쓸 일이 많아진다. 자녀를 어떻게 돌볼 것인지에 대한 대책도 세워야 한다.

초등학교 자녀를 위한 부모의 필수 역할은 알림장을 확인하여 준비물을 갖춰 보내는 것이다. 알림장의 기록이 없을 때 문의해 볼 수 있는 같은 반 아이의 부모, 미처 준비하지 못했을 때 전화로 부탁할 수 있는 사람(예: 문구점 주인)의 전화번호를 받아 두고 평소에도 좋은 관계를 유지하도록 한다. 자녀가 학교생활에 어느 정도 적응이 되면 직접 문구점에 가서 준비물을 구입하게 하는 것도 자율성을 격려한다. 어떤 의미에서는 맞벌이 가정에서 자라는 아이들의 자기주도 능력이 일찍 함양된다.

맞벌이하며 온종일 맡겨 둔다고 쫄지 말 것! 자녀에게 미안해할 시간에 예쁜 편지를 써 뒀다가 가방 안에 넣어 주는 일을 해 보거나 미안한 만큼 많이 안아 준다. 저녁시간에 가족이 모두 만나는 시간을 잘 활용하면 된다. 자녀와 함께하는 시간의 양보다 질이 더 중요하다는 말이 위로가 되었으면 한다.

휴가집중기간 자원봉사해 주실 부모님을 모십니다.

부모 자원봉사 계획서

■ 목표

휴가 집중기간에 부모의 자원봉사를 통해 어린이집 운영에 대한 전반적인 이해를 돕는다.

■ 개요

- 참여 대상: 전체 부모
- 기 간: ________년 7월 29일(수) ~ 30일(금), 8월 3일(월) ~ 5일(수)
- 시 간: 오전 11시 ~ 오후 5시
- 장 소: 본 어린이집
- 주요 업무: 교구 제작, 놀잇감 세척, 물청소, 급간식 보조 등

■ 교직원 업무 분장

담당자	주요 업무	비고
김○○	전체 총괄	
이☆☆	– 자원봉사 명찰 제작 – 1차 교사실 세팅과 청소도구 비치 – 자원봉사자 서류작성 후 파일 정리	
김△△	2차 교사실 세팅과 청소도구 비치	
원장님	자원봉사자와 식사	
주방	자원봉사자 식사 준비	

■ 일별 자원봉사 업무

날짜	주요 업무	장소	어린이집 준비물	신청자	담당 교사
28(화)	• 사전준비: 교사실에 봉사자 공간 세팅, 청소도구 비치	교사실	청소도구		
29(수)	• 신발장 청소 및 유희실 청소(미끄럼틀, 창틀 등) • 식사 지도 • 나비플라자 청소 및 파랑 화장실 청소(선풍기 세척, 화장실 발판 닦기 등)	현관 나비플라자	크린콜, 분무기, 수세미, 매직블록, 고무장갑, 세제, 칫솔, 수건		
30(목)	• 세탁기 호스 연결 • 에어컨 필터 청소 • 식사 지도 • 실내 유리창 닦기 • 나비플라자 천장, 벽 닦기 • 분리수거, 쓰레기통 씻기	주황 화장실	세제, 수세미, 고무장갑, 교구 바구니, 칫솔, 교구, 수건		
31(금)	• 교구와 바구니 세척 • 식사 지도 • 승용완구 닦기 • 주황 화장실 청소 /세탁	주황 화장실	욕조 세제, 수세미, 고무장갑, 교구 바구니, 교구, 칫솔, 수건		
4(화)	• 창고 정리·정돈 • 성인 화장실 청소 • 식사 지도 • 어린이집 지하 주차장 계단 청소	창고 파랑 화장실 성인 화장실 계단	면장갑, 수건, 크린콜, 분무기, 마른걸레		

* 희망하시는 분은 담임선생님께 말씀해 주세요.

강연회 안내

학부모님께

안녕하십니까? 언제나 밝은 웃음이 가득한 날들이 계속 되길 바랍니다.

사랑하는 자녀를 어린이집에 보내시고 어린이집 생활에 대하여 얼마나 궁금하십니까? 본 어린이집에서는 부모님의 궁금증도 풀어 드리고 좀 더 이상적인 보육을 실현하고자 부모님께 자녀양육에 관한 강연회를 준비하였습니다. 한 분도 빠짐없이 참석하셔서 우리 아이들에 대해 많은 이야기를 공유하는 시간이 되시기 바랍니다. 감사합니다.

• 일자: 년 월 일(요일) :00 ~ :00

• 강연회 제목:

• 강사: ○ ○ ○(소속 및 직책:)

* 강연회가 끝난 후 반별로 간담회가 이어집니다.

20 년 월 일

○ ○ ○ 어린이집

---------- 절취선 ----------

________반 이름 ________

• 강연회에 참석합니다. ( )

• 강연회에 참석하지 못합니다. ( )

이유는 ____________________

____

* 절취선을 오려 ○ ○ 일까지 어린이집으로 보내 주십시오.

6월 5주 가정통신문

6월 27일(월)에는 실내외 전 공간의 소독 방역이 계획되어 있습니다. 에어컨 필터 청소와 함께 진행됩니다.

어린이집에는 담임교사가 매월 작성하고 지도방법을 찾는 관찰일지가 있습니다. 영유아의 놀이 수준이나 선호하는 놀이 형태가 궁금하실 경우 담임교사에게 문의해 주시기 바랍니다. 담임교사가 수업을 주도하는 오전에는 전화나 면담을 자제해 주시고 오후시간을 활용하여 상담예약을 해 주시면 감사하겠습니다.

부모님과 교직원의 휴가가 집중되는 7월 25일(월)부터 8월 5일(금)은 통합보육 기간입니다. 7월 중에 수요 조사할 예정입니다. 참고해 주시기 바랍니다.

영유아 건강 관리 안내

우리 어린이집에서는 현재까지 발생사례가 없지만 장염, 수두, 수족구병과 같은 감염병 질환으로 진단을 받은 영유아는 반드시 어린이집에 알리고 완치 후 등원시켜 주셔야 합니다. 집단보육의 특성상 형제자매도 함께 가정보육을 해야 함을 양해해 주시기 바랍니다.

* 어린이집에서는 매일 아침 미세먼지와 오존농도의 단계를 교직원이 공유하여 실외활동과 실내 대체활동을 계획하고 있습니다.

매주 금요일 가정으로 보내 드리는 개별 매트는 주말 동안 각 가정에서 청결하게 햇빛 소독하거나 청결하게 닦아서 어린이집으로 다시 보내 주시기 바랍니다.

특별활동 일정 및 선납안내

영유아명, 반명으로 아래의 금액을 납부해 주시기 바랍니다.

	구분	과목	납부 총액
6월 특별활동비	다다반	과학(21,000원), 미술(19,000)원, 체육(8,000원)	48,000원
	라라반	과학(21,000원), 미술(19,000)원, 체육(8,000원)	48,000원
	마마반	과학(21,000원), 미술(20,000)원, 체육(8,000원)	49,000원

보육료 납입 안내

▶ 보육료는 15일(수)～30일(목)까지 어린이집 계좌 또는 ARS로 납입하시기 바랍니다.

▶ 샛별은행 000-1111-2222 ○○○○어린이집 / 보육일수 11일이 될 경우 개별 ARS 번호 전송

3 운영위원회

영유아기관에는 운영의 민주성과 합리성, 투명성을 높이고, 영유아의 개별적 발달 특성과 연령에 적합한 보육서비스, 지역사회 특성에 맞는 포괄적인 보육서비스를 제공함으로써 영유아 일상생활의 삶의 질을 높인다는 취지에서 운영위원회가 있다. 어린이집의 경우 매년 발행되는 『보육사업 안내』에 운영위원회에 관한 지침이 명시되어 있다. 그 개요는 다음과 같다.

기능

- 어린이집 운영규정의 제정 또는 개정에 관한 사항
- 어린이집 예산 및 결산의 보고에 관한 사항
- 영유아의 건강, 영양, 안전에 관한 사항
- 보육시간, 보육과정의 운영방법 등 어린이집의 운영에 관한 사항
- 그 밖에 어린이집 운영에 대한 제안 및 건의사항

임기 및 자격

- 위원의 임기는 1년으로 하되 연임 가능함
- 결원으로 인하여 새로 위촉된 위원회 임기는 전임자의 잔여기간임
- 특별한 경우를 제외하고는 다른 시설의 운영위원 겸임 불가함
- 위원은 보육시설을 상대로 영업하는 자가 아니어야 함
- 어린이집 반별 부모 대표, 지역사회 인사가 운영위원이 될 수 있음

역할

- 어린이집의 예산, 결산, 수입 보고에 참여
- 어린이집 내 주요 사업계획 심의 및 추진 사업에 동참
- 기타 어린이집의 운영에 관하여 필요하다고 인정되는 사항에 건의
- 보육시설 자체 평가단으로 활동하며, 구청에 위원으로 보고

운영위원은 공지를 통해 자발적 참여를 유도해야 하고 희망하는 부모는 신청서를 제출한다. 회의내용은 모든 부모에게 공개하여야 한다.

○○○ 어린이집 운영위원 신청서

반 이름		영유아 이름	

〈운영위원회가 심의하는 사항〉

- 어린이집 예산, 결산에 관한 사항
- 어린이집 교육과정 및 행사에 관한 사항
- 보육시간 등 어린이집의 운영에 관한 사항
- 가족지원 서비스에 관한 사항
- 지역사회 자원개발과 참여에 관한 사항
- 어린이집 운영규정의 제정 및 개정에 관한 사항

________ 년 ____월 ____일

신청인 ______________ (서명)

○○○ 어린이집 원장 귀하

운영위원회 결과 안내

안녕하십니까? _____년 __월 __일(수)에 개최되었던 _____년도 제1차 ○○○어린이집 운영위원회 안건심의에 대한 결과를 안내해 드립니다. 앞으로 지속적인 관심과 협조 부탁드립니다. 감사합니다.

□ 안건심의

1. _______년 운영위원회 간사 및 위원장 선출
2. 전년도 ○○○ 어린이집 결산안 보고(기타필요경비 별도 승인 포함)
3. _______년도 어린이집 예산안 의결 협의
4. 특별활동 협의
5. 보육교직원 취업 규칙 협의
6. 평일 야간연장 및 토요보육에 대한 협의
   * 현재 수요자는 없으나 희망자 발생 시 즉각 운영
   (가정통신문으로 안내 / 야간연장 보육 이용 대장 비치)

□ 토의결과

1. _______년 ○○○어린이집 운영위원회 총 6명으로 구성
   당연직: 원장 김○○, 교사 대표 박○○
   부모 대표: 이○○ (라라반 노○○ 어머니)
   장○○ (가가반 오○○ 어머니)
   신○○ (마마반 김○○ 어머니)
   지역인사: 송△△ 교수(JYP 대학교 영유아보육과)
2. 위원장 및 간사 선출
   위원장: 송△△ 교수 / 간사: 박○○(교사 대표)
3. 안건협의 통과
   _______년도 예산안(세입 · 세출) / 전년도 결산안 / 특별활동 실행 계획 / 취업 규칙

* 위 내용과 관련하여 문의할 사항이 있으면 사무실로 연락주시기 바랍니다.

CHAPTER 9

안전관리

1. 건축물 관리
2. 교직원의 관리 업무

안전관리는 어떤 운영 영역보다 최우선으로 점검되어야 한다. 유아교사가 되기 위한 교육과정에서 '영유아안전교육' 등의 과목으로 건강지도, 안전지도, 영양지도 등의 다양한 실무를 익혀야 한다. 현장의 안전관리 내용은 점점 그 관리 범위가 넓어지고 있기 때문이다.

안전관리는 크게 관리와 교육으로 나누어 구성된다. 안전관리는 안전 제반에 걸친 업무를 분장하여 책임과 점검을 담당하고 사고를 미연에 예방하는 데 중점을 두고 있다.

안전교육은 연간 교육계획을 수립하여 실행하고 기록을 남긴다. 영유아, 교사, 부모를 대상으로 안전에 관련된 사고의 예방과 사고발생 시 대처방법 및 응급처치 등을 중점으로 구성한다. 아울러 영유아 안전사고 일지 등을 작성하여 사고발생 시 처리과정 등을 기록한다.

1 건축물 관리

시설을 관리하는 부분은 책의 제5장에서 구체적으로 학습하였고, 이 장의 내용은 건축물 관리 업무와 문서를 중심으로 살펴본다.

효율적인 안전관리는 시설의 유지관리비를 절감하는 일에도 필요하다. 영유아기관의 시설은 「시설물의 안전관리에 관한 특별법」, 「재난 및 안전관리 기본법」, 「건축법」, 「사회복지사업법」 등의 법령에 따라 인가부터 그 기준이 적용되며 위반 시 행정처분 대상이 된다(김혜경, 2012). 법령과 지침에는 주로 건축물에 관한 사항이 명시되어 있다. 개원작업부터 안전에 관한 사항은 철저하게 확인하여 시작하여야 하며 일상생활에서도 수시로 안전에 만전을 기해야 한다.

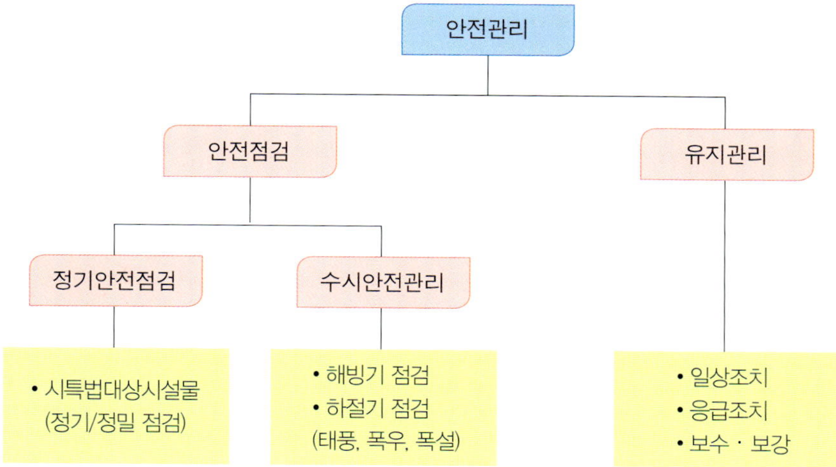

[그림 9-1] 안전관리의 업무 유형

어린이집의 경우 관할 지방자치단체에서 건축, 전기, 가스, 소방 부분을 정기점검하여 위험사항에 대해 시정조치하도록 한다. 다양한 교육과 자료를 통해 안전에 관한 책임을 고지하고 지도, 감독하고 있다. 현장에 시달되는 자료의 예는 다음과 같다.

〈표 9-1〉 기간별 위험요소 조사 항목

구분	주요 조사 항목
해빙기	• 석축 · 옹벽의 이상 유무 • 건축물 주변 지표면 상태 • 변위 · 변형 발생 유무 • 주요 구조부재의 동해 상태 • 균열 · 손상 발생 유무
동절기	• 각종 구조물의 동해 방지를 위한 예방시설 및 조치 상태 • 기둥, 옹벽 등 철근 배근부위 적설 예방 • 화기 취급에 대한 소화장비 및 계획 • 자재보관 • 제설장비 및 계획

구분	주요 조사 항목
우기	• 건축물 지하실의 방수 상태 • 건축물 외부 부착물 상태 • 배수로 상태 • 석축 · 옹벽의 이상 유무 • 건축물 주변 지표면 상태 • 변위 · 변형 발생 유무

〈표 9-2〉 건물 내외의 안전관리 점검사항

대상	유지관리 대상 부위
건물 외부	• 지붕, 외벽, 외부창, 그 밖의 부분
건물 내부	• 천장, 내벽, 바닥, 내부, 창, 문, 계단, 그 밖의 부분
전기 · 소화 및 승강기 설비	• 발전 설비, 비상전기, 옥내 배전 설비, 자동 화재 설비, 소화 설비, 승강기
급수 · 위생 · 가스 및 환기 설비	• 급수 설비, 가스 설비, 배수 설비, 위생기구 설비, 환기 설비
난방 및 급탕 설비	• 난방 설비, 급탕 설비
옥외 부대시설	• 어린이 놀이터 등

〈표 9-3〉 어린이 놀이시설 관리책임 및 의무사항: 관리책임

책임기관	관리책임의 내용
행정안전부	• 「어린이 놀이시설 안전관리법」에 관한 입법 및 정책 총괄
시장	• 관리감독 기관인 자치구의 관리감독 이행실태 총괄 관리
구청장	• 어린이 놀이시설 관리주체(소유자, 관리자) 지도 감독 • 중대 사고시설의 자료제출 명령 및 현장조사 실시 • 사용중지 · 개선 또는 철거의 명령, 과태료의 부과 · 징수 등
관리주체(소유자)	• 설치검사, 정기 시설검사, 안전점검, 점검결과의 기록 · 보관 • 안전교육, 배상책임 보험 가입, 중대 사고의 보고 등

〈표 9-4〉 어린이 놀이시설 관리책임 및 의무사항: 관리주체(시설장)의 의무

구분	의무의 내용
설치검사 및 정기 시설검사	• 설치검사: 시설 설치자가 설치검사를 받은 후 관리 주체에 인도 • 정기 시설검사: 설치검사 후 2년에 1회 이상/설치검사 유효기간 만료 1개월 전 실시
안전점검	• 월 1회 이상 자체적으로 안전점검 실시 및 점검결과의 기록 · 보관 ※ 안전점검 결과 위해요소 발견 시 이용금지 조치 후 1개월 내 안전검사 기관에 안전진단 신청
안전교육	• 시설을 인도받은 날부터 3개월 이내 • 안전관리자 변경 시 3개월 이내 • 유효기간 만료일 3개월 전 교육 이수, 이후에는 2년에 1회 이상 • 4시간 이상 이수
보험가입	• 시설을 인도받은 날로부터 30일 이내 사망 시 배상 한도가 8천만 원인 사고배상 책임 보험에 가입

2 교직원의 관리 업무

1) 안전 수칙과 점검 항목

법령과 인가기준에 따른 건축물의 안전관리 못지않게 일상생활에서도 안전관리가 필요하다. 각 공간의 안전관리에 대해 업무를 분장하고 주기적으로 기록을 남겨야 한다. 모든 교직원은 자신의 업무에서 안전에 위배되는 행위와 물품에 유의하여야 한다. 교사용 가위가 영유아의 놀이공간에 방치되어 있는 장면이 '환경 방임'으로 해석된 판례도 있다. 건물의 화재, 원아의 사고, 교직원의 사고에 대비하기 위하여 기관부담으로 상해, 배상, 화재, 음식물 배상 등이 포함된 보험에 가입한다.

다음과 같은 안전수칙을 공유하고 건축물 관리와 함께 일상생활에서도 지키도록 한다.

- 어린이집의 모든 위험한 물건은 영유아의 손이 닿지 않는 곳에 별도로 보관해야 합니다.
  ※ 영유아의 손이 닿는 곳에 위험한 물건을 보관해야 할 경우 반드시 잠금장치를 하여 보관하도록 합니다.

- 어린이집에서 위험한 물건의 예시는 다음과 같습니다.
  - 칼, 성인용 가위, 송곳, 스테이플러, 칼날이 드러나 있는 테이프 커터기 등 작업 시 찌르거나 자르는 용도로 사용하는 도구
  - 강력 접착제, 글루건, 살충제, 방향제, 액상비료, 어항 수질개선제, 동물 사료(물고기, 거북이 사료 등), 각종 스프레이, 침핀, 건전지, 유리조각 등
  - 화장실 내 각종 세제, 세척제, 표백제, 나프탈렌, 고무장갑, 세척용 소독 스프레이, 변기 압축기 등
  - 빗자루, 대걸레, 삽 등 영유아가 다칠 위험이 있는 물건
  - 비상약품, 영유아가 투약을 위해 가져온 약
  - 만지면 다칠 수 있는 가시가 있는 식물(예: 선인장, 장미, 밤송이 등)
  - 영아(만 0~1세, 2세)가 삼킬 수 있는 놀잇감이나 활동 자료
    - ㅇ 직경 3.5cm 이하 작은 크기의 물건(예: 블록이나 구슬, 솜공 등)
    - ㅇ 직접 제공되거나 쉽게 열 수 있는 통 안에 들어 있는 크기가 작은 자연물(예: 콩, 팥, 은행, 도토리, 돌멩이 등)
    - ㅇ 기타 활동 자료(예: 비누방울액, 색모래 등)

한국보육진흥원의 평가인증사무국이나 각 지역 육아종합지원센터의 홈페이지 자료실에서 안전점검에 관한 다양한 예시표를 다운받을 수 있다. 각 기관의 사항에 따라 수정하여 사용한다.

일별 시설 안전점검표

• 기간: 년 월 일 ~ 월 일 점검자:

구분	점검항목	담당			원장		
		월	화	수	목	금	토
실외 환경	• 어린이집 보호벽 및 어린이집 주변의 관리상태는 양호한가?						
	• 실외 놀이공간 주변의 돌, 유리조각, 요철, 녹이 슨 부분, 벗겨진 페인트, 돌출된 모서리가 방치되어 있지는 않은가?						
	• 확인되지 않는 식물이나 잡초는 모두 제거하였는가?						
	• 놀이터 바닥에 오물, 방치된 물웅덩이가 없는가?						
실내 환경	• 문과 창문 등의 추락 위험은 없는가?						
	• 바닥에는 다칠 수 있거나 미끄러운 곳이 없는가?						
	• 복도, 계단, 비상계단, 미끄럼대 등에 방치된 물건이 없어 피난계단, 미끄럼대 등을 사용하기에 양호한가?						
	• 모든 보육 용품과 비품이 제자리에 있는가?						
	• 보육 용품이나 비품, 유리창 등에 날카로운 모서리 등이 없는가?						
놀잇감 및 놀이 기구	• 망가져 날카롭고 위험한 것은 없는가?						
	• 유해 색소가 칠해진 놀잇감은 없는가?						
	• 영유아가 삼킬 만한 작은 놀잇감이나 부품은 없는가?						
	• 부품이 빠지거나 작은 볼트 등이 빠진 것은 없는가?						
	• 놀잇감 및 놀이기구의 수납상태가 양호한가?						
화장실 세면대	• 화장실 내 세제나 락스 등 위험한 물건이 영유아들의 손이 닿는 곳에 방치되어 있지 않는가?						
전기 · 화기 · 위험물	• 콘센트는 안전덮개로 보호되어 있는가?						
	• 전선이 늘어져 있지 않는가?						
	• 화기에 의한 안전사고 위험은 없는가?						
	• 위험물에 의한 안전사고 위험은 없는가?						
	• 가스 밸브와 가스 중간 밸브 잠금은 양호한가?						
기타	• 응급전화번호 및 비상연락망 등이 잘 관리되고 있는가?						

실외 시설 및 설비 안전점검표

• 점검자:

점검내용	점검상태		조치사항
	예	아니오	
1. 영유아가 외부로 쉽게 나갈 수 없고 동시에 외부인이 무분별하게 접근할 수 없다.			
2. 옥외놀이터 바닥은 모래밭, 천연 및 인공 잔디, 고무매트, 폐타이어 블록 등으로 안전하게 설치되어 있다.			
3. 에어컨 실외기, LPG 가스통 등이 영유아 손에 닿을 경우 안전덮개가 설치되어 있다.			
4. 축대는 안전하고 맨홀 뚜껑은 잘 덮여 있으며 웅덩이, 돌, 유리조각 등 위험요소가 없다.			
5. 보육시설 내 마당이나 구석 등에는 사고유발 위험이 있는 적재물이 없다. (있는 경우 영유아와 분리하여 안전하게 보관하여야 한다.)			
6. 영유아의 실외 놀이 시 놀이공간에 차량접근을 차단한다.			
7. 실외 시설 및 설비에 고장 등 위험요소가 발견될 경우 '접근불가', '수리중' 등의 표시를 붙인 후, 영유아의 접근을 막고 즉시 수리한다.			
8. 놀이터 시설의 울타리나 보호벽, 볼트와 너트 등의 이음장치에 이상이 없으며, 부식된 구조물이 없다.			
9. 놀이시설물에 영유아의 살을 베거나 찌를 수 있는 날카로운 부분, 모서리, 뾰족한 부분이 없다.			
10. 놀이시설물의 돌출 부분인 볼트와 너트가 위로 튀어나오지 않았다. 볼트와 너트가 위로 향하고 있을 때는 그 높이가 3.2mm를 넘지 않는다.			
11. 놀이시설물의 구멍이나 틈새는 영유아의 몸이 끼이지 않는 넓이(9~23cm는 피함)이다.			

시설 설비 안전점검표

• 기간: 년 월 일 점검자:

안전관리 내용	월	화	수	목	금	토	비고
1. 모든 출입문과 창문은 밖에서 쉽게 열 수 없다.							
2. 출입문 및 창문의 가장자리에 손 끼임 방지장치가 있다.							
3. 창문은 깨지지 않는 안전유리이거나 깨진 유리창이 없고 안전장치와 방충망이 설치되어 있다.							
4. 창문 주변에 영유아가 딛고 올라갈 수 있는 물건이 없다.							
5. 시설 내부의 마감재료는 불연재, 준 불연재 혹은 난 불연재이며, 커튼, 카펫 등의 실내 장식물은 방염 성능을 갖추고 있다.							
6. 모든 설비는 움직이거나 떨어지지 않도록 바닥과 벽면에 단단히 고정되어 있다.							
7. 모든 시설 설비 내 못이나 부품 등이 빠져나와 있지 않다.							
8. 모든 가구의 모서리는 둥글고 표면이 매끄럽게 처리되어 있거나 보호대가 있다.							
9. 바닥에 압핀이나 못 등이 떨어져 있거나 돌출된 부분이 없다.							
10. 화장실이나 세면장의 바닥은 미끄럼방지 처리가 되어 있다.							
11. 온수에는 화상방지를 위해 온도 고정장치가 설치되어 있다.							
12. 돌출형 방열기(라디에이터)나 이와 유사한 온열기를 사용하는 경우에 영유아의 신체가 직접 닿지 않도록 울타리 등의 보호장치가 설치되어 있다.							
13. 계단에 미끄럼방지 처리가 되어 있다.							
14. 계단 난간이 튼튼하며, 흔들리지 않는다.							
15. 계단에 불필요한 물체가 쌓여 있지 않으며, 물이 묻어 있지 않다.							
16. 계단의 조명은 충분히 밝다.							
17. 실내 시설 설비의 수리가 요구될 때, '사용불가' 표시 후 즉시 수리한다.							
18. 전등 작동이 잘 되며, 콘센트 등에 안전장치가 설치되어 있다.							

2) 일과 중의 안전

모든 교직원은 자신이 맡고 있는 공간을 점검하며 관리하는 업무와 함께 일과 중에도 사고 예방에 필요한 일들을 실천한다. 다음과 같은 사항을 참고하여 안전에 유의한다.

〈표 9-5〉 비상시 대피 요령

구분	비상시 대피 요령
실내에서 화재가 발생한 경우	• 손전등을 뽑아 손에 쥐고 유아가 입으로 호흡할 수 있도록 안내한 후 차례를 지켜 출입문을 통해 차례차례 대피시킨다. 유아가 화장실이나 구석에 있는지 확인한 후 문을 닫아 화재가 전이되는 것을 차단한다.
사고발생 시 수칙	• 교사: 침착하게 대처한다. • 영유아: 활동하던 일체의 것을 중단하고 교사의 지시에 따라 행동한다.
안전사고 대처 요령	• 경미한 찰과상, 타박상은 보유하고 있는 비상약품을 꺼내 치료하고 원장과 부모에게 알린다. • 심한 상처는 담임교사가 비상연락망을 통해 전문기관이나 119로 연락하여 조치를 취하고 부모에게 연락한다. 사고 경위를 즉각 원장과 보호자에게 알린다. 보호자와 연락이 되지 않을 경우 응급처치 동의서의 1, 2차 비상연락망으로 연락한다. 인근 병원으로 후송하고 수시로 영유아 상태를 원장과 보호자에게 보고한다.
교통사고 시 대처 요령	• 부상자를 옮길 때는 가능한 팔, 다리, 목이 움직이지 않도록 안전하게 고정하여 유지시킨다. • 구급차(119)를 부르고 원장, 보호자에게 연락한다. • 구급차(119)가 도착하면 유아를 병원으로 이송하여 수속을 밟고 진단을 받는다. • 보호자에게 진단결과를 상세히 알린다. • 기관에 비치된 안전사고 일지를 쓴다.

[그림 9-2] 계단에 표시된 안전규칙: 차례차례 올라가요/뛰지 않고 걸어요

- 다양한 상황에서의 대처법을 익히고, 안전대피 방법을 습득한다.
- 수업이나 이동 중에도 안전 규칙을 논의하며 지킬 수 있도록 한다.
- 등원 및 귀가시간의 영유아가 지정된 보호자와 함께하는지 살핀다. 만 12세 이하 미성년자는 보호자가 될 수 없음을 수시로 영유아와 부모에게 알린다.
- 사고발생 시 가까운 병원의 자문을 구하여 처방하거나 적절한 응급처치를 하기 위하여 모든 구성원이 응급처치에 필요한 기술과 지식을 습득한다. 응급처치 동의서, 학부모 비상연락처를 보관한다.
- 상황별 대처방법이나 응급처치법을 약품상자 주변에 비치하는 것도 좋다. 비치되어야 할 약품과 응급처치에 관한 자료는 다음의 도서를 참고한다: 김혜경. 『영유아건강교육』. 공동체. 2012. 제3장 건강 관련 지침.
- 안전사고 예방을 위한 안전 설비를 갖춘다.

〈표 9-6〉 안전 설비 예시

안전장치	목적	설치 사진
수납장 안전잠금장치	위험한 물건이나 교사용 물건에 유아들이 손을 대지 않도록 하기 위함	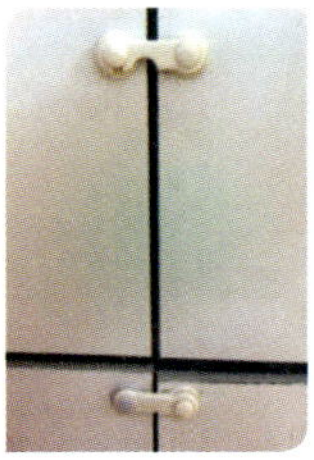
분말 소화기	초기 화재 진압에 성공하기 위해 분말 소화기를 각 교실 및 복도에 비치함	

안전장치	목적	설치 사진
완전닫힘 방지장치	놀이실 문에 손바닥 모양을 부착하여 문 개폐 시 안전사고가 일어나는 것을 방지함	
투척용 소화기	화재 진압을 손쉽게 하기 위해 각 층에 설치함	
미끄럼 방지장치	계단을 오르내릴 때 미끄러지는 것을 방지하기 위함	
휴대용 조명등	정전이 되었을 때 사용하기 위함	
손 끼임 방지장치	문을 열고 닫을 때 생기는 틈 사이로 손가락을 넣어 다치는 것을 막기 위함	

안전장치	목적	설치 사진
모서리 보호대	교구장 및 가구의 모서리에 다치는 것을 방지함	
비상 미끄럼틀	비상사태에 밖으로 신속히 대피하기 위함	
비상대피 안내도	화재 및 비상사태 시에 빠르게 대피할 수 있도록 각 교실에서의 대피방법을 게시하여 대피 경로를 한눈에 알아볼 수 있도록 함	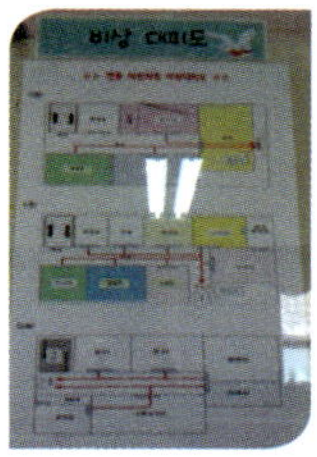
콘센트 안전덮개	사용하지 않는 콘센트를 막고, 외부로 노출된 플러그와 전선들로부터 전기 안전사고를 예방하기 위함	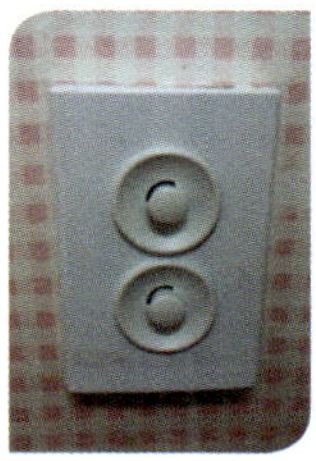

3) 재난대비훈련

(1) 계획 수립

영유아기관에서는 월 1회 이상 재난대비훈련을 실시해야 한다. 매월 4일 안전점검의 날이나 매월 15일 민방위 훈련일에 실시하면 무난할 것이다. 기관의 사정에 따라 훈련 날짜를 선택하고 법정 안전교육을 포함하여 실시한다. 비상대피 조직도와 시설 배치도는 잘 보이는 곳에 게시하여 항상 염두에 두고 비상시 신속하게 대처하도록 한다.

영유아기관의 안전에 관한 법정교육과 지침은 계속 증가하고 있는 추세이므로 연간 계획안에 잘 안배하여 놓치지 않도록 해야 한다. 다음의 내용을 참고해 보기 바란다: 김혜경. 『어린이집 개원하기』. 공동체. 2012. 제15장 위생과 안전관리/부록 – 운영에 필요한 문서목록 .

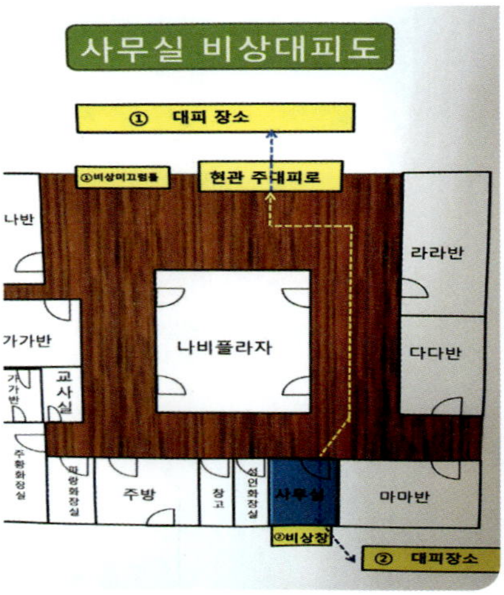

〈표 9-7〉 N 기관의 안전교육 총괄 계획안 예시

월별	제목	내용	대상 및 협조	형태
3월	소방교육 기초훈련	• 소방교육 – 교직원: 소방훈련의 목적 및 대피방법, 자위 소방대 팀별 업무 파악 – 영유아: 연령별 기초훈련, 화재 발생시 경로 따라 이동해 보기	영유아와 교직원 전체	자체훈련
4월	종합훈련	• 파랑 화장실 창고누전으로 인한 화재	영유아와 교직원 전체	자체훈련
5월	종합훈련	• 황사 발생 시 안전행동 및 대피요령 (모래바람이 불어요)	영유아와 교직원 전체	자체훈련
6월	종합훈련	• 복도에서 뛰어가던 유아의 안전사고 발생(영유아 안전사고 예방 및 대처방법)	영유아와 교직원 전체	자체훈련
7월	소방교육 종합훈련	• 소방교육 – 화재 예방 및 대처방법 (소화기 사용) • 유희실 에어컨 가열로 인한 화재	영유아와 교직원 전체	자체훈련 소화기 실습
8월	종합훈련	• 태풍, 폭우로 인한 대피훈련	영유아와 교직원 전체	자체훈련
9월	종합훈련	• 만 4세 라라반 과학실험 중 부주의로 인한 화재	영유아와 교직원 전체	자체훈련 소화기 실습
10월	종합훈련	• 조리 부주의로 인한 조리실 화재	영유아와 교직원 전체	자체훈련
11월	종합훈련	• 천재지변, 지진으로 인한 대피훈련	영유아와 교직원 전체	자체훈련
12월	종합훈련	• 유희실 난방 과열로 인한 화재	영유아와 교직원 전체	자체훈련
1월	종합훈련	• 폭설로 인한 비상 재난대비훈련	영유아와 교직원 전체	자체훈련
2월	종합훈련	• 교사실 콘센트 과열로 인한 화재	영유아와 교직원 전체	자체훈련 소화기 실습

(주) 교통안전교육 2개월에 1회 이상, 성폭력 및 아동학대 예방교육 6개월에 1회 이상, 실종·유괴 예방 방지교육 3개월에 1회 이상, 재난대비 안전교육 2개월에 1회 이상, 소방훈련과 안전교육 월 1회 이상을 실시하고 있으나, 안전에 관한 지침이 매년 강화되므로 항상 최신 지침을 확인해야 한다.

〈표 9-8〉 연간 계획안에 따른 월간 계획안

3월 소방훈련(교직원 대상)
소방훈련의 의미와 목적 1. 화재를 예방 · 경계 · 진압하여 국민의 생명 · 신체 및 재산을 보호함으로써 공공의 안녕과 질서유지, 복리증진에 이바지 2. 화재현장에서의 패닉 현상 방지
소방훈련 교육의 중요성 1. 인위적인 재난사고 예방 2. 안전사고에 대한 경각심 고취 3. 안전사고의 유형별로 긴급 대처요령에 대한 중점교육 4. 어린이 안전사고를 미연에 방지
소방훈련 연간 일정 실제 화재 시 신속한 대피를 위해 반복적인 훈련으로 매월 1회씩 이루어지며 학기 초(3월) 사전 교육활동으로 소방훈련을 처음 접하는 유아들을 위해 놀이를 통한 훈련방법을 익힌 후 4~2월 동안 가상 시나리오에 따라 소방 대피훈련을 실시
소방훈련방법 가상 시나리오에 따른 화재장소 선정 → 최초 발견자의 "불이야~!" 외침과 동시에 비상벨 작동 → 원장에게 보고 → 가까운 위치의 소화기로 초기 소화 → 교사를 따라 안전한 곳으로 대피 → 대피 후 인원 확인 → 완전한 소화상태 확인 후 복귀

(2) 훈련 실적의 기록

영유아는 위험 상황에 대한 인식이 부족하고, 위험을 예측하는 능력이나 신체조절능력이 미숙하기 때문에 안전사고의 발생 가능성이 매우 높다. 그러므로 영유아기관의 안전교육은 교육의 기본인 동시에 최우선 활동이다. 재난대비훈련을 통한 안전교육은 유아 스스로 위험으로부터 자신을 보호할 수 있도록 안전에 대한 지식, 기술, 태도를 배워 안전하고 건강한 생활을 영위할 수 있도록 도와주는 교육으로 자신에 대한 보호뿐만 아니라 생명을 존중하는 인간 개개인의 존엄성을 배우는 교육이다.

안전교육과 재난대비훈련과 함께 비상연락체계와 연락망, 응급의료기관 연락처 등을 갖춰 놓아야 한다. 영유아기관에서 매월 실시되는 안전교육과 재난대비훈련은 그 계획과 실행 기록이 있어야 한다. 다양한 평가에서 대상이 되기 때문이다. 훈련 절차에서 각자의 업무에 대해 숙지하고 대처할 수 있도록 구체적인 업무 분장표를 작성하여 공유한다.

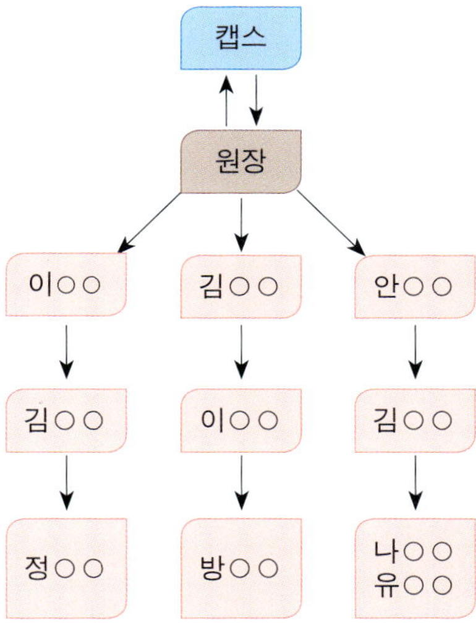

* 마지막에 연락받은 정○○, 방○○, 유○○는 다시 원장님께 보고한다.

[그림 9-3] 비상연락체계

〈표 9-9〉 응급의료기관 및 외부관계기관의 비상연락처

구분	응급의료기관	전화번호
1	삼성서울병원	02-3410-2114
2	강동성심병원	02-2224-2114

구분	외부관계기관	전화번호
1	캡스	1588-6400
2	수서경찰서 대왕지구대	182 / 02-3411-0323
3	수서소방서 응급환자이송센터	070-4594-4854
4	강남구청 보육지원과	02-3423-5822~5
5	강남보건소 보건과	02-3423-7135

〈표 9-10〉 교직원 비상연락처

구분	성명	직책	핸드폰
1	김혜경	원장	010-8888-0590
2	김○○	주임	010-9772-0000
3	나○○	교사	010-9524-1111
4	이○○	교사	010-3542-2222
5	안○○	교사	010-8589-3333
6	이○○	교사	010-4302-4444
7	김○○	교사	010-2871-5555
8	김○○	교사	010-5377-6666
9	방○○	보조교사	010-7205-7777
10	유○○	조리사	010-3891-8888
11	정○○	보육도우미	010-5252-9999
12	신○○	누리교사	010-3464-1111

〈표 9-11〉 비상시 업무 분담표

구분	담당 및 업무
총지휘	원장
	• 소방서, 경찰서에 화재신고, 긴급구조 요청 • 전체 대피를 지휘, 통솔
부지휘	주임교사
	• 비상구와 출입문을 열어 신속히 대피하도록 유도 • 자체 소방시설을 활용한 소화활동
응급처치	교사
	• 건물 밖에서 부상당한 영유아들을 응급처치하고 중태의 환자는 인근병원으로 긴급 후송 〈응급의료체계 신고 요령〉 1. 응급 원아가 발생하면 그 즉시 119에 신고 2. 119에 환아의 상태를 설명 3. 전화를 끊지 않고 119의 응급처치 요령을 전달 4. 119구급대가 현장에 도착하기 전까지 교사는 환아에게 응급처치 실시 • 119나 1339(응급의료정보센터)
보조업무	조리원
	• 전기 스위치를 끄기 • 가스 밸브를 잠그기 • 소화기를 작동하여 진화작업을 하며 대피 돕기

• 선두 교사의 역할
  – 각 층에서 선두 교사 역할을 맡은 교사는 그 층의 영유아를 모두 이끌고 대피장소로 이동한다.

• 후진 교사의 역할
  – 그 층의 각 반 영유아들을 후진에서 이동시켜 주고 최종으로 남은 인원이 있는지 확인하며 따라간다.

1. 불이 났을 때는 초기 진화와 대피가 우선
    - 비상문에서 제일 가까운 영유아가 문을 열고 나가기 시작하며 신속히 대피한다.
    - 교사는 영유아가 평상시에 훈련한 대피 장소로 이동하도록 유도한다.
    - 교사는 남아 있는 영유아가 있는지 살핀다.
    - 소화기를 이용하여 신속히 초기 진화한다.
    - 엘리베이터를 타지 않고 비상구를 이용한다.
    - 119에 신고한다.

2. 화재 발생 후 연기 속에서 대피할 때
    - 손수건이나 옷을 이용하여 코와 입을 보호한다.
    - 자세를 최대한 낮춘다.
    - 다른 손으로 벽을 잡는다.
    - 비상구 방향으로 신속하게 대피한다.

3. 불길이나 연기 때문에 대피할 수 없어 건물 속에 갇혔을 때
    - 문 손잡이를 만져 보고 뜨거우면 문을 열고 나가지 않는다.
    - 창문이나 문틈을 물에 적신 수건으로 막고, 물에 적신 손수건이나 수건으로 입과 코를 가리고 낮은 자세를 취한다.
    - 창문에서 수건을 흔들며 구조를 요청한다.
    - 함부로 창 밖으로 뛰어내리지 않는다.

위와 같은 방식으로 계획을 수립하고 교직원 각자의 업무 분장을 다시 한번 확인한다.

<table>
<tr><th rowspan="2">구 분</th><th colspan="2">화재발생 시</th><th rowspan="2">안전사고
발생 시</th><th rowspan="2">재난 사고발생 시
(홍수, 지진 등)</th></tr>
<tr><th>공통 업무</th><th>자위소방조직 팀별 업무</th></tr>
<tr><td>통보연락팀
김○○
박○○</td><td rowspan="4">최초
발견자가
“불이야”
외치며
화재 장소를
알리고
초기 소화
↓
자위소방
조직에 따른
업무 시행</td><td>• 관계기관에 신고
(119, 지구대 등)
• 건물 내 화재 발생 통보
• 소방차량 유도 및
진입로 확보</td><td rowspan="4">최초 발견자는
응급조치 시행 및 동
료 교직원에게
도움 요청
↓
원장 보고
↓
부모와
관계기관에 연락
☞ 의식이 없을 경우
– 심폐소생술
실시
– 119에 신고</td><td rowspan="4">최초 발견자는
재난에 대한
신속한 정보
전달 및 대피
↓
원장 보고
↓
원장 지휘에 따라
관계기관 연락
(재난방지
예방센터, 119 등)
☞ 특정 날씨나 상황
에 따른 재난(홍
수로 인한 침수,
누수 등) 시에는
심각성에 따라 대
피 및 관계기관
연락 통보함
☞ 영유아 접근을 막
고 기관 전체 전
열을 차단함</td></tr>
<tr><td>피난유도팀
정○○
신○○</td><td>• 기관 내 모든 인원 대피
유도
• 전기 차단, 가스, 위험물
제거
• 중요 물품 안전한
장소로 이동</td></tr>
<tr><td>응급구조팀
나○○
방○○</td><td>• 상해를 당한 부상자를 응
급처치하고 긴급 후송</td></tr>
<tr><td>소화팀
유○○
손○○</td><td>• 소화기나 옥외 소화전을 사
용하여 초기 화재 진압 시도</td></tr>
</table>

안전과 관련된 교육기록을 남겨 놓은 예는 다음과 같다.

○○○ 유치원　　　년　안전교육 실적 기록(교직원 대상)

구분	주제	날 짜	대상	비고
1	성폭력 및 영유아 학대 예방교육 직장 내 성희롱 예방교육	4월 13일(월) 16시~17시 30분	교직원 전원	안전교육연구소 박○○ 소장
2	영유아 안전 예방교육	900분(15시간)	이○○ 정○○	사이버 안전교육센터 온라인 동영상 교육 수료증 발급
3	영유아 학대 예방 온라인 교육	55분	교직원 전원	온라인 동영상 교육 수료증 발급
4	교직원 안전교육 및 영유아 학대 예방교육	7월 7일(화) 16시~20시	김○○ 안○○	대치2동 문화센터 3층 다목적 강당
5	심폐소생술 및 응급처치	7월 9일(목) 16시~17시 30분	교직원 전원	만 5세 마마반 교실
6	재난대비	7월 14일(화) 10시~10시 45분	교직원 전원	유희실
7	영유아 인권 선임교사	8월18일(화) 16시~18시	안○○	JYP 센터 본관 2층
8	교통안전	8월 27일(목) 10시~10시 40분	교직원 전원	유희실
9	인성교육	10월 2일(월) 16시 30분~17시 30분	교직원 11명	다다반 교실

① 전 교직원 안전교육: 교직원 교육 파일에 관련 증빙서류를 관리하고 있음
② 소방훈련: 매월 1회 정기 실시
③ 소방교육: 연 2회 실시

○○○ 유치원 , 년 안전교육 실적 기록(영유아 대상)		
구분	교육일자	교육시간
성폭력 및 영유아 학대 예방교육	3. 24. ~ 3. 27.	1시간 20분
	5. 12. ~ 5. 15.	1시간 20분
	6. 30. ~ 7. 30.	1시간 20분
	8. 4. ~ 8. 7.	1시간 20분
	5. 29.	50분
실종 · 유괴의 예방 및 방지 교육	3. 31. ~ 4. 3.	1시간 20분
	5. 19. ~ 5. 22.	1시간 20분
	6. 23. ~ 6. 26.	1시간 20분
	8. 11. ~ 8. 14.	1시간 20분
	9. 8. ~ 9. 11.	1시간 20분
약물의 오용 · 남용 예방교육	3. 10. ~ 3. 13.	1시간 20분
	4. 21. ~ 4. 24.	1시간 20분
	6. 2. ~ 6. 5.	1시간 20분
재난대비 안전교육	4. 21. ~ 4. 24.	1시간 20분
	6. 9. ~ 6. 12.	1시간 20분
	7. 21. ~ 7. 24.	1시간 20분
	7. 24.	50분
	8. 25. ~ 8. 28.	1시간 20분
교통안전교육	4. 14. ~ 4. 17.	1시간 20분
	5. 26. ~ 5. 29.	1시간 20분
	7. 14. ~ 7. 17.	1시간 20분
	8. 18. ~ 8. 21.	1시간 20분
	9. 22. ~ 9. 25.	1시간 20분
	8. 27.	50분

<table>
<tr><th colspan="3">소방대피훈련 일지</th></tr>
<tr><td>실시 일자</td><td>월 일 요일</td><td rowspan="3">제( )회
제( )회
제( )회</td></tr>
<tr><td>화재발생장소</td><td></td></tr>
<tr><td>교육 구분</td><td>□자체 훈련 □외부기관에 의한 훈련</td></tr>
<tr><td>실시 시간</td><td>(오전/오후) 시 분 ~ 시 분</td><td>총( )분</td></tr>
<tr><td>참가 인원</td><td>교사( )명 / 영유아( )명</td><td>총( )명</td></tr>
<tr><td>훈련 목적</td><td colspan="2"></td></tr>
<tr><td>훈련내용</td><td colspan="2">비상벨, 사이렌 → 각 반의 대피 경로로 대피 → 대피장소 집결 →
영유아 인원 체크 → 간단한 주의사항 → 교실로 이동</td></tr>
<tr><td></td><td>평가내용</td><td>평가란</td></tr>
<tr><td rowspan="9">모의
실시
내용</td><td>– 비상벨 소리는 모두 들을 수 있는 적당한 크기로 울렸는가?</td><td></td></tr>
<tr><td>– 대피경로는 효율적인가?</td><td></td></tr>
<tr><td>– 대피장소는 안전한 곳인가?</td><td></td></tr>
<tr><td>– 재입실 경로는 효율적인가?</td><td></td></tr>
<tr><td>– 구성원은 각자의 역할을 조직적으로 수행했는가?</td><td></td></tr>
<tr><td>– 연락체계는 신속하게 이루어졌는가?</td><td></td></tr>
<tr><td>– 모의실시 결과 문제점은 없었는가?</td><td></td></tr>
<tr><td>– 종사자는 모두 소화기를 조작할 수 있는가?</td><td></td></tr>
<tr><td>– 모의실시 결과 개선되어야 할 사항은 없었나?</td><td></td></tr>
<tr><td>문제사항</td><td></td><td></td></tr>
<tr><td>변경된 사항</td><td></td><td></td></tr>
</table>

4) 사고처리 절차

많은 수의 영유아가 장시간 머무는 영유아기관에서는 크고 작은 부상이 일어날 수밖에 없다. '영유아건강교육' 등의 과목에서 학습한 응급처치법으로 숙지하여 피해를 최소화해야 한다. 상해뿐만이 아니라 약물 오남용으로 인한 사고도 일어나지 않도록 기관과 부모 사이의 책임 한계를 명확하게 해야 한다. 투약은 반드시 문서로 의뢰하고 약을 전달한 경우에만 실시하여 투약보고서를 작성해야 한다.

[그림 9-4] 반별 투약함

투약의뢰서

자녀의 투약을 (양호)선생님께 의뢰합니다.

- 반 명:
- 아 동 명:
- 증 상:
- 약의 종류: (보관 장소: 실온 · 냉장)
- 투약 용량:
- 투약 시간:

년 월 일 요일

의뢰자 (인)

※ 투약으로 인한 책임은 의뢰자가 집니다.

투약보고서

금일 본 어린이집의 ○ ○ ○ 영유아에 대해 의뢰하신 내용대로 투약하였음을 보고합니다.

년 월 일 요일

의뢰자 (인)

• 특이사항:

○ ○ ○ ○어린이집

일과 중 상처를 입은 영유아가 있거나 응급상황이 발생하면 담임교사는 원장이나 책임자에게 영유아의 상태를 보고하여 응급처치의 방법과 병원 수송 여부를 결정해야 한다.

병원에 갈 때는 입학 서류로 제출한 응급처치 동의서에 명시된 수송희망 병원을 확인하고 부모와 연락하여 의사를 반영한다. 다양한 콜택시 어플(application)을 통해 신속한 수송을 할 수 있지만 위급사항으로 판단되면 119를 통해 구급차를 요청하는 것이 좋다. 의료전문가의 응급처치를 받을 수 있기 때문이다. 원장이나 교사의 차량을 이용하면 병원 도착 후 주차시간으로 치료가 지연될 수 있다.

영유아의 주민등록번호와 부모 연락처를 가지고 출발한다. 응급실 접수 시 필요하며 이동하는 동안 부모에게 자녀의 상태를 알려 줄 수 있다. 기관의 지출에 사용하는 카드도 가져간다. 치료가 완료되면 보험처리하고 일지에 기록한다. 보험처리를 위한 사고 보고양식은 다음과 같다.

<table>
<tr><td>시설명(종류)
* 전담 지정
종류 포함</td><td colspan="3">(　　　　)</td><td>인가일</td><td>최초:　　년　월　일
변경:　　년　월　일</td></tr>
<tr><td>주소</td><td colspan="3"></td><td>연락처</td><td></td></tr>
<tr><td>시설 현황</td><td colspan="5">정원 (　　)명, 현원 (　　)명, 종사자 (　　)명</td></tr>
<tr><td>운영 현황</td><td colspan="5">0세반 (　)명, 1세반 (　)명, 2세반 (　)명, 3세반 (　)명, 4세반 (　)명, 5세반 (　)명,
시간제 (　)명,　방과후 (　)명,　야간연장 (　)명,　24시간 (　)명</td></tr>
<tr><td>사고 영유아명</td><td></td><td>성별</td><td>남, 여</td><td>생년월일</td><td>년　월　일</td></tr>
<tr><td>사고 일자</td><td>년　월　일</td><td>목격자명</td><td></td><td>사고시간</td><td>오전/오후</td></tr>
<tr><td colspan="2">사고 당시 시설장 및
담임교사 근무상황</td><td colspan="4"></td></tr>
<tr><td>부모
연락사항</td><td colspan="5"></td></tr>
<tr><td>연락시간</td><td>오전/오후</td><td colspan="2">119 신고 여부</td><td colspan="2">□안 함　□신고함(오전/오후)</td></tr>
<tr><td>사고
발생 장소</td><td colspan="5">□ 등하원　□ 견학 중　□ 실외 놀이터　□ 실내 놀이실
□ 화장실　□ 복도　□ 현관　□ 주방
□ 대근육활동실(유희실)　□ 교사실　□ 식당
□ 계단　□ 기타(　　　　　)</td></tr>
<tr><td>사고 당시
활동내용</td><td colspan="5">□ 목욕 및 배변시간　□ 계단 오르내리기　□ 점심/간식/수유시간
□ 실내 자유놀이　□ 실외 자유놀이　□ 계획된 실외 놀이
□ 물놀이　□ 견학　□ 낮잠　□ 기타 (　　　　　)</td></tr>
<tr><td>상해를 입은
시설 설비</td><td colspan="5">□ 오르기 시설　□ 평균대　□ 크롤(기어나가는 시설)
□ 장애 설비　□ 현관문/교실문　□ 담
□ 실외 고정물　□ 회전대　□ 복합 놀이기구
□ 시소　□ 미끄럼틀　□ 그네
□ 바퀴 달린 탈것　□ 바퀴 달린 장난감　□ 잘 모르겠음
□ 기타(　　　　　)</td></tr>
<tr><td>상해의 유형</td><td colspan="5">□ 화상　□ 쇼크/질식　□ 추락/강타
□ 멍　□ 찢어짐　□ 뼈가 부러지거나 탈구
□ 압박, 눌림　□ 베임　□ 찰과상(벗겨짐)
□ 삠　□ 물림　□ 찔림
□ 식중독　□ 기타 중독　□ 호흡 곤란
□ 기타(　　　　　)</td></tr>
</table>

<table>
<tr><td colspan="2">상해를 입은 다른 영유아가 있는가 ?</td><td colspan="2">□ 예 □ 아니오</td></tr>
<tr><td>사고 원인</td><td colspan="3">□ 바닥으로 떨어짐: 떨어진 높이 약 m
바닥의 형태:
□ 뛰거나 발을 헛디뎌 넘어짐 □ 다른 유아에게 물림
□ 차량에 의함 □ 시설물에 끼임
□ 다른 유아에게 맞거나 밀림 □ 바퀴 달린 탈것(인라인 스케이트 등)
□ 물체에 의해 다침 □ 음식물에 의한 질식
□ 곤충에 물리거나 쏘임 □ 동물에게 물림
□ 열, 추위에 노출 □ 기타 ( )</td></tr>
<tr><td>다친 부위
(좌, 우 표시)</td><td colspan="3">□ 머리 □ 눈(L ,R) □ 귀(L, R) □ 코 □ 입
□ 목 □ 가슴 □ 등 □ 엉덩이(L, R)
□ 생식기 □ 팔(L, R) □ 손(L, R) □ 다리(L, R) □ 발(L, R)</td></tr>
<tr><td>사고 관련
특이사항</td><td colspan="3"></td></tr>
<tr><td colspan="4">보육기관에서 행해진 응급처치(상술 예: 압박붕대, 세척, 붕대 등)</td></tr>
<tr><td colspan="4"></td></tr>
<tr><td colspan="4">상해 · 배상보험 가입 현황</td></tr>
<tr><td colspan="4">□ 상해 □ 배상 □ 기타( ) 보험금 최고한도 인당 ( )만 원 건당 ( )만 원</td></tr>
<tr><td>응급처치자</td><td></td><td>의료기관 진료 여부</td><td>□ 안 함 □ 함</td></tr>
<tr><td>의료기관
진료를 한 경우</td><td colspan="3">□ 외래 진료를 받음(예: 진료실, 응급실)
□ 입원(시간/일)</td></tr>
<tr><td colspan="2">기타 사후처리 상황
(경찰 조사, 피해 합의 등)</td><td colspan="2"></td></tr>
<tr><td colspan="2">사고 영유아 보호(치료)를
위한 추후 계획</td><td colspan="2"></td></tr>
<tr><td colspan="2">재발 방지를 위한 조치사항</td><td colspan="2"></td></tr>
<tr><td>직원 서명</td><td colspan="3">(인) 날짜: . . 오전/오후</td></tr>
<tr><td>부모 서명</td><td colspan="3">(인) 날짜: . . 오전/오후</td></tr>
</table>

5) 정보안전

영유아기관의 안전관리에는 물리적인 대상의 안전관리뿐만이 아니라 개인정보와 같은 무형의 관리대상도 해당된다. 우리 사회의 일상생활에서 수많은 CCTV (closed circuit television: 폐쇄회로 텔레비전)를 볼 수 있다. 한나절 정도 서울의 거리를 다니면서 관찰해 보니 약 10개의 카메라에 자신이 찍히는 것을 파악할 수 있었다. 혹자가 대한민국의 현재는 역사 이래 가장 도덕적인 시대가 될 것이라고 말할 만큼 모든 것이 녹화되어 드러난다. 이렇게 녹화되는 영상이 강력사건을 해결하는 단서가 되어 주는 순기능도 있지만 우리 모두는 한 편의 자유를 잃어 가고 있다. 특히 영유아기관의 CCTV는 2015년 12월에 설치 의무가 법령으로 확정됨에 따라 모든 교실의 활동이 실시간으로 녹화되고 있다. 기관은 지침에 따라 영상을 관리해야 하며 내부관리계획을 정보공시 사이트에 공개해야 한다.

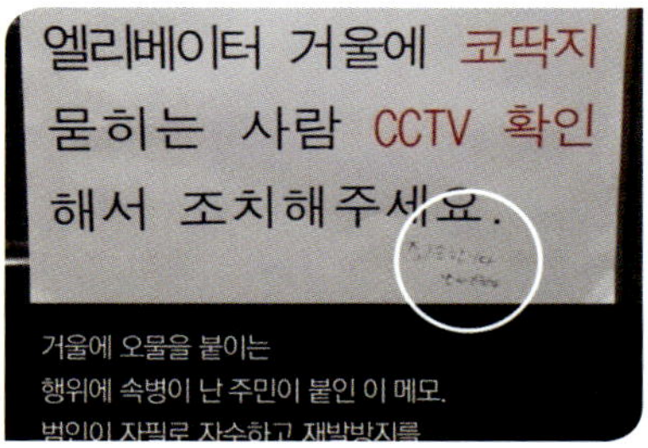

[그림 9-5] 일상생활에 파고든 CCTV

(1) 개인정보 관리 계획

다음은 「영유아보육법」에 따라 수립된 관리계획의 목차이다. 영유아기관의 정보공시에서 모든 내용을 볼 수 있다. 각 조항을 보면 영유아기관의 영상정보와 개인정보의 안전관리 방향을 알 수 있을 것이다. 안내문과 해당 법령도 함께 읽어 보기 바란다.

○○○○ 어린이집 개인정보 내부관리 계획

목 차

제1장 총칙

제1조(목적)

제2조(적용범위)

제3조(용어 정의)

제2장 내부관리계획의 수립 및 시행

제4조(내부관리계획의 수립 및 승인)

제5조(내부관리계획의 공표)

제3장 개인정보보호책임자의 의무와 책임

제6조(개인정보보호책임자의 지정)

제7조(개인정보보호책임자의 의무와 책임)

제8조(개인정보취급자의 범위 및 의무와 책임)

제4장 개인정보의 기술적 · 관리적 안전조치

제9조(개인정보취급자 접근 권한 관리 및 인증)

제10조(비밀번호 관리)

제11조(접근통제)

제12조(개인정보의 암호화)

제13조(접근기록의 위 · 변조 방지)

제14조(보안프로그램의 설치 및 운영)

제15조(물리적 접근제한)

제5장 개인정보보호 교육

제16조(개인정보보호 교육계획의 수립)

제17조(개인정보보호 교육의 실시)

제6장 개인정보 침해대응 및 피해구제

제18조(권익침해 구제방법)

(2) 정책과 법령

각 지방자치 단체는 안내문을 통해 CCTV에 관한 정책을 홍보하고 있다.

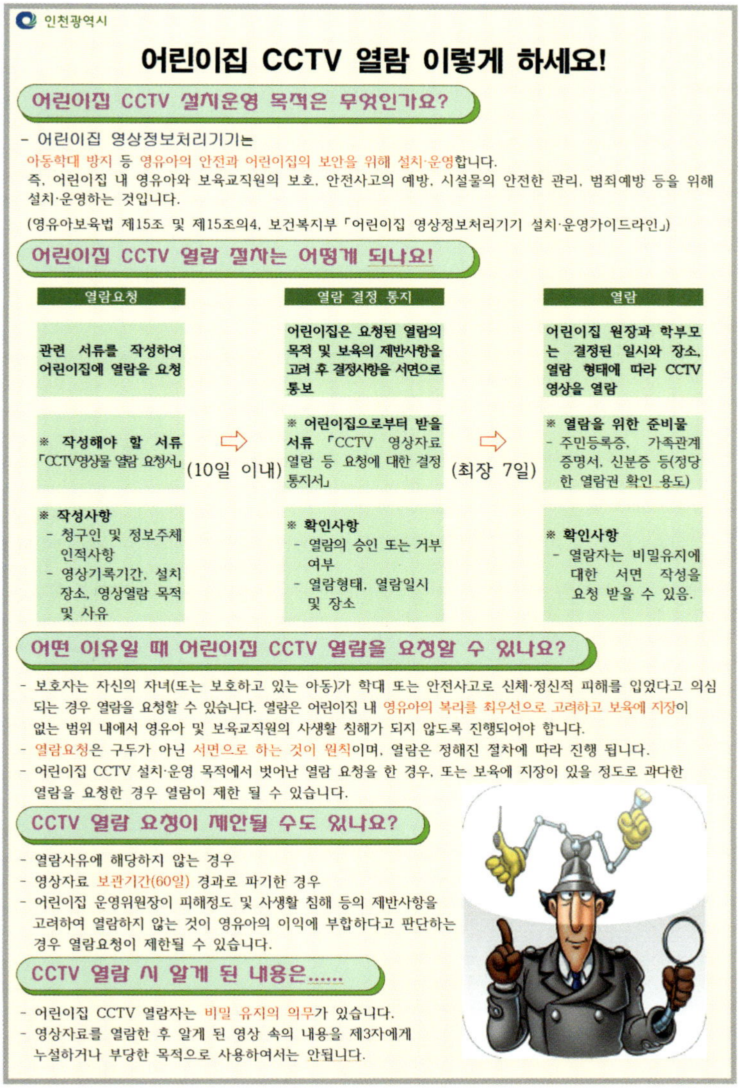

인천광역시

어린이집 CCTV 열람 이렇게 하세요!

어린이집 CCTV 설치운영 목적은 무엇인가요?

- 어린이집 영상정보처리기기는
아동학대 방지 등 영유아의 안전과 어린이집의 보안을 위해 설치·운영합니다.
즉, 어린이집 내 영유아와 보육교직원의 보호, 안전사고의 예방, 시설물의 안전한 관리, 범죄예방 등을 위해 설치·운영하는 것입니다.
(영유아보육법 제15조 및 제15조의4, 보건복지부 「어린이집 영상정보처리기기 설치·운영가이드라인」)

어린이집 CCTV 열람 절차는 어떻게 되나요!

열람요청		열람 결정 통지		열람
관련 서류를 작성하여 어린이집에 열람을 요청		어린이집은 요청된 열람의 목적 및 보육의 제반사항을 고려 후 결정사항을 서면으로 통보		어린이집 원장과 학부모는 결정된 일시와 장소, 열람 형태에 따라 CCTV 영상을 열람
※ 작성해야 할 서류 「CCTV영상물 열람 요청서」	⇨ (10일 이내)	※ 어린이집으로부터 받을 서류 「CCTV 영상자료 열람 등 요청에 대한 결정 통지서」	⇨ (최장 7일)	※ 열람을 위한 준비물 - 주민등록증, 가족관계 증명서, 신분증 등(정당한 열람권 확인 용도)
※ 작성사항 - 청구인 및 정보주체 인적사항 - 영상기록기간, 설치 장소, 영상열람 목적 및 사유		※ 확인사항 - 열람의 승인 또는 거부 여부 - 열람형태, 열람일시 및 장소		※ 확인사항 - 열람자는 비밀유지에 대한 서면 작성을 요청 받을 수 있음.

어떤 이유일 때 어린이집 CCTV 열람을 요청할 수 있나요?

- 보호자는 자신의 자녀(또는 보호하고 있는 아동)가 학대 또는 안전사고로 신체·정신적 피해를 입었다고 의심되는 경우 열람을 요청할 수 있습니다. 열람은 어린이집 내 영유아의 복리를 최우선으로 고려하고 보육에 지장이 없는 범위 내에서 영유아 및 보육교직원의 사생활 침해가 되지 않도록 진행되어야 합니다.
- 열람요청은 구두가 아닌 서면으로 하는 것이 원칙이며, 열람은 정해진 절차에 따라 진행 됩니다.
- 어린이집 CCTV 설치·운영 목적에서 벗어난 열람 요청을 한 경우, 또는 보육에 지장이 있을 정도로 과다한 열람을 요청한 경우 열람이 제한 될 수 있습니다.

CCTV 열람 요청이 제한될 수도 있나요?

- 열람사유에 해당하지 않는 경우
- 영상자료 보관기간(60일) 경과로 파기한 경우
- 어린이집 운영위원장이 피해정도 및 사생활 침해 등의 제반사항을 고려하여 열람하지 않는 것이 영유아의 이익에 부합하다고 판단하는 경우 열람요청이 제한될 수 있습니다.

CCTV 열람 시 알게 된 내용은......

- 어린이집 CCTV 열람자는 비밀 유지의 의무가 있습니다.
- 영상자료를 열람한 후 알게 된 영상 속의 내용을 제3자에게 누설하거나 부당한 목적으로 사용하여서는 안됩니다.

[그림 9-6] CCTV 관련 정책 홍보 예시

「영유아보육법」의 관련 내용은 다음과 같다.

「영유아보육법」

제15조의4(폐쇄회로 텔레비전의 설치 등) ① 어린이집을 설치·운영하는 자는 영유아 학대 방지 등 영유아의 안전과 어린이집의 보안을 위하여 「개인정보 보호법」 및 관련 법령에 따른 폐쇄회로 텔레비전(이하 "폐쇄회로 텔레비전"이라 한다)을 설치·관리하여야 한다. 다만, 다음 각 호의 어느 하나에 해당하는 경우에는 그러하지 아니하다.

1. 어린이집을 설치·운영하는 자가 보호자 전원의 동의를 받아 시장·군수·구청장에게 신고한 경우
2. 어린이집을 설치·운영하는 자가 보호자 및 보육교직원 전원의 동의를 받아 「개인정보 보호법」 및 관련 법령에 따른 네트워크 카메라를 설치한 경우

② 제1항에 따라 폐쇄회로 텔레비전을 설치·관리하는 자는 영유아 및 보육교직원 등 정보주체의 권리가 침해되지 아니하도록 다음 각 호의 사항을 준수하여야 한다.

1. 영유아 학대 방지 등 영유아의 안전과 어린이집의 보안을 위하여 최소한의 영상정보만을 적법하고 정당하게 수집하고, 목적 외의 용도로 활용하지 아니하도록 할 것
2. 영유아 및 보육교직원 등 정보주체의 권리가 침해받을 가능성과 그 위험 정도를 고려하여 영상정보를 안전하게 관리할 것
3. 영유아 및 보육교직원 등 정보주체의 사생활 침해를 최소화하는 방법으로 영상정보를 처리할 것

③ 어린이집을 설치·운영하는 자는 폐쇄회로 텔레비전에 기록된 영상정보를 60일 이상 보관하여야 한다.

④ 제1항에 따른 폐쇄회로 텔레비전의 설치·관리기준 및 동의 또는 신고의 방법·절차·요건, 제3항에 따른 영상정보의 보관기준 및 보관기간 등에 필요한 사항은 보건복지부령으로 정한다.

제15조의5(영상정보의 열람금지 등) ① 폐쇄회로 텔레비전을 설치·관리하는 자는 다음 각 호의 어느 하나에 해당하는 경우를 제외하고는 제15조의4 제1항의 영상정보를 열람하게 하여서는 아니 된다.

1. 보호자가 자녀 또는 보호영유아의 안전을 확인할 목적으로 열람시기·절차 및 방법 등 보건복지부령으로 정하는 바에 따라 요청하는 경우
2. 「개인정보 보호법」 제2조 제6호 가목에 따른 공공기관이 제42조 또는 「영유아복지법」 제66조 등 법령에서 정하는 영유아의 안전업무 수행을 위하여 요청하는 경우
3. 범죄의 수사와 공소의 제기 및 유지, 법원의 재판업무 수행을 위하여 필요한 경우
4. 그 밖에 보육 관련 안전업무를 수행하는 기관으로서 보건복지부령으로 정하는 자가 업무의 수행을 위하여 열람시기·절차 및 방법 등 보건복지부령으로 정하는 바에 따라 요청하는 경우

② 어린이집을 설치·운영하는 자는 다음 각 호의 어느 하나에 해당하는 행위를 하여서는 아니 된다.

1. 제15조의4 제1항의 설치 목적과 다른 목적으로 폐쇄회로 텔레비전을 임의로 조작하거나 다른 곳을 비추는 행위
2. 녹음기능을 사용하거나 보건복지부령으로 정하는 저장장치 이외의 장치 또는 기기에 영상정보를 저장하는 행위

③ 어린이집을 설치·운영하는 자는 제15조의4 제1항의 영상정보가 분실·도난·유출·변조 또는 훼손되지 아니하도록 내부 관리계획의 수립, 접속기록 보관 등 대통령령으로 정하는 바에 따라 안전성 확보에 필요한 기술적·관리적 및 물리적 조치를 하여야 한다.

④ 국가 및 지방자치단체는 어린이집에 설치한 폐쇄회로 텔레비전의 설치·관리와 그 영상정보의 열람으로 영유아 및 보육교직원 등 정보주체의 권리가 침해되지 아니하도록 설치·관리 및 열람 실태를 보건복지부령으로 정하는 바에 따라 매년 1회 이상 조사·점검하여야 한다.

⑤ 폐쇄회로 텔레비전의 설치·관리와 그 영상정보의 열람에 관하여 이 법에서 규정된 것을 제외하고는 「개인정보 보호법」(제25조는 제외한다)을 적용한다.

제36조(비용의 보조 등) 국가나 지방자치단체는 대통령령으로 정하는 바에 따라 제10조에 따른 어린이집의 설치, 보육교사(대체교사를 포함한다)의 인건비, 초과보육(超過保育)에 드는 비용 등 운영 경비 또는 지방육아종합지원센터의 설치·운영, 보육교직원의 복지 증진, 취약보육의 실시 등 보육사업에 드는 비용, 제15조의4에 따른 폐쇄회로 텔레비전 설치비의 전부 또는 일부를 보조한다.

제56조(과태료) ② 다음 각 호의 어느 하나에 해당하는 자에게는 300만 원 이하의 과태료를 부과한다.

4. 제15조의4에 따른 폐쇄회로 텔레비전을 설치하지 아니하거나 설치·관리 의무를 위반한 자
5. 제15조의5 제1항에 따른 열람요청에 응하지 아니한 자

「영유아보육법 시행령」

제20조의8(영상정보의 안전성 확보 조치) ① 어린이집 설치·운영자는 법 제15조의5제3항에 따라 다음 각 호의 안전성 확보 조치를 하여야 한다.

1. 영상정보의 안전한 처리를 위한 내부 관리계획의 수립·시행
2. 개인정보 침해사고 발생에 대응하기 위한 접속기록의 보관 및 위조·변조 방지를 위한 조치
3. 개인정보의 안전한 보관을 위한 보관시설의 마련 또는 잠금장치의 설치 등 물리적 조치
4. 영상정보에 대한 접근 통제 및 권한의 제한 조치

② 제1항의 안전성 확보 조치에 필요한 사항은 보건복지부장관이 정하는 바에 따른다.

〈과태료 부과기준: 「영유아보육법 시행령」 제27조 별표2〉

위반행위	근거 법조문	과태료 금액(단위: 만 원)		
		1차 위반	2차 위반	3차 위반
가. 법 제15조의4에 따른 폐쇄회로텔레비전을 설치하지 않거나 설치 · 관리의무를 위반한 경우	법 제56조 제2항 제4호			
1) 법 제15조의4에 따른 폐쇄회로 텔레비전을 설치하지 않은 경우		100	200	300
2) 법 제15조의4에 따른 폐쇄회로 텔레비전의 설치기준을 위반한 경우		50	100	150
3) 법 제15조의4 제3항에 따라 영상정보를 60일 이상 보관하지 않은 경우		50	100	150
4) 법 제15조의5 제3항에 따른 폐쇄회로 텔레비전의 내부관리 계획을 수립하지 아니한 경우		25	50	75
나. 법 제15조의5 제1항에 따른 열람요청에 응하지 아니한 경우	법 제56조 제2항 제5호	50	100	150

CHAPTER 10

행사와 현장 학습

1. 행사
2. 현장 학습

영유아기관의 행사와 현장 학습은 생활경험을 풍부하게 하고 공동체 의식을 갖게 하며 통합적인 학습의 기회를 제공한다. 여러 가지 행사와 현장 학습은 교육과정의 일환으로 기관의 일과 속에 자연스럽게 포함되어야 한다. 행사를 진행할 때는 수업의 주제, 참여 대상의 연령, 날씨, 기관의 규모, 지역사회의 특성, 거리, 부모의 요구, 미세먼지와 오존농도의 단계, 지도할 성인의 수 등 다양한 측면을 고려해야 한다.

우리나라의 많은 영유아는 기관에 머무는 시간이 긴 종일반에 편성되어 부모와 함께하는 시간이 적기 때문에 기관의 교사가 부모의 역할을 대신해 준다는 관점에서 다양한 나들이와 행사를 계획하기도 한다. 가족을 위한 서비스나 지역사회 연계 프로그램으로 부모와 형제가 포함되는 행사도 증가하는 추세이다. 이 책에서는 행사와 현장 학습을 위한 실무과정을 중심으로 운영관리를 살펴본다. 행사에 대해 더 많은 학습을 원하면 다음의 도서를 참고하기 바란다: ① 김혜경. 『영유아프로그램 개발과 평가』. 창지사. 2020. 제6장 행사 프로그램과 현장학습 프로그램. ② 김영옥 · 진명희 · 김혜경. 『유치원 행사활동 계획』. 동문사. 1995.

1 행사

교사 대 영유아의 비율이 높은 우리나라에서는 담임교사로서의 수업만으로도 빠듯한 하루를 보낸다. 모두가 번잡하고 바쁜 만큼 행사를 위한 기획은 협조적인 분위기에서 체계적으로 되어야 한다. 행사의 준비, 실행, 평가의 모든 업무가 세부적이고 구체적으로 분장되어야 한다. 몇 가지 사례를 통해 실무를 파악하고 협력하며 조정하는 방법을 학습하기 바란다. 영유아기관의 오리엔테이션과 개원식 행사를 중심으로 진행방식을 구체적으로 살펴본다.

1) 오리엔테이션

입학을 결정하고 오리엔테이션에 참석하는 부모는 많은 기대를 가지고 기관을 방문한다. 부모에게는 첫 공식 행사인 만큼 좋은 첫인상을 남기도록 한다. 교사회의를 거쳐 방향, 일시, 방법, 자료, 환경구성 등에 대해 토의하고 업무를 분장하여 준비한다.

<table>
<tr><td colspan="2" rowspan="2">주제</td><td colspan="2" rowspan="2">신학기 오리엔테이션을 위한 준비</td><td colspan="2">결재</td></tr>
<tr><td>담당</td><td>원장</td></tr>
<tr><td colspan="2">일시</td><td colspan="2"></td><td></td><td></td></tr>
<tr><td colspan="2">회의 참석자</td><td colspan="4"></td></tr>
<tr><td colspan="2">예상 물품</td><td colspan="4"></td></tr>
<tr><td rowspan="7">사전협의 내용</td><td rowspan="6">사전 준비사항</td><td></td><td colspan="3"></td></tr>
<tr><td></td><td colspan="3"></td></tr>
<tr><td></td><td colspan="3"></td></tr>
<tr><td></td><td colspan="3"></td></tr>
<tr><td></td><td colspan="3"></td></tr>
<tr><td></td><td colspan="3"></td></tr>
<tr><td>당일 준비사항</td><td colspan="4"></td></tr>
<tr><td colspan="2">유의사항</td><td colspan="4"></td></tr>
</table>

〈표 10-1〉 오리엔테이션 준비 체크 리스트

기간	항목	번호	준비사항	담당 확인
20일 전	전체 회의를 통한 방향 설정과 역할 분담	1	오리엔테이션을 위한 전체 회의	
		2	오리엔테이션 준비사항 확인과 업무 분장	
		3	안내 책자의 내용기획 후 원고작성 시작	
15일 전	필요 물품 목록 수합과 주문	4	현수막 시안 협의 후 제작 주문	
		5	초대장 시안 협의 후 제작	
		6	안내 책자 완성 후 출력 또는 제작 주문	
		7	소개 영상을 제작	
		8	상담 및 참여 여부 전화에 응대 매뉴얼 공유	
		9	오리엔테이션 참석 예약자 명단 작성	
10일 전	초대장 발송 및 오프닝 준비	10	게시판, 홈페이지 등에 오리엔테이션 공지, 초대장 발송	
		11	오리엔테이션 오프닝 방식 협의	
7일 전	오리엔테이션 공지	12	교육과정 프리젠테이션 자료 제작	
		13	특별활동 프로그램 업체에 오리엔테이션 일정 안내	
		14	현관 입구에 현수막 부착	
		15	가정통신문에 오리엔테이션 관련 일정 공지	
5일 전	참여자 확정 후 필요 물품 제작과 간식 주문	16	행사 당일 진행사항 확인용 체크 리스트 작성	
		17	참석자 이름표 도안 협의 후 제작	
		18	오리엔테이션 예약자 확인전화와 문자 발송	
		19	행사 참여인원에 따른 간식 주문	
		20	프리젠테이션 자료로 다 같이 예행 연습	
		21	참석자 선물 제작 혹은 주문	
3일 전	필요 물품과 프로그램 점검	22	참석자 자녀 선물 제작 혹은 주문	
		23	참석자 자녀의 놀이 준비	
		24	장소안내 표식과 각종 유인물 출력	
		25	교실 및 행사장 장식	

기간	항목	번호	준비사항	담당 확인
1일 전	최종 점검과 대청소	26	주문한 간식 수량 확인	
		27	유아들의 놀이장소 점검과 자료 준비	
		28	특별활동 관련 자료 전시	
		29	오리엔테이션 행사 SMS 문자 발송	
		30	인원 수에 맞게 행사장에 의자 배치	
		31	참석자 수에 맞게 덧버선이나 실내화 준비	
		32	대청소 실시	
		33	컴퓨터와 빔프로젝터, 음향 등의 기기 점검	
		34	모두 함께 리허설 진행	
		35	원활한 행사 진행을 의한 각자의 위치 확인	
		36	행사 복장과 인사예절 점검	
		37	안내 책자와 간식 준비	

신입 원아 OT 및 부모 간담회 안내

본 어린이집에서는 신입 원아의 어린이집 적응을 위한 오리엔테이션 및 부모 간담회를 통해 부모님들에게 다양한 교류 기회를 제공하고자 하오니, 부디 참석하시어 활발한 교류의 장이 마련될 수 있도록 협조 바랍니다.

일시	20　년　월　일(　요일) 오후　시　분 ※ 부모 간담회는 신입 원아 오리엔테이션이 끝나고 이어집니다.
장소	각 반 교실
내용	• 신입 원아 오리엔테이션 • 반 특징 및 담임 소개 • 부모 소개 • 부모교육 안내 • 각 반 담임을 중심으로 간담회 실시

------------------------------------ 절취선 ------------------------------------

※ 신입 원아 OT 및 부모 간담회 참가 신청서

______________반　　이름 : ______________

참석	불참	불참 사유

※ 참석 여부에 따라 해당하는 곳에 ○표하여 어린이집으로 __일(_요일)까지 보내 주시기 바랍니다.

철저한 준비과정으로 멋진 행사를 치른 후에는 평가회를 통해 향후 개선점을 모색하고 기록으로 남긴다.

<table>
<tr><td colspan="2" rowspan="2">일시</td><td rowspan="2"></td><td colspan="2">결재</td></tr>
<tr><td>담당</td><td>원장</td></tr>
<tr><td colspan="2">유형</td><td></td><td></td><td></td></tr>
<tr><td colspan="2">각 반 부모 참석인원</td><td colspan="3"></td></tr>
<tr><td rowspan="2">행사평가</td><td>좋은점</td><td colspan="3"></td></tr>
<tr><td>보완점</td><td colspan="3"></td></tr>
<tr><td colspan="2">총평</td><td colspan="3"></td></tr>
</table>

2) 개원식

다음의 행사 사례는 개원식에 관한 것이다. 세밀한 기획과정 문서를 통해 행사 준비에 도움이 되기 바란다.

기관의 개원을 알리는 행사는 영유아들이 어느 정도 안정된 후에 개최하는 것이 좋지만, 일부 지방자체단체에서는 인가 후 15일 이내 개원을 해야 하는 지침 때문에 대부분 짧은 시간에 개원작업을 하고 있다. 새롭게 만난 교직원 간의 호흡을 맞추기에도 빠듯한 시간이다. 개원식은 기관의 탄생을 알리는 행사이므로 신중하게 계획하고 치밀하게 준비하여 좋은 인상을 남길 수 있도록 한다. 교실별로 활동하는 모습을 견학하고 싶어 하는 사람이 많지만, 신입 원아들이 새로운 환경의 긴장이 많은 상태에서는 낯선 이들의 출입이 부담스러울 수 있다. 수업 장면은 교직원과 영유아들이 환경과 일과에 어느 정도 적응이 된 시점에서 공개하는 것이 좋겠다.

행사 당일의 업무 분장을 세밀하게 하여 진행되는 동안에도 진행상태를 점검하면서 보완하고 행사가 끝난 후에는 참석하거나 축하해 준 분들께 감사장 발송 등으로 예의를 갖춘다.

대형기관은 내빈의 축사, 홈페이지 시연, 초청 강연, 교실 견학, 기념촬영 및 선물 증정 등의 순서를 준비하기도 하고 소규모의 기관은 조촐한 다과회 등의 초청 행사로 개원을 알린다. 이 책에서는 중간 규모인 정원 79명 기관의 개원식을 중심으로 실무를 살펴본다. 개원식을 위한 '계획—실행—평가'의 과정을 세부적으로 살펴보고 다른 행사의 기획에 응용해 보기 바란다.

○○○○ 어린이집 개원 행사계획

[행사 개요]

- 일 시:
- 장 소: ○○○○어린이집
- 참석대상: 외부인사 50명(시 · 구의원, 직능단체장, 부모 등)과 어린이집 가족
- 행사 주관: 원장 김○○

[진행 순서(소요시간 30분)]

내용	시간		진행	비고
개원식 소개	10:20~10:21	01'	사회자	부모 대표
테이프 커팅	10:21~10:26	05'	구청장, 국회의원, 시 · 구의원 및 주요 인사	기념사진 촬영
내빈 소개	10:26~10:34	08'	사회자	부모 대표
인사 말씀	10:34~10:37	03'	구청장	
축사	10:37~10:43	06'	시 · 구의원	
시설 둘러보기	10:43~10:50	07'	전원	
폐회	10:50	01'	사회자	

[주요 내용]

【○○○○ 어린이집 현황】

- 위치: 푸른하늘로 24-7
- 보육 정원: 79명
- 건물 면적: 545.79㎡
- 교직원: 12명(원장 1, 교사 10, 조리사 1)
- 위탁체: 재단법인 JYP 장학회

【주요 참석인사(확정)】

- 김○○ 국회의원, 김○○ 시의원, 구의원(윤○○ 의원, 이○○ 의원, 김○○ 의원)
- 샛별구 어린이집 연합회, 이슬동 직능단체장, 부모 등

개원식 초대장 발송 명단

구분	성명	직위	연락처	비고 (참석확인)
샛별구	신○○	샛별구청장		
	김○○	국회의원	02-508-0000 (국장) 010-728-0000	
	전○○	구의회 의장	02-3423-0000 (비서)	
	김○○	시의원(제4선거구)	010-7575-0000	
	유○○	구의원	02-3423-0000 010-3926-0000	
	윤○○	구의원	02-3423-0000 010-5244-0000	
	우○○	이슬동장	02-3423-0000	
위탁기관	차○○	재단법인 JYP 장학회		
어린이집	전원	어린이집 부모		
보육 전문가	박○○	구립어린이집 연합회장		
	송○○	민간어린이집 연합회장		
	박○○	가정어린이집 연합회장		
	전체	구립어린이집원장단	회의 시 전달	
	박○○	샛별구 육아종합지원센터장	546-0000	
이슬동 직능 단체장	오○○	제8기 주민자치위원회 위원장		
	이○○	통장협의회 회장		
	이○○	방위협의회 회장		
	유○○	이슬파출소장		

○○○○어린이집 개원식 계획

결재	담당	원장

<table>
<tr><td>행사명</td><td colspan="3">○○○○어린이집 개원식</td></tr>
<tr><td>행사일시</td><td colspan="3">년 월 일 요일 오전 10시 20분</td></tr>
<tr><td>장소</td><td colspan="3">○○○○어린이집 원내 및 현관 앞</td></tr>
<tr><td rowspan="18">준비물</td><td rowspan="3">행사장 환경 준비</td><td>현수막 2개</td><td></td></tr>
<tr><td>나비플라자 세팅: 탁자 2개 및 낮은 책상 4개</td><td>전일 오후까지 준비</td></tr>
<tr><td>의자 40개</td><td>전일 오후 주민센터에서 이동</td></tr>
<tr><td rowspan="7">개원식 테이프 커팅</td><td>연대 2개</td><td rowspan="2">전일 오후 주민센터에서 이동
전일 오후 주민센터에서 이동</td></tr>
<tr><td>태극기</td></tr>
<tr><td>국기에 대한 음향</td><td>8일까지 준비</td></tr>
<tr><td>사회 카드</td><td>노○○ 엄마 전달(8일까지 완성)</td></tr>
<tr><td>마이크, 앰프</td><td>8일 오전까지 준비</td></tr>
<tr><td>테이프, 가위(15개), 장갑(15개), 커팅봉, 케이크, 칼</td><td>8일까지 준비, 커팅봉과 가위, 장갑은 구청에서 이동</td></tr>
<tr><td rowspan="5">다과 준비</td><td>과일(포도 / 방울토마토)</td><td>9일 오후 준비</td></tr>
<tr><td>낱개포장 마들렌 100개</td><td>9일 오후 준비</td></tr>
<tr><td>VIP용 따뜻한 커피와 커피잔</td><td>당일 내려서 준비</td></tr>
<tr><td>주스(포도, 오렌지)</td><td>9일 오후 준비</td></tr>
<tr><td>냅킨, 포크, 접시, 과일 담을 소형 도시락, 컵</td><td>7일까지 구매</td></tr>
<tr><td rowspan="3"></td><td>내빈용 코르사주(20개), 방명록, 붓펜, 순서지</td><td>8일까지 구매</td></tr>
<tr><td>초대장
– 김○○ 국회의원, 제4선거구 김○○ 시의원, 구의원 3명
– 샛별구 어린이집연합회(50), 이슬동 직능단체장, 부모, 구청, 위탁체, 주민센터</td><td>일부 전달
구의회 전달 예정
연합회는 7일 행사에서 전달</td></tr>
<tr><td>개원 선물과 백: 스티커 작업과 포장</td><td>제작 및 주문 완료</td></tr>
</table>

<table>
<tr><th>행사 내용</th><th>시간</th><th>진행</th><th>업무 분담</th><th>준비물</th></tr>
<tr><td>행사 전 준비</td><td colspan="2">• 마이크 및 앰프 테스트 (2개)
• 현수막 설치 및 풍선 아치 설치
• 내빈용 코르사주 및 커팅용 장갑, 가위 준비
• 다과 준비(내빈용은 원장실에 준비)
• 내빈용 실내화
• 각 반 음향(음악)</td><td>• 마이크 및 음향 확인: 이○○
• 현수막 설치 및 풍선 장식: 김○○, 김○○, 안○○
• 내빈용 코르사주 및 커팅용 장갑, 가위 준비: 원장
• 다과 준비: 원장, 김○○
• 내빈용 실내화: 이○○
• 내빈 인솔 및 안내: 김○○, 김○○
• 레드카펫 깔기: 김○○
• 내빈 의자에 이름표 붙이기: 허○○</td><td>전 교직원과 자원봉사자 복장 점검 및 명찰 패용</td></tr>
<tr><td>개원식</td><td></td><td>사회자</td><td>• 사회자는 행사 시작 3시간 전에 어린이집에 도착, 리허설(노○○ 어머님)
• 코르사주 담당: 김○○</td><td>코르사주, 사회자 카드</td></tr>
<tr><td>테이프 커팅</td><td></td><td>구청장
시 · 구의원
및 주요 인사</td><td>• 참석자
• 가위, 장갑 담당
• 내빈 인솔 및 안내: 원장 → 행사장으로 안내
• 사진: 이○○
• 장갑 등 전달: 김○○, 김○○</td><td>가위, 장갑, 테이프 커팅 봉, 폭죽(2개), 사진기, 마이크, 앰프</td></tr>
<tr><td>내빈 소개</td><td></td><td>사회자</td><td>• 늦게 도착한 내빈 확인
→ 사회자에게 전달</td><td rowspan="2">마이크 2개 (유선 1, 무선 1개), 앰프, 태극기, 현수막, 애국가 음향</td></tr>
<tr><td>실내로 이동</td><td colspan="3"></td></tr>
<tr><td>인사 말씀</td><td></td><td>구청장</td><td>• 신○○ 구청장</td><td></td></tr>
<tr><td>격려사</td><td></td><td>시 · 구의원
위탁체 대표</td><td></td><td></td></tr>
</table>

행사 내용	시간	진행	업무분담	준비물
시설 둘러 보기		전원	• 이동 시 원장이 안내 • 내빈 접대: 김○○, 박○○, 손○○, 조○○ • 방명록 안내 및 관리: 이○○ • 기념품 전달: 유○○	
폐회사		사회자	• 노○○ 어머님	

※ 수업이 진행되는 시간이므로 김○○, 박○○, 이○○, 손○○ 등이 주축이 되어 행사 진행

행사 전 준비	코르사주 및 꽃장식		• 코르사주: 20개, 꽃장식: 3개
	실내화		• 50명분
	개원 기념품		• 위탁체 및 어린이집명 수건
	과일 컵, 포크, 접시		• 각 120개씩 구매
	음식	과일	• 적포도, 방울토마토
		마들렌	• 100개
		케이크	• 커팅용 칼 준비
		커피	• 낱개 포장 50개/원두커피
		주스	• 포도/오렌지
	기타		• 어린이집 안내 표시/외부 나무에 풍선 장식
전체 업무 분담	원장		• 꽃장식, 음식, 현수막 주문 • 내빈 연락 및 초대장 전달
	김○○ 교사		• 초대장 및 순서지 만들기 • 행사 의자 세팅하기 • 부모 참석인원 파악하기 • 필요 물품 구입하기
	손○○ 교사		• 행사계획 및 평가, 풍선 장식 준비, 사회자 카드 만들기, 내빈용 의자에 붙일 종이 만들고 붙이기, 다과 및 과일 담기, 음식 세팅 도우미 • 행사당일 통합보육

전체 업무 분담	안○○ 교사	• 풍선 장식 준비, 기념품 라벨 만들기 • 내빈 안내 및 인솔, 방명록 확인하기, 행사 의자 세팅하기
	이○○ 교사	• 행사 당일 내빈용 실내화 준비, 풍선 장식 준비, 행사 당일 통합보육, 행사 의자 세팅하기
	허○○ 교사	• 애국가 음향 준비, 사전 음향상태 및 마이크 확인하기, 행사 의자 세팅하기 • 방명록, 붓펜, 풍선 아치, 흰색 장갑, 만국기, 가위, 리본, 흰색 천, 컵 주문하기 • 행사장 방향 표시(버스 정류장부터 표시, 지하 주차장부터 표시)
	김○○ 교사	• 2단 케이크 주문(긴 칼 포함), 떡 주문, 과일 구매, 물품 구입하기(과일, 투명컵, 일회용 포크, 젓가락, 접시, 각티슈 작은 것 2개, 냅킨, 행사 의자 세팅하기
	조리사	• 다과 준비하기(내빈용은 원장실에 따로 준비하기)
	조○○ 도우미	• 내빈들이 음식 먹은 후 사용한 접시, 포크, 쓰레기 등 구분할 수 있는 접시 준비 • 쓰레기통 준비 및 정리·정돈
	공통업무	• 각 교실 및 분장된 공간 정리·정돈 청결상태 책임 • 각 교실 수업이 원활하게 이루어지도록 자원봉사자 교육 • 행사에 적합한 용모 점검 • 수업 중이나 업무 중 내빈과 마주칠 때 목례하기 • 대여한 물건 청결하게 정리하여 돌려주기 • 자신의 학급 참석 부모 접대
	빌린 물건 돌려주기	• 테이블보, 테이블 리본

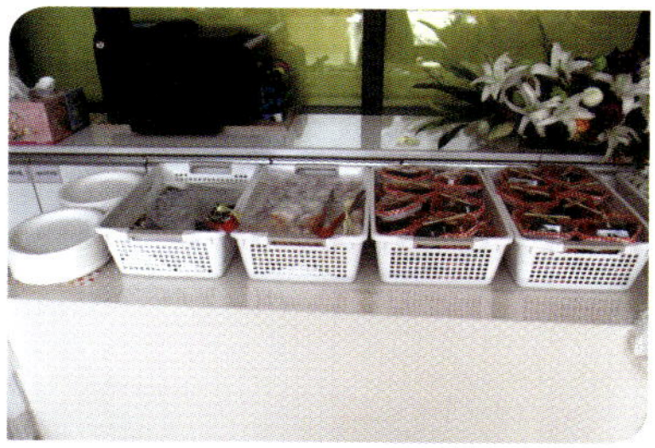

행사 진행과정을 구체적으로 담은 사회카드를 작성하여 모두 함께 연습하고 당일 사회자가 그대로 진행한다.

〈표 10-2〉 개원식 사회 카드 내용 예시

일시: 년 월 일 시
장소: ○○○○어린이집

※ 테이프 커팅식: 정문
※ 내빈 소개 및 인사 말씀: 유희실
※ 다과: 플라자

시간	제목	내용
	사전 멘트	• 잠시 후 행사가 시작될 예정입니다. • 내빈 여러분께서는 테이프 커팅 장소로 모여 주시기 바랍니다. (청장 도착 5분 전)
10:20~ 10:21	개원식 안내	(청장이 행사장에 도착한 것을 확인한 후) • 지금부터 ○○○○어린이집 개원 행사를 시작하겠습니다. • 안녕하십니까. (내빈쪽 확인) • ○○○○어린이집 개원식의 사회를 맡은 ○○반 노○○ 엄마 이○○입니다.
		• 바쁘신 가운데에도 개원식에 참석해 주신 내빈 여러분께 감사드리며, 뜻깊은 행사의 사회를 진행하게 되어 대단히 영광스럽게 생각합니다. • 오늘 행사 진행순서를 간단히 말씀드리겠습니다. • 오늘 행사는 이곳 어린이집 입구에서 테이프 커팅 후 어린이집 안에 마련된 식장에서 개원 행사를 진행하겠습니다. • 개원 행사 종료 후 내부시설을 둘러보시고 난 뒤에 간단한 다과회가 준비되어 있으니, 내빈께서는 즐거운 마음으로 끝까지 함께해 주시면 감사하겠습니다.
10:21~ 10:25	테이프 커팅식	〈커팅식 안내 멘트〉 • 먼저, ○○○○어린이집의 개원을 기념하는 테이프 커팅식이 있겠습니다. • 내빈께서는 테이프 커팅 라인으로 이동해 주시기 바랍니다.
	잠시 대기	• 내빈께서는 테이프 커팅 가위와 장갑을 준비하겠습니다. (어린이집 김○○, 박○○ 교사 : 가위, 장갑 보관대 받듦) (내빈들 장갑, 커팅 가위를 받는 동안 사회자 잠시 대기)

시간	제목	내용
10:21~ 10:25	테이프 커팅식	• 커팅식에 앞서 잠시 기념사진 촬영을 하겠습니다. (기념사진 촬영) • 자, 지금부터 테이프 커팅식을 시작하겠습니다. • 사회자가 먼저 하나, 둘, 셋을 구령하면 내빈께서는 테이프를 커팅해 주시기 바랍니다. • 시작하겠습니다. (즐겁고 경쾌하게) 하나, 둘, 셋! (폭죽 터뜨리기) 큰 박수로 축하해 주시기 바랍니다.
		• 감사합니다. 내빈 여러분께서는 실내로 이동해 주시기 바랍니다. 유희실에 마련된 의자에 앉아 주시기 바랍니다. (안내자 김○ ○, 박○ ○ 교사는 이름을 찾아 내빈을 안내하고 빠르게 이동)
10:26~	국민의례	(자리 정돈 확인) • 지금부터 개원식을 시작하겠습니다. • 먼저, 국기에 대한 경례를 하겠습니다. 모두 자리에서 일어나 주시기 바랍니다. • 국기에 대하여 경례! • (국기에 대한 맹세 음악 나오고, 끝나면) 바로! • 애국가는 1절만 제창하겠습니다. • (애국가 제창 후) 모두 자리에 앉아 주시기 바랍니다.
	내빈 소개	• 이제 이 자리를 빛내 주기 위해 참석해 주신 내빈을 소개해 드리겠습니다. 소개해 드릴 때마다 큰 박수로 맞이해 주시면 감사하겠습니다. (내빈 소개 시작) • (느리게) 우리 지역 국회의원인 김○ ○ 의원님께서 국회 일정으로 부득이 참석을 못 하시게 되어 사모님인 김○ ○ 여사님께서 참석해 주셨습니다. (인사 확인 후 다음 소개) • (느리게) 서울시의회 김○ ○ 의원님 참석하셨습니다. (인사 확인 후 다음 소개)
		• (느리게) 샛별구의회 박○ ○ 의원님 참석하셨습니다. (인사 확인 후 다음 소개) • (느리게) 샛별구의회 윤○ ○ 의원님 참석하셨습니다. (인사 확인 후 다음 소개) • (느리게) 샛별구의회 이○ ○ 의원님 참석하셨습니다. (인사 확인 후 다음 소개)

시간	제목	내용
	내빈 소개	• (느리게) 이슬파출소 유○ ○ 소장님 참석하셨습니다. (인사 확인 후 다음 소개)
		• (느리게) ○ ○ ○ ○어린이집 위탁운영체 재단법인 JYP 장학회 차○ ○ 이사장님 참석하셨습니다. (인사 확인 후 다음 소개)
		• 샛별구 육아종합지원센터 박○ ○ 센터장님 참석하셨습니다. (인사 확인 후 다음 소개)
		• (느리게) 샛별구 구립어린이집 연합회 박○ ○ 회장님 참석하셨습니다. (인사 확인 후 다음 소개)
		• (느리게) 우리 아이들의 행복한 보육을 책임져 주실 김○ ○ ○ ○ ○ ○어린이집 원장님을 소개합니다. (인사 확인 후 다음 소개)
		• (느리게) 다음은 이슬동 직능단체장 여러분을 소개합니다. (끊어서 약간 빠르게)
		• 주민자치위원회 오○ ○ 위원장님 참석하셨습니다. (인사 확인 후 다음 소개) • 통장협의회 이○ ○ 회장님 참석하셨습니다. (인사 확인 후 다음 소개)
		• 그리고 샛별구립어린이집 연합회의 많은 원장님과 영유아보육과 교수님, ○ ○ ○ ○어린이집 원아의 가족분들께서 참석하셨습니다. 감사드립니다.
		• 다음으로, 샛별구민의 자존심을 행복으로 승화시키고 전국 최우수 공공보육시설 확충을 위해 항상 힘써 주시는 신○ ○ 구청장님 참석하셨습니다.
		〈늦게 도착한 내빈 확인〉
	인사 말씀 (구청장님)	(구청장님 인사 확인, 약간 조용해지면) • 이어서, 행복을 느끼는 샛별구를 만드는 데 헌신하시고, 이렇게 예쁜 우리 ○ ○ ○ ○어린이집을 만들어 주신 신○ ○ 구청장님의 인사 말씀이 있겠습니다. 뜨거운 박수로 맞이해 주시기 바랍니다.
		(구청장님 인사 말씀 후) • 신○ ○ 구청장님께 다시 한번 큰 박수 부탁드립니다. (자리에 앉음을 확인한 후 다음 소개)

시간	제목	내용
10:37	격려사 (의원)	• 다음은 서울시의회 김○ ○ 의원님의 격려사가 있겠습니다. 큰 박수로 맞이해 주시기 바랍니다. • 김○ ○ 의원님께 다시 한번 큰 박수 부탁드립니다. (자리에 앉음을 확인한 후 다음 소개) • 다음은 샛별구의회 김○ ○ 의원님의 격려사가 있겠습니다. 큰 박수로 맞이해 주시기 바랍니다. • 김○ ○ 의원님께 다시 한번 큰 박수 부탁드립니다. (자리에 앉음을 확인한 후 다음 소개) • 다음은 샛별구의회 윤○ ○ 의원님의 격려사가 있겠습니다. 큰 박수로 맞이해 주시기 바랍니다. • 윤○ ○ 의원님께 다시 한번 큰 박수 부탁드립니다. (자리에 앉음을 확인한 후 다음 소개)
		• 다음은 샛별구의회 이○ ○ 의원님의 격려사가 있겠습니다. 큰 박수로 맞이해 주시기 바랍니다. • 이○ ○ 의원님께 다시 한번 큰 박수 부탁드립니다. (자리에 앉음을 확인한 후 다음 소개)
	위탁체 대표인사 말씀 (차○ ○ 대표)	이어서, 위탁체 JYP 장학회 차○ ○ 이사장님의 인사 말씀이 있겠습니다. 뜨거운 박수로 맞이해 주시기 바랍니다.
		(인사 말씀 후) • 차○ ○ 이사장님께 다시 한번 큰 박수 부탁드립니다. (자리에 앉음을 확인한 후 다음 소개)
10:43	라운딩	이상으로 개원식 행사를 모두 마치겠습니다. 이어서, 내빈께서는 ○ ○ ○ ○어린이집 라운딩을 하겠습니다. 라운딩이 끝나신 후에는 실내 가운데 공간, 플라자에서 케이크 커팅식을 하고 다과를 즐기면서 자유롭게 담소를 나누시기 바랍니다.
	케이크 커팅식	〈커팅식 안내 멘트〉 • ○ ○ ○ ○어린이집의 개원을 축하하는 케이크 커팅식이 있겠습니다. 내빈께서는 앞으로 이동하여 주시기 바랍니다. (이동 완료 후)
		• 커팅식에 앞서 잠시 기념사진 촬영이 있겠습니다. (기념사진 촬영) • 자, 지금부터 케이크 커팅식을 시작하겠습니다. • 사회자가 먼저 하나, 둘, 셋을 구령하면 내빈께서는 케이크를 커팅해 주시기 바랍니다. 시작하겠습니다. • 하나~둘~셋! • (즐겁고 경쾌하게) 큰 박수로 축하해 주시기 바랍니다.

시간	제목	내용
		감사합니다. 오늘 바쁘신 와중에도 ○○○○어린이집 개원을 축하해 주시고 빛내 주신 모든 내빈께 진심으로 감사를 드립니다. (빨리 이동)

행사를 마친 후에는 평가기록을 남기고 향후 행사에 참고하여 보다 나은 준비와 교육적 효과를 추구한다.

종합평가	• 행사 5일 전부터 교사들과 업무를 협의하고 분장하여 자신이 할 일을 알고 이해함. • 어린이집 개원식 초대장은 유아들의 참여도를 높이기 위해 어린이집 그림 그리기, 엄마, 아빠와 등원이나 하원하는 사진 등 다양한 작품이 나왔음. 유아들은 어린이집 '생일'이라는 것을 자연스럽게 인식하고 함께 축하해 보았음. • 과일이나 빵, 주스와 커피 모두 넉넉하게 준비하여 다과 시간을 즐김. • 앰프나 마이크, 음향의 작동이 잘 이루어지고 즐거운 분위기 속에 진행되었으며 행사를 성공적으로 마침.

2 현장 학습

현장 학습은 수업의 주제에 따라 적합한 공간과 내용을 선택하여 진행한다. 영유아기관의 현장 학습은 전 연령의 영유아가 함께하는 방식, 영아와 유아를 분리하는 방식과 반별로 이루어지는 방식으로 이루어진다. 현장 학습은 연간 계획안에 포함시켜 공지하는 경우가 많다. 이 책의 제2장 2절의 연간 및 월간 계획을 참고해 보기 바란다. 이 장에서는 영유아기관의 현장 학습 중 졸업여행, 농촌체험, 생태놀이가 담겨 있는 문서를 소개한다.

졸업여행 참여 여부 조사입니다.

안녕하십니까? ○○○ 어린이집입니다. 사랑하는 마마반 유아들이 벌써 졸업을 앞두고 이번 주 졸업사진 촬영에 이어 졸업여행을 계획 중에 있습니다.

그동안 함께 해 온 친구들, 정든 담임 선생님, 원장 선생님과 함께 알찬 프로그램이 있는 자연 속의 연수원으로 추억 여행을 다녀오려 합니다. 숙박이 포함된 여행이나 서울 시내 투어 등과 함께 비교 분석하여 고려해 보고, 오붓한 이번 여행을 선택하였습니다.

아래의 내용으로 진행하려고 하오니 검토하셔서 참여 여부를 알려 주시기 바랍니다. 예약이 밀려 있는 프로그램이므로 빠른 답변이 필요합니다. 13일 목요일까지 아래 참여 여부를 절취하여 보내 주시기 바랍니다.

일　　시:
출발과 도착:
장　　소:
주요 프로그램: 졸업 잔칫상 받기/서당체험/세계 여러 나라 문화와 놀이체험/
다 함께 모둠북 연주/튜브 썰매 타기
비용: 교통비 포함 35,000원 내외

-- 절취선 --

이　름:　　　　　　　　　　보호자명:

참여함 (　　　　)　　　　　　참여하지 않음(　　　　)

○○ 어린이집 부모님께

아름다운 봄날 우리 어린이집이 첫걸음을 시작하였는데 벌써 추석이 지났습니다. 수업 주제와 연계한 활동을 위해 '외갓집 체험마을'에 다녀왔습니다. 버스에서 내리자마자 배운 율동에 신이 나기 시작해 모두가 즐겁게 놀이하고 돌아왔습니다.

사랑하는 우리 아이들 유년의 추억 속에 어린이집의 현장 학습이 행복한 기억으로 자리 잡고 수업과도 연계되어 많은 학습이 이루어질 수 있도록 다양한 준비를 하고 있습니다. 실행하는 과정에 혹시 불편한 점이 있으시면 어린이집에 전화 주시거나 현관에 비치된 건의함에 의견을 주시기 바랍니다.

일부 부모님께서 어린이집에서 진행하는 현장 학습에 참여하고 싶지 않고 비용도 부담된다는 민원을 제기하신 것 같습니다. 사전에 동의를 받아 진행하는데도 불구하고 불만도 있으시다고 하네요. 이러한 의견이 많으면 앞으로 현장 학습의 횟수나 거리 등을 줄여야 할 것 같습니다. 참여하지 못하는 영유아는 어린이집에서 보살피기 때문에 부담 없이 '동의하지 않음' 혹은 '미신청'에 날인하셔도 됩니다.

다음 주에 있을 '양재천 생태놀이'는 샛별구 육아종합지원센터의 지역연계 프로그램 공모전에서 우리 어린이집이 당선된 활동입니다. 모든 유아가 참여하면 좋겠습니다.

항상 긍정적으로 협조해 주시는 많은 분께 진심으로 감사드립니다.

행사가 있는 기간은 세련되고 교육적인 환경구성으로 분위기를 기획한다.

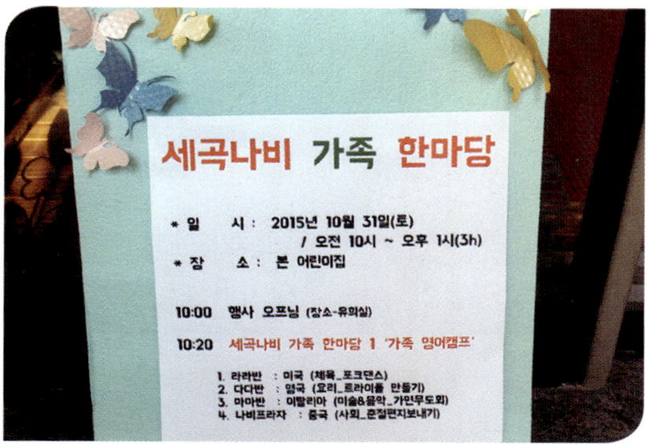

2ND

나비야 생일 축하해

졸업을 축하합니다!
세곡나비어린이집

세곡나비

세곡나비어린이집
서울강남구
나비야, 생일 축하해!

CHAPTER 11

지역사회 관계

1. 연계 프로그램
2. 외부인 관리

우리나라 영유아기관에서 지역사회연계 프로그램은 중요한 위치를 차지하고 있다. '부모교육' 등의 과목에서도 지역사회연계를 다루고 있으며, 국가수준 평가 항목에도 지역사회연계가 포함되어 있다. 지역사회와의 관계가 원활할 때 운영에 필요한 제반사항을 협조받을 수 있다.

1 연계 프로그램

지역사회의 다양한 물적, 인적 자원을 적극 활용하여 영유아가 자신의 주변 환경에 대해 잘 이해하고 프로그램에 참여하여 성장하도록 한다. 지역사회연계 프로그램의 예는 다음과 같다.

〈표 11-1〉 G 기관의 예

분류	프로그램 내용
이웃과 함께 나누는 프로그램	• 전통교육 관련 인사, 경로당의 어르신, 소방관, 경찰관 등 지역사회 인적 자원 활용 
이웃과 함께 나누는 프로그램	• 알뜰 바자회 • 동네 주변 정화활동 / 환경지킴이 • 지역 주민 행사에 기관 개방 • 따뜻한 겨울나기를 돕는 동전 모으기
지역사회 연계 프로그램	• 공연관람 및 지역사회 행사 참여 • 지역 생태공원을 활용한 프로그램 운영 • 병원, 은행, 지하철 역사, 대형마트 등 방문으로 다양한 직업 이해 • 문제해결이 필요한 가족에게 전문기관 및 전문가 연결 • 지역 주민이 함께 참여하는 부모교육 강연회
주치의 제도	• 전염병 발생, 응급환자 및 안전사고 발생 시 신속한 대처 • 영유아에 대한 정기 건강검진 및 진료서비스 제공 • 부모에게 영유아 건강정보 제공
지역기관과 상호 협조	• 지역기관과 영유아기관이 공간을 상호 개방하여 협조

〈표 11-2〉 Y 기관의 예

활동명	일시	관계기관	내용	인원
○○산 산책	매주 1회	○○산	• 영유아의 체력단련 • 자연친화적인 사고의 확장	전체
실습생 교육	연 2회	○○대학교	• 6주간의 실습교육 • 영유아 관찰 및 유아교육	분기별 4명
동화구연	매주 1회	시니어클럽	• 다양한 자료를 이용하여 동화구연 실시	시니어 공연단
방역소독	월 1회	보건소	• 영유아들의 위생을 위해 지역 내에 있는 보건소에는 방역을 실시함	보건소 3명
성교육	연 1회	보건소	• 내 몸은 내가 지켜요	보건소 2명
구강교육	연 1회	○○치과	• 올바른 양치질 방법 • 치아의 구조 • 치아에 좋은 음식, 나쁜 음식	○○○치과 4명
사랑의 동전 모으기	연 1회	○○구청	• 주위의 불우한 이웃을 알고 도와줌	전체
수재민 돕기	연 1회	○○구청	• 다른 사람의 아픔을 같이 나누고 도와줌	전체
소방서 견학	연 1회	○○소방서	• 화재교육, 화재대피교육 • 소방서가 하는 일 • 소방차 살펴보기	소방서 3명
초등학교 견학	연 1회	○○초등학교	• 어린이집과 초등학교의 차이점	초등학교 2명
지역 내 종합복지관 견학	월 1회	○○복지관	• 저소득층 가정과 한부모 가정을 위한 지원 프로그램	해당 영유아
산타 행사	연 1회	지역	• 지역주민의 협조로 산타할아버지와의 좋은 추억을 만들어 줌	지역주민 1명
카네이션 달아 드리기	연 1회	○○경로당	• 카네이션 달아 드리고 안마해 드리기	할아버지, 할머니 40명
부모교육	연 4회	강사 파견 단체	• 어린이집과 가정과의 연계	부모 전체
장난감, 도서관 개방	월 1회		• 지역주민에게 다양한 장난감, 도서관을 개방	지역주민

지역사회의 기관을 방문할 때 유아들의 편지나 작품을 가져가기도 한다.

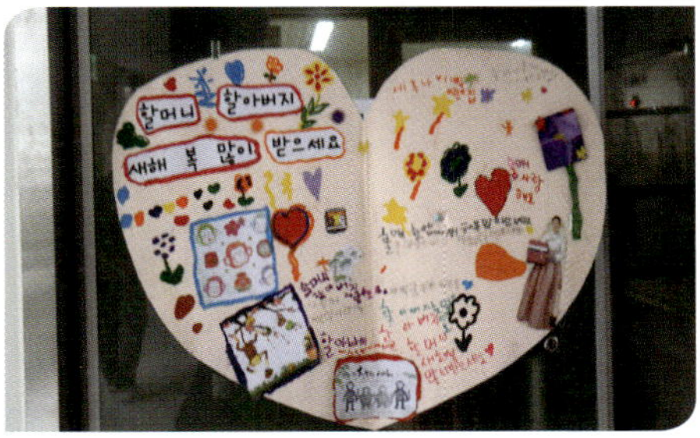

[그림 11-1] 경로당에 선물해 드린 편지를 입구에 게시하고 간직해 준 예

2 외부인 관리

영유아기관에는 여러 외부인의 출입이 있다. 매일 함께 살아가는 정규 직원 외에 특별활동 강사, 자원봉사자, 실습생, 식자재 배송자, 교구교재 배달자, 업무로 인한 방문자, 견학자 등 다양하다. 일회성 방문자를 제외한 정기 방문자는 기본적으로 성범죄 및 영유아 학대 전력 조회를 실시한다. 교사들과 밀접하게 생활하는 실습생, 비정기적으로 방문하는 외부인을 구분하여 관리내용을 살펴본다.

1) 실습생

실습생은 경력교사가 담당하여 지도할 수 있도록 역할을 준다. 실습을 내보내는 학교나 기관에서 이름표를 패용하게 하고 실습일지를 제작하여 배치를 하기 때문에 그 내용을 중심으로 지도한다. 대부분의 실습일지는 지도내용과 서류가 유사하다. 교실에 배치하기 전에 실습일지의 지도절차에 대해 함께 이야기를 나누고 기관에 대한 오리엔테이션을 실시한다. 다음의 문서는 대학의 일반적인 실습일지 목차로 기관에서 지도하는 내용이다.

〈표 11-3〉 실습일지 목차

1. 실습생 준수사항	9. 보육실습 일지
2. 보육실습 신청서	10. 지도교사용 보육실습 평가표
3. 보육실습생 서약서	11. 보육실습 지도확인서
4. 보육실습생 신상카드	12. 보육실습기관 분석보고서
5. 보육실습 사전동의서	13. 보육실습생의 자기평가표(실습생용)
6. 보육실습 지도계획서	14. 보육실습생 지도확인서
7. 실습생용 보육실습 중간평가	15. 보육실습 평가기록표(학교 제출용)
8. 실습기간 출근부	16. 보육실습확인서

○○반 실습일지

결재	실습생	교사	원장

생활주제		일시	년 월 일(요일)
소주제			
목표			
일과운영	계획		실행 및 평가
(통합보육) 등원 및 맞이하기 (7:30~9:20)			
오전 간식 (9:20~9:40) *실내 환기			

일과운영	계획	실행 및 평가
오전 실내 자유선택활동 (9 : 40~10 : 40) 1시간		
정리 · 정돈 (10 : 40~10 : 50) * 실내 환기		
대 · 소집단활동 (10 : 50~11 : 00)		
실외활동 (바깥 놀이활동) (11 : 00~12 : 00) 1시간		
점심 및 조용한 놀이, 낮잠 준비 및 낮잠 (12 : 00~15 : 20)		
오후 간식 * 실내 환기 (15 : 20~16 : 00)		

<table>
<tr><th>일과운영</th><th>계획</th><th>실행 및 평가</th></tr>
<tr><td rowspan="7">오후 실내
자유선택활동
(16:00~18:00)
2시간</td><td></td><td></td></tr>
<tr><td></td><td></td></tr>
<tr><td></td><td></td></tr>
<tr><td></td><td></td></tr>
<tr><td></td><td></td></tr>
<tr><td></td><td></td></tr>
<tr><td></td><td></td></tr>
<tr><td>귀가 및
가정연계
(통합보육)
(18:00~19:30)</td><td></td><td></td></tr>
<tr><td>평가</td><td colspan="2"></td></tr>
<tr><td>지도교사
조언</td><td colspan="2"></td></tr>
</table>

(주) 사회관계증진(주 2회), 지역사회연계, 대체활동, 추가계획, 일상생활(월 2회), 인성교육 포함.

실습 점수의 평가기준, 기관의 운영방침, 일과시간과 근무시간, 교직원의 서열과 보고 과정, 지도교사에게 갖춰야 할 예의, 실습생 상호 간의 예의, 해당 학급 영유아의 특성, 교구교재의 사용범위, 용모관리 등을 교육한다. 기관에 따라 1~2주에 한 번씩 주별 지도과정을 점검하고 평가와 협의를 거친다.

일부 대학에서는 정규실습 외에 실습 전 교육, 실습 후 교육으로 매주 하루씩 교실활동 참관을 의뢰하기도 한다. 각 기관에서는 현장 실습이 인력동원의 차원이 아닌 영유아교육 전문가의 양성과정에 일조를 하는 과정이라는 마인드에서 보다 교육적인 차원의 지도를 해야 한다. 실습을 마친 학생들의 평가회에서 일부는 불만을 토로하는데, 주로 인간적인 무시를 당한 사례, 청소나 지도교사 개인의 업무에 동원되었던 사례이다. 실습을 마친 후 너무 힘들고 싫어서 영유아교육 현장에 취업하지 않겠다는 생각을 하지 않도록 실력과 좋은 성품으로 잘 지도해야 한다. 실습 학생은 기관에 실습비를 내고 지도교사는 소정의 지도비를 받는다.

2) 방문자

영유아기관의 안전관리는 매년 강화되고 있으므로 비정기적으로 방문하는 인력은 반드시 신분을 확인하고 들어오게 한다.

영유아기관은 여러 가지 평가를 받고 건축 관련 점검, 위생점검 등에 대해 불시 방문을 받는다. 이들의 방문에도 일시, 점검 목적, 주요 지도 내용, 점검자의 소속과 직위 등을 기록하고 날인을 받는다.

기관의 견학을 위해 방문한 사람에게는 영유아의 일과 진행에 영향을 받지 않도록 일정시간을 정하여 '영유아들의 활동에 개입하지 않기' 등의 규칙을 지켜 줄 것을 요청한다. 견학자를 위한 기관소개 자료를 간략하게 제작해 놓고 '소개 → 함께 시설을 돌아보며 안내하기 → 질문 받기' 등의 일정으로 진행한다. 외부인이므로 '견학자'의 명찰을 패용하고 방명록에 성명, 방문 목적, 일시, 소속 등을 기재하게 한다.

자원봉사자의 대부분은 영유아발달에 대한 지식이 부족하고 다양한 동기를 가지므로 각각 다른 지도가 필요하다. 봉사자들의 특성을 조사하고 적합한 일을 제공한다. 기관에 머무는 동안 지켜야 할 사항에 대해 교육을 시키고 배치한다.

초등학생에게는 실외 놀이터 풀 뽑기, 볼풀 닦기 같은 단순한 작업을 주고 중·고등학생에게는 영아들의 식사 돕기, 화장실 청소 등을 준다. 유아교육이나 관련 분야를 전공하고 있는 대학생에게는 교구교재 제작 돕기 등의 작업을 요청한다. 자원봉사자도 실습생과 동일하게 기관의 기본적인 정보와 유의사항을 알려 주고 이름표를 패용하게 한다(예: 자원봉사자 정○○).

자원봉사자 오리엔테이션

사전교육

- 자원봉사자의 자세
  - 남은 시간을 소비하는 차원에서 벗어나 의미 있는 일을 한다는 책임 있는 자세가 필요하다.
  - 주어진 일만 한다는 소극적 자세보다 능동적으로 일에 임하는 자세가 필요하다.
  - 영유아들과 함께 생활하는 중 어려운 상황이 발생했을 때는 반드시 교사의 자문을 구한다.

- 기관 소개

- 봉사활동 내용
  - 영유아와의 놀이
  - 낮잠 후 이불 정돈
  - 장난감 씻기
  - 간식 준비, 식사 시 보조
  - 이 닦기 보조
  - 나들이 갈 때 안전 및 보호활동
  - 청소
  - 담임교사 보조

- 봉사활동의 진행방법과 역할 분담

- 활동 시 준수사항
  - 안전사고에 대한 세심한 주의가 필요하다.
  - 영유아의 행동 및 놀이를 관찰하여 놀이를 촉진할 수 있도록 돕는다.
  - 기관의 규칙을 이해하고 문제 발생 시 대처방법에 관해 교사의 도움을 받는다.
  - 영유아들과의 상호작용 시 언어 사용에 세심한 주의를 기울인다.

○○○어린이집

<table>
<tr><td>인적 사항</td><td colspan="3">성명 소속 생년월일</td></tr>
<tr><td>활동 일시와 시간</td><td colspan="3">년 월 시~ 년 월 시 총 시간</td></tr>
<tr><td>봉사활동 내용</td><td colspan="3"></td></tr>
<tr><td colspan="4">위 사람은 자원봉사활동을 하였음을 확인합니다.
년 월 일</td></tr>
<tr><td>확인기관명</td><td></td><td>기관 연락처</td><td></td></tr>
<tr><td>확인자 성명</td><td></td><td>직책</td><td></td></tr>
</table>

자원봉사 관리대장은 발급번호, 발급일자, 성명, 소속, 봉사기간, 연락처, 비고 등의 내용으로 작성하여 기록한다.

유학생이나 국제학교 학생에게는 다음과 같은 증명서를 발급해 준다.

Asung Kindergarten
329-4 Sinjeong-Dong.
Yang Cheon Gu.
Seoul. Korea.

August 9, 2019

To whom it may concerns,

This is to certify that June Young Park has worked as a volunteer in Asung Kindergarten, which is not for profit organization. He helped teachers and children in making materials for the class and he played various games with children. We, as a whole, appreciate June Young's volunteer works for us.

Time commitment
July 2, 2020~August 4, 2020
(3 days per week: Monday, Wednesday, Friday)
9:00 AM~4:00 PM
Total : 105 hours

Sincerely,
Hye Kyung Kim
Director of AsungKindergarten
Seoul, Korea

CHAPTER 12

운영평가

1. 외부 평가
2. 내부 평가

1 외부 평가

기관 운영에서 평가는 알맞은 교육목표를 선정하고 그 선정된 목표를 달성하기 위해 내용과 활동을 조직하고 실제 활동과 현장에서 나타난 결과를 보는 것이다. 이는 프로그램의 질적 개선을 위해 필요한 과정이다. 다양한 평가 척도에서 가장 영향력이 큰 것은 미국의 NAEYC(National Association for the Education of Young Children)와 호주의 QIAS(The Quality Improvement and Accreditation System)를 들 수 있다. 우리나라 평가제도 도입 초기의 평가 항목과 업무 흐름도(flow)는 이 두 가지 시스템과 많은 부분이 유사하다.

NAEYC는 1984년에 프로그램의 질을 향상시키고 부모들에게 질 높은 유아교육에 대한 중요성을 인식시키기 위해 준거를 개발하였는데, 미국 유아교육 프로그램의 전반적인 측면에 대한 질적 수준 분석도구로 자리매김하였다. 수정 · 보완이 되고 있지만 기본적인 평가준거내용은 교사-유아 상호작용, 교육과정, 교사-부모 상호작용, 교사자격 및 자질 향상, 행정, 집단구성, 물리적 환경, 건강 · 안전 · 영양, 급간식으로 구성되어 있다.

QIAS는 기관 평가 등록, 자체 연구와 지속적 개선, 현장 확인, 전문가에 의한 조정, 인증 결정의 5단계를 거친다. 평가기준에 대한 원칙과 서류를 전달받아 질 관리 시스템에 등록하고 참여하게 되는데, 등록 후 18개월 이내에 원장, 교사, 부모에 의한 평가위원회를 구성하여 자체 평가하고 보고서를 제출한다. 선정된 조력자가 기관 규모에 따라 일정 기간 방문하여 장학을 실시한 후 확인보고서를 제출한다. 조정자들은 제출된 여러 가지 문서를 근거로 종합분석하여 인증을 결정한다. 분석에 사용되는 10개의 영역은 영유아와의 관계, 영유아의 인격 존중, 가족과의 협력, 직원들 사이의 상호 행동, 계획 및 평가, 학습 및 발달, 보호와 교육, 건강, 안전, 질을 유지하기 위한 관리 등으로 구성된다.

우리나라의 영유아기관은 다양한 평가를 받는다. 평가인증, 평가인정제 같은 국가수준의 평가제도가 있어서 이 제도에 따라 각 기관의 지원 여부가 결정된다. 유치원은 교육지원청, 어린이집은 한국보육진흥원의 평가인증사무국이 평가의 실무를 담당하고 있다. 1995년 시범사업 이후 여러 차례 개정과정을 통해 실시되고 있다. 평가의 준비과정에 안내를 통해 부모의 협조를 구한다.

평가제 안내

안녕하십니까? 우리나라에는 어린이집의 질적 관리를 위해 국가수준에서 행해지는 평가제도가 있습니다. 평가제는 인증 지표를 기준으로 어린이집의 현재 수준을 점검하고 개선한 후 객관적인 평가를 통해 일정 수준 이상의 기관에 대하여 국가가 인증을 부여하는 제도입니다. 인증을 통과하면 재정 지원이 늘어나 우리 어린이집의 영유아들에게 더 많은 혜택을 줄 수 있습니다.

우리 어린이집 교직원들은 개원 작업 단계부터 꾸준히 평가지표에 맞게 환경을 갖추고 문서관리를 해 왔습니다. 현재는 마무리 준비를 위해 최선을 다하고 있습니다. 11월 3일~11월 7일 중 하루 종일 관찰자들이 방문하여 점검하는 일정입니다. 더 나은 보육서비스를 영유아에게 제공하기 위하여 평가인증에 참여하게 되었음을 알려 드리니 많은 협조와 관심 부탁드립니다.

각 가정에서 협조해 주실 사항을 다시 한번 안내해 드리니 꼭 지켜 주시기 바랍니다.

- 어린이집 등하원 시에는 반드시 성인 보호자가 교사와 인계과정을 거쳐야 합니다.
- 9시 40분까지는 등원을 완료해 주세요. 친구들과 하루 계획을 세우고 오전 간식도 함께 먹게 해 주세요.
- 어린이집 통장에 입금하실 때는 반 이름 + 영유아 이름으로 해 주세요.
- 어린이집 내부를 아무 때나 보실 수 있지만 가능하면 미리 알려 주시고 수업에 방해가 되지 않도록 해 주세요. 보육실 내에는 모두의 위생을 위해 손을 씻고 출입해 주세요.

이러한 제도 외에 보육전문가와 부모가 팀을 이루어 기관을 방문하고 평가하는 부모 모니터링 평가, 관할 지방자치단체의 지도점검 혹은 감사, 보건소나 식약처 등의 위생점검 등도 연중 지속적으로 실시되는 평가제도이다. 대부분의 평가 자료는 관련 홈페이지에서 검색해 볼 수 있다. 평가항목을 찾아보기 위해 지방자치단체 평가의 예를 살펴본다. 5개 지방자치단체의 어린이집 자료를 제공받아 유사한 항목끼리 재구성하였다.

〈표 12-1〉 평가항목의 예

운영 기본사항	점검결과			
	양호	미흡	불량	비고
연령별 반 편성 현황 및 정원초과 확인 각 보육실 문 옆에 사진과 실제 보육영유아가 등록된 영유아 명단이 일치하는지 확인한다.				
출석부 확인 출석부를 반별로 잘 기록하고 있는지, 실제 보육영유아 명단과 일치하는지 등을 확인한다.				
보육통합정보시스템 등록 교직원 확인 보육통합정보시스템에 등록된 교직원과 실제 근무 여부를 확인한다.				
보육통합정보시스템 등록 영유아 확인 보육통합정보시스템에 등록된 영유아와 실제 보육영유아를 확인한다.				
운영시간 확인 주 6일, 월~금 12시간(07:30~19:30), 토요일 8시간(07:30~15:30) 운영시간을 준수하는지, 연중 계속 운영하는지 확인한다.				
취약보육 운영 현황 확인 야간연장, 24시간 보육 등을 지정받은 시설이 각각의 운영기준을 준수하는지 여부를 확인한다.				

운영 기본사항	점검결과			
	양호	미흡	불량	비고
특별활동 프로그램 운영 현황 확인				
보육계획안, 운영일지 등을 통해 특별활동을 실시하는지 확인한다. 특별활동을 실시하고 있으면 보육료 외 기타필요경비(특별활동비)를 수납한도액에 맞게 수납하는지, 보호자의 사전통지, 24개월 미만 영유아 실시 금지, 시간 준수 등을 확인한다.				
운영 서류 확인				
어린이집 운영에 필요한 서류들이 실제로 있고 그 내용도 충실히 기록되어 있는지 확인한다.				
운영위원회 운영횟수와 내용 확인				
어린이집 운영위원회가 구성되어 있고 회의가 정기적으로 이루어지고 있는지 확인한다.				

영유아와 인력관리	점검결과			
	양호	미흡	불량	비고
원장 상근 및 겸직 확인				
근로계약서 체결 여부 확인				
교직원 채용 시 임금과 근로시간 등을 명시한 근로계약 체결하였는지 확인한다.				
교직원 퇴직금 적정지급 및 적립 여부 확인				
퇴직한 보육교직원에 대한 퇴직금 적정지급 및 적립 현황을 확인한다.				
교직원 임면 보고시기 준수 및 구비서류 비치				
휴직, 산전후 휴가 등의 보육교직원 임면사항을 제대로 처리하고 있는지 여부를 확인한다.				
보수교육 이수 여부				
보수교육 대상인 원장, 교사가 보수교육을 이수하였는지 확인한다.				
이용 신청자 서류 확인				
– 법 제28조에서 정한 어린이집이 ‘보육의 우선 제공’ 규정을 준수하는지 확인한다. – 대기 신청자 명단과 입소 순서가 지켜지고 있는지 확인한다.				

회계서류와 집행과정	점검결과			
	양호	미흡	불량	비고
총계정원장 총계정원장이 충실하게 기록되어 있는지 확인한다.				
세입 · 세출예산서 및 결산서 예 · 결산서가 해당 시설운영 현황 및 재무회계 규칙에 맞게 작성되었는지 확인한다.				
현금출납부 수입 · 지출 관련 결의내역이 적정하게 기록되어 있는지 확인한다.				
수입 · 지출결의서 수입 · 지출결의서의 내용과 시설운영계좌, 영수증 등 증빙자료를 대조 확인한다.				
비품대장 비품이 비품대장에 정확하게 작성 · 관리되고 있는지 확인한다.				
교직원 인건비 적정지급 여부 확인 교직원의 보수를 적정하게 지급하는지 확인한다.				
시설명의계좌를 통한 입출금 확인 등록된 시설운영비 계좌를 통하여 모든 수입과 지출이 이루어지는지 확인한다.				
영유아 및 교직원 급간식비 적정 집행 여부 확인 영유아 및 교직원 급간식비가 적정하게 집행되었는지 확인한다.				

안전 · 건강 · 급간식 · 차량 · 아동학대	점검결과			
	양호	미흡	불량	비고
비상재해 대피시설 확인 및 적정성 확인 비상재해 대피시설을 실제로 확인하고 안전하게 관리되고 있는지 확인한다.				
비상탈출구 게시 여부 및 비상구 개방 여부 비상대피로 확인 및 비상대피로 도면 게시 여부와 유사시 비상구의 사용 가능 여부를 확인한다.				
놀이터 및 놀이시설 안전점검 및 서류 확인 놀이터 및 놀이시설을 정기적으로 안전점검하고 있는지 서류를 확인한다.				
안전교육 실시 여부와 서류 확인 정기적으로 안전교육을 실시하고 있는지 확인한다.				
소화용 기구 비치 여부 소화용 기구가 적정하게 비치되어 있는지 확인한다.				
비상연락체계 구축 여부 인근 소방서, 경찰서 등 유관기관 등과 비상연락체계를 구축하고 있고 비상연랑망을 게시하고 있는지 확인한다.				
자체 안전점검 실시 여부와 서류 확인 어린이집 안전점검표 양식에 따라 일정 기간별로 시설의 안전점검을 실시하였는지 확인한다.				
정기소독 실시 여부 조리실, 화장실, 침구, 놀잇감 등을 정기적으로 소독하고 기록하는지 확인한다.				
실내공기질 관리 여부 관련 법령에 의해 실내공기질 관리대상인 어린이집에서 준수사항을 잘 지키고 있는지 확인한다.				
집단급식소 신고서류 확인 상시 1회 50인 이상 급식을 제공하는 어린이집이 집단급식소로 신고되어 있는지 여부를 확인한다(영양사, 조리사 배치기준 준수 여부 포함).				
급식재료 관리 상태 및 원산지 표시 여부 급식재료에 대해 원산지 표기, 유통기한 등을 확인한다.				

안전 · 건강 · 급간식 · 차량 · 아동학대	점검결과			
	양호	미흡	불량	비고
조리사, 영양사 자격증 확인 관계 법령에 의해 조리사와 영양사를 배치하여야 하는 어린이집에서 유자격자가 근무하고 있는지 여부를 확인한다.				
식단표 확인 게시된 식단표와 실제 제공되는 급간식이 일치하는지 확인한다.				
어린이 보호차량 신고 여부 확인 차량을 운행하고자 할 경우 「도로교통법」에 규정하고 있는 어린이 통학버스 신고 요건을 구비하여 관할 경찰서장에게 신고하였는지 확인한다. ※ 대상은 9인승 이상 자동차로 한정한다.				
(임대 차량의 경우) 계약서류 확인 전세버스 운영사업자와 계약을 맺은 경우 어린이 통학버스 신고 여부를 확인한다.				
안전용 장구 장착 및 작동 여부 – 어린이 보호장구가 장착되어 있고 제대로 작동되는지 여부를 확인한다. – 교직원이 항시 동승하는지 확인한다.				
운전자자격증 확인 및 건강진단서 확인 운전자가 해당 차량을 운행할 수 있는 자격증을 갖추었으며, 유효한 건강진단서가 구비되어 있는지 교통안전교육을 이수하였는지, 성범죄 경력 조회를 받았는지 확인한다.				
영유아 생명 · 신체 피해보상 관련 공제 가입 여부				
차량 안전관리 확인 – 차량 정기점검 서류 및 안전수칙 준수 여부를 확인한다. – 차량 내 소화기 및 구급상자를 구비하였는지 확인한다.				
영유아 학대 예방 및 조치 – 교직원은 영유아 학대 예방에 관한 외부기관(영유아보호전문기관, 육아종합지원센터 등)의 교육을 이수하였거나, 기관 자체에서 영유아 학대 예방교육을 진행하고 있는지 확인한다. – 교직원은 영유아 학대 신고의무자로서의 역할을 알고 있으며, 영유아 학대 발견 시 신고 및 상담전화를 이용할 줄 아는지 확인한다. – 차량 내 소화기 및 구급상자를 구비하였는지 확인한다.				

2 내부 평가

1) 만족도 조사

운영과정 중에 의무로 받아야 하는 외부 평가 외에 기관 내부에서 운영에 관한 평가를 해 볼 수 있다. 1년 혹은 학기별로 부모 만족도 조사를 실시해 볼 수 있다. 부모용 만족도 조사는 지방자치단체별로 실시하거나 연구기관 등을 통해 다양하게 실시되기도 한다. 아래의 예는 기관에서 쉽게 조사할 수 있는 간편형으로 작성해 보았다.

〈표 12-2〉 부모 만족도 조사의 예 1

안녕하십니까?

○○ 유치원을 믿고 귀한 자녀를 보내 주신 부모님께 진심으로 감사드립니다. 보다 나은 유치원을 만들기 위해 다음과 같은 만족도 조사를 실시합니다. 한 문항도 빠짐없이 ○표 하셔서 ________ 까지 보내 주시기 바랍니다.

문항	매우 만족	만족	보통	불만	매우 불만
유치원의 물리적 환경, 즉 시설에 만족하십니까?					
원아모집 방식에 만족하십니까?					
등원 및 귀가방법에 대해 만족하십니까?					
담임교사의 수업에 만족하십니까?					
담임교사의 자질과 태도에 만족하십니까?					
특별활동 프로그램에 만족하십니까?					
현장 학습 프로그램에 만족하십니까?					
자녀는 유치원 생활을 좋아합니까?					
부모 프로그램에 만족하십니까?					
유치원에서 실시하는 행사에 만족하십니까?					
제공되는 식사와 간식에 만족하십니까?					
자녀의 일상생활습관 지도에 만족하십니까?					

문항	매우 만족	만족	보통	불만	매우 불만
유치원의 안전교육에 만족하십니까?					
원장의 운영방침에 만족하십니까?					
• 유치원에 보내면서 즐거웠던 기억을 적어 주세요. • 유치원에 제안이나 건의가 있으면 적어 주세요.					

〈표 12-3〉 부모 만족도 조사의 예 2

구분	내용	매우 만족	만족	보통	불만
운영 방침과 물리적 환경	1. 어린이집은 운영에 대한 방침을 수립하고 부모에게 잘 알리고 있다.				
	2. 실내외의 환경은 대체로 편안하고 쾌적하다.				
	3. 보육실의 환기, 채광, 조명, 방습, 방음 설비 등이 우수하다.				
	4. 화장실과 바깥 놀이터의 세면장은 사용이 용이하다.				
	5. 물리적 환경과 교직원이 주는 전체 분위기는 비교적 따뜻하고 친절하다.				
	6. 영유아를 위한 활동자료가 풍부해 보인다.				
교직원의 자세	1. 원장은 영유아에 대한 철학과 신념을 가지고 있다.				
	2. 교사가 내 자녀를 위해 적극적으로 노력하는 것을 느낀다.				
	3. 교사는 전문적인 지식과 기술을 갖추고 있다.				
	4. 교사는 영유아의 질문과 요구에 귀 기울이고, 언어적 · 신체적으로 민감하게 반응한다.				
	5. 우리 아이는 담임교사를 좋아한다.				
	6. 교직원에게 기본적으로 신뢰가 있다.				

구분	내용	매우 만족	만족	보통	불만
프로그램	1. 어린이집 보육내용이 영유아의 긍정적인 발달에 도움이 된다.				
	2. 보육 프로그램은 교육과 놀이 및 휴식 등이 적절하게 조화되어 있다.				
	3. 영유아의 전인발달을 위해 다양한 보육 프로그램이 운영되고 있다.				
	4. 활동에 주어지는 자료는 영유아의 연령과 발달수준에 적합하다.				
	5. 주어지는 현장 학습 경험에 만족한다.				
급식과 위생	1. 식단과 제공방법에 만족한다.				
	2. 제공되는 식자재에 원산지 표시가 있다.				
	3. 현관과 놀이터 등 환경이 청결한 인상을 준다.				
	4. 주방은 위생적으로 관리되고 있다.				
	5. 정기적으로 재난대비훈련 계획을 세워 실시하고 있다.				
	6. 청결과 관련된 손 씻기, 양치하기 등 기본생활습관 지도가 잘 이루어진다.				
부모와의 소통	1. 부모 관련 프로그램이 있다.				
	2. 부모로서 도움이 필요할 때 편안한 마음으로 상담할 수 있다.				
	3. 가정통신문이나 사이버 알림장 등을 통해 자녀의 상황을 알 수 있다.				
	4. 부모상담 등이 연 2회 이상 실시된다.				
	5. 부모교육의 기회를 제공하며 주제와 내용이 도움이 된다.				
영유아 적응	1. 어린이집에 등원을 즐기고 활발하게 놀이한다.				
	2. 영유아가 담임교사와 친밀하고 좋아한다.				
	3. 어린이집 교육을 통해 기본생활태도가 좋아지고 있다.				
	4. 어린이집에서 영유아가 존중받고 있다는 느낌을 받는다.				

2) 교직원 평가

1년 동안의 운영과정을 돌아보는 차원에서 원장과 교직원의 평가를 실시해 본다. 신학기에 보다 바람직한 운영을 위한 다짐에도 도움이 될 수 있도록 작성해 보았다. 많은 원장은 '인사가 만사'라고 말한다. 훌륭한 교직원이 곧 운영수준의 척도가 된다. 원장은 교직원이 발전할 수 있도록 방향을 잡아 주고 객관적인 평가를 통해 장 · 단점을 스스로 알게 해 줘야 한다. 성실하고 유능하여 기관에 공헌하는 교직원에게는 상응하는 포상도 해야 한다. 이러한 인사관리 과정에서 원장은 솔선수범으로 모범을 보이는 것이 좋겠다.

(1) 원장 평가

원장 평가는 저자가 영유아교육경영연구소를 운영하면서 다양한 강의와 컨설팅을 통해 만났던 원장들과 여러 차례 논의 끝에 만들어 본 것이다. 바쁜 일과에서 기본 방향을 놓치지 않고 운영하기 위해 늘 자신을 돌아보기 위한 항목이다. 가장 간단한 형식의 평가표의 예를 소개한다. 영유아기관이 필요로 하는 리더십과 원장의 자기경영에 관한 지식이나 정보는 다음의 도서를 참고한다: ① 김혜경. 『원장 리더십-영유아기관장의 자기경영』. 공동체. 2012. ② 김혜경과 나비교직원. 『원장 리더십과 평가인증 실무』. 창지사. 2018.

〈표 12-4〉 원장 평가표

항목	10점 만점
1. 교직원들이 원장의 운영 방향과 강조점을 알고 있는가?	
2. 독재자가 아닌 모습으로 조직적인 지휘체계를 세우고 책임을 위임하는가?	
3. 교직원들이 적극적이고 즐겁게 일하는 풍토를 만들어 주기 위해 노력하는가?	
4. 교직원 상호 간에 친절과 미소가 있는 어린이집을 만들고 있는가?	
5. 교직원들의 발전을 위해 연수나 교육에 대한 정보를 제공하고 비용부담을 해 주는가?	
6. 교직원과의 격의 없는 모임에서 자연스럽게 어울리는가?	
7. 교직원의 적성에 맞는 업무를 분장하여 주고 있는가?	
8. 교직원을 칭찬하거나 훈계 혹은 질책하는 사항은 당사자가 이해 가능한 경우인가?	
9. 갈등을 겪고 있는 교직원들의 관계를 알고 중재를 시도하는가?	
10. 각 교직원의 업무 수행상 애로사항을 파악하고 있는가?	
11. 교직원과 부모 사이에서 합리적인 평형을 유지하고 있는가?	
12. 지휘나 명령에 저항하는 교직원을 관리할 카리스마가 있는가?	
13. 출·퇴근 시 교직원과 원아들로부터 밝고 존경어린 인사를 받는가?	
14. 원장의 장점과 개선할 점	
15. 어린이집 운영에 관한 건의사항	

(2) 교직원 평가

교직원 평가에 관한 서식은 현장에서 필요를 느끼고 직접 제작해 활용한 것이다. 각 기관의 상황에 따라 적합한 서식을 작성하여 교직원 평가과정에 활용하기 바란다. 이 책의 제3장 3절 '업무 분장과 평가'를 다시 한번 숙지해 보기 바란다.

〈표 12-5〉 교직원 평가표의 예

이름	점수 (100점 만점)	장점	개선할 점	비고
김○○				
김○○				
박○○				
나○○				
이○○				
박○○				
안○○				
정○○				
허○○				
조○○				
윤○○				
신○○				
우리 어린이집에 공헌한 '올해의 인물' 1인을 추천하고 사유를 기술해 주세요. 추천 회당 10점씩 총점에 가산됩니다. 자신을 써도 됩니다.				

〈표 12-6〉 교직원 다면평가 사례

1. 업무태도
- 담당 업무의 계획, 실행, 평가 과정을 성실하게 수행한다.
- 담당 업무의 문서관리 및 공동구역의 청결유지를 위해 노력한다.
- 담당 업무에 대해 책임을 전가하지 않고 의욕적으로 해내려고 한다.
- 담당 업무를 위해 타인과 긍정적으로 협력한다.

2. 전문성
- 지식의 함양을 위해 보육 관련 재교육 및 세미나 등에 자발적으로 참여한다.
- 전문성 있는 업무 실행을 위해 다양한 자료를 참고하며 연구한다.
- 교직원 교육과 회의 과정에 충실히 임하며 업무에 반영하기 위해 노력한다.
- 자신의 경력과 호봉에 걸맞은 업무 능력을 갖추고 있다.

3. 원아 관리
- 영유아를 존중하며 요구에 민감하고 적절히 반응해 준다.
- 영유아의 입장에서 이해하려고 노력하며, 적절한 개입을 한다.
- 매일 영유아의 건강 상태 및 정서상태 등을 파악하기 위해 노력한다.
- 매일 자신의 상호작용에 대해 반성적 사고로 개선 노력을 한다.

4. 부모와의 관계
- 영유아의 어린이집 생활에 대해 가정과의 의사소통이 활발하다.
- 전문성 있는 태도와 용모로 부모와의 신뢰감 형성을 위해 노력한다.
- 부모 면담, 가족 행사 등 참여활동에 적극적으로 참여를 유도한다.
- 영유아의 등 · 하원 시간에 부모와 친밀한 대화와 미소를 주고받는다.

5. 동료 관계
- 조직의 상하 간, 동료 간의 인간관계를 원활히 유지하기 위해 노력한다.
- 동료 교직원의 도움과 요청이 있을 때, 적극적으로 도와주려고 노력한다.
- 동료 교직원의 고충을 듣고 진심으로 이해하려고 노력하며 격려해 준다.
- 자신의 업무를 소홀히 하여 타인에게 피해를 끼칠 일이 없도록 노력한다.

참고: 보건복지부 · 한국보육진흥원(2017). 어린이집 문서 서식 양식 일부.

참고 자료

고용노동부(2013). 한국산업인력공단, 한국직업상담협회. 국가직무능력표준.

교육과학기술부, 보건복지부(2012). 3~5세 연령별 누리과정.

김영옥 · 진명희 · 김혜경(1995). 유치원 행사 활동 계획. 서울: 동문사.

김혜경(2010). 교구교재 연구 및 지도법. 경기: 공동체.

김혜경(2010). 영유아음악활동의 이해. 경기: 공동체.

김혜경(2010). EBS 라디오멘토 부모. 경향미디어.

김혜경(2011). 영유아교육기관 운영관리(개정). 서울: 창지사.

김혜경(2011). 유아교사를 위한 교직의 이해. 서울: 창지사.

김혜경(2012). 부모도 이미지메이킹이 필요하다. 경기: 공동체.

김혜경(2012). 어린이집 개원하기. 경기: 공동체.

김혜경(2012). 영유아건강교육. 경기: 공동체.

김혜경(2012). 영유아프로그램 개발과 평가(제2판). 서울: 창지사.

김혜경(2012). 원장리더십 - 영유아기관장의 자기경영 -. 경기: 공동체.

김혜경(2013). 영유아교육기관 운영관리(개정 2판). 서울: 창지사.

김혜경(2013). 영유아음악교육. 서울: 창지사.

김혜경(2013). 영유아프로그램 개발과 평가(제3판). 서울: 창지사.

김혜경(2014). 아동음악. 경기: 공동체.

김혜경(2015). 저출산 세대의 슈퍼대디. 경기: 공동체.

김혜경(2016). 보육의 회복: 원장의 시선. 경기: 공동체.

김혜경(2019). 영유아음악교육. 서울: 창지사.

김혜경(2020). 보육교사인성론. 서울: 창지사.

김혜경(2020). 영유아프로그램 개발과 평가. 서울: 창지사

김혜경(2021). 영유아음악교육2021. 서울: 창지사

김혜경 · 고미애(2014). 보육교사론. 서울: 창지사.

김혜경과 나비교직원(2018). 원장 리더십과 평가인증 실무. 서울: 창지사.

보건복지부(2019). 2019 보육사업 안내.

보건복지부, 육아정책연구소(2016). 보수교육매뉴얼.

보건복지부, (재)한국보육진흥원(2012). 공공형 어린이집 운영가이드북.

보건복지부, (재)한국보육진흥원(2017). 제3차 어린이집 평가인증 안내 통합지표.

보건복지부, (재)한국보육진흥원(2020). 어린이집 평가 매뉴얼.

보건복지부, (재)한국보육진흥원(2021). 어린이집 평가매뉴얼

서울특별시(2019). 2019년도 서울시 보육사업 안내.

서울특별시, 서울시여성가족재단(2018). 어린이집 이용 학부모 에티켓.

여성가족부(2006). 표준보육과정 해설서.

이영자 · 권영례(1996). 유아교육기관의 운영관리. 서울: 창지사.

(재)한국보육진흥원(2010). 표준보수교육과정.

Amelio, P. A. (2007) *Precious child come follow me*. Bloomington, Indiana: iUniverse.

Chandler, P. & Burney, J. (2006). *Sharing the faith with your child: From birth to age four*. Rome: Liguori Publications.

Decker, C. A. & Decker, J. R. (2001). *Planning and administration early childhood programs(6th ed.)*. Upper Saddle River, NJ: Prentice Hall.

Edwards, C., Gandini, L., & Forman, G. (eds.) (1993). *The hundred languages of children: The Reggio Emilia approach to early childhood education*. Norwood, NJ: Ablex Publishing Corporation.

Kamii, C. & DeVries, R. (1978). *Physical Knowledge in Preschool Education: Implications of Piaget's Theory*. Englewood Cliffs, NJ: Prentice-Hall, Inc..

Malaguzzi, L. (1996). Seeing and feeding. Catalogue of The Hundred Languages of Children. A. T. A., Corregio(Re)-maggio, Italy.

Morrison, G. S. (1997). *Early childhood education today(3rd ed.)*. Columbus: A Bell &

Howell Company.

Powell, D. R. (1986). Research in review: Effect of program models and teaching practices. *Young Children*, *41*(6).

Spodek, B. & Saracho, O. N. (1994). *Right from the start: Teaching children ages three to eight*. Needham Heights, MA: Allyn & Bacon.

Spodek, B. (1992). 유아교육활동은 어떻게 선택할 것인가. 어린이교육협회 하기워크숍.

Vygotsky, L. S. (1976). *Play and its role in the mental development of the child*. Play : Its role in development and evolution (pp.537-554). New York: Basic Books.

Wilkins, R. (1993). 루돌프 슈타이너의 교육론. 교육사 철학연구회 편. 전주: 내일을 여는 책.

Zimiles, H. (1986). The social context of early childhood in a area of expanding preschool. In B. Spodek(eds.), Today's kindergarden : Exploring the knowledge base expanding the curriculum(pp. 1-14). New York: Teachers College Press.

강남구 보건소. http://health.gangnam.go.kr.

강남구 육아종합지원센터. http://gncare.go.kr/cic.

강남구청. http://www.gangnam.go.kr.

국가법령정보센터. http://www.law.go.kr.

보건복지부. http://www.mohw.go.kr.

서울특별시 교육청. http://sen.go.kr.

식품의약품안전처. http://www.mfds.go.kr.

아가사랑. http://www.agasarang.org.

어린이집 · 유치원 통합정보공시 http://www.childinfo.go.kr.

영유아교육경영연구소. http://www.kidsnme.org.

육아정책연구소. http://www.kicce.re.kr.

인천광역시 교육청. http://www.ice.go.kr.
푸드머스 홈페이지. http://www.foodmerce.com.
한국보육진흥원 평가인증국. http://www.kcpi.or.kr.
한국식품산업협회. http://www.kfia.or.kr.
CCW(The Center of Child care Workforce).
Children's Defense Fund. http://www.childrensdefense.org.
Early Childhood Finance. http://www.earlychildhoodfinance.org.
Early Childhood News. http://www.earlychildhoodnews.com.
FWI(Families and Work Institute).
NACCRRA(National Association for Child Care Resource and Referral Agencies).
NAEYC(National Association for the Education of Young Children). http://www.naeyc.org.
NCAC(National Childcare Accreditation Council). http://www.education.com.
OECD(Organization for Economic Cooperation and Develop). http://www.oecd.org.
SRCD(Society for research in Child Development). http://www.srcd.org.

저자 소개

저자 **김혜경**

이화여자대학교 사범대학 유아교육과에 진학하여 유아교육과 영어교육을 복수전공한 이후 다양한 경력과 학력을 소유하고 있다. 최근까지 영유아교육경영연구소를 운영하며 모교의 유아교육과 겸임교수로 재직하였다. 현재는 어린이집 원장으로 일하며 어린 천사들과 살아가고 있다. 유아교육과 영어교육 외에 각기 다른 대학교에서 교육학, 음악학, 지도자학, 문예창작을 공부하였다. 20대 후반부터 영유아와 관련된 글을 꾸준히 집필하였다. 30여 년 다양한 직업으로 유아교육을 해 왔고 양천삼성어린이집, 서울특별시청어린이집, 세곡나비어린이집 원장의 경험을 토대로 기관 운영에 대한 연구와 집필에도 관심이 많다.

〈주요 경력〉

- 영유아교육경영연구소장(www.kidsnme.org)
- 이화여자대학교 사범대학 유아교육과 겸임교수
- 건국대학교 교육대학원 유아교육전공 겸임교수
- CTS TV 영유아문화원 고문(kids.cts.tv)
  "영유아가 나라의 미래다" 제작 및 진행
- EBS "라디오 멘토 부모" 육아리포트 패널
  "부모라디오 알토란" / "부모의 시간" 출연진
- 서울특별시육아종합지원센터 초대 소장(어린이집 원장 겸직)
- 서울특별시보육정책위원회 부위원장
- 서울특별시 서초구 보육정책위원장
- 서울형 어린이집 공인인증 심의위원
- 아이낳기좋은세상 서울운동본부 위원
- 저출산 극복 운동 공로 "보건복지부장관상" 수상
- 한국육아지원학회 사업이사
- 아이코리아연수원장 / 보육교사교육원장
- 민주평통 자문위원
- 2014년 올해의 이화인
- 영유아 관련 저서 60여 권

〈최근 대표 저서 및 연구〉

- 영유아음악교육2021(2021)
- 영유아프로그램 개발과 평가(2020)
- 보육교사인성론(2020)
- 영유아음악교육2020(2019)
- 원장 리더십과 평가인증 실무(2018)
- 보육의 회복 : 원장의 시선(2016)
- 저출산 세대의 슈퍼대디(2015)
- 보육교사론(2014)
- 아동음악(2014)
- 영유아프로그램 개발과 평가 제3판(2013)
- 영유아교육기관 운영관리 개정2판(2013)
- 영유아음악교육(2013)
- 영유아건강교육(2012)
- 어린이집 개원하기(2012)
- 원장리더십 – 영유아기관장의 자기경영 –(2012)
- 부모도 이미지메이킹이 필요하다(2012)
- 유아교사를 위한 교직의 이해(2011)
- EBS 라디오멘토 부모(2010)
- 교구교재 연구 및 지도법(2010)
- 영유아음악활동의 이해(2010)
- 유아를 위한 도박중독예방교육 프로그램 운영 연구(2010)

연락처: kidsnme@hanmail.net

제3판

영유아기관 운영과 관리

초판 1쇄 발행 2016년 8월 31일
초판 2쇄 발행 2017년 7월 7일
증보 1쇄 발행 2019년 1월 22일
제3판 1쇄 발행 2021년 3월 30일

지 은 이 | 김혜경
펴 낸 이 | 김기섭
편 집 인 | 김민수
펴 낸 곳 | 창지사 www.changjisa.com
08589 서울시 금천구 가산디지털 1로 83 파트너스타워 1차 9층
전화 (02)719-2211~3
팩스 (02)701-9386
등 록 | 1977년 4월 28일 · 제1-421호

ISBN 978-89-426-1411-0 (93370)

값 20,000원